春秋正義

圖版一

〔唐〕孔穎達　撰　李　霖　解題

「十四五」國家重點出版物出版規劃項目
二〇二四年度國家古籍整理出版專項經費資助項目
「群經單疏古鈔本彙編及校理（附《論語義疏》）」成果
教育部人文社會科學重點研究基地重大項目
「儒家經典整理與研究」〔19JJD750001〕成果

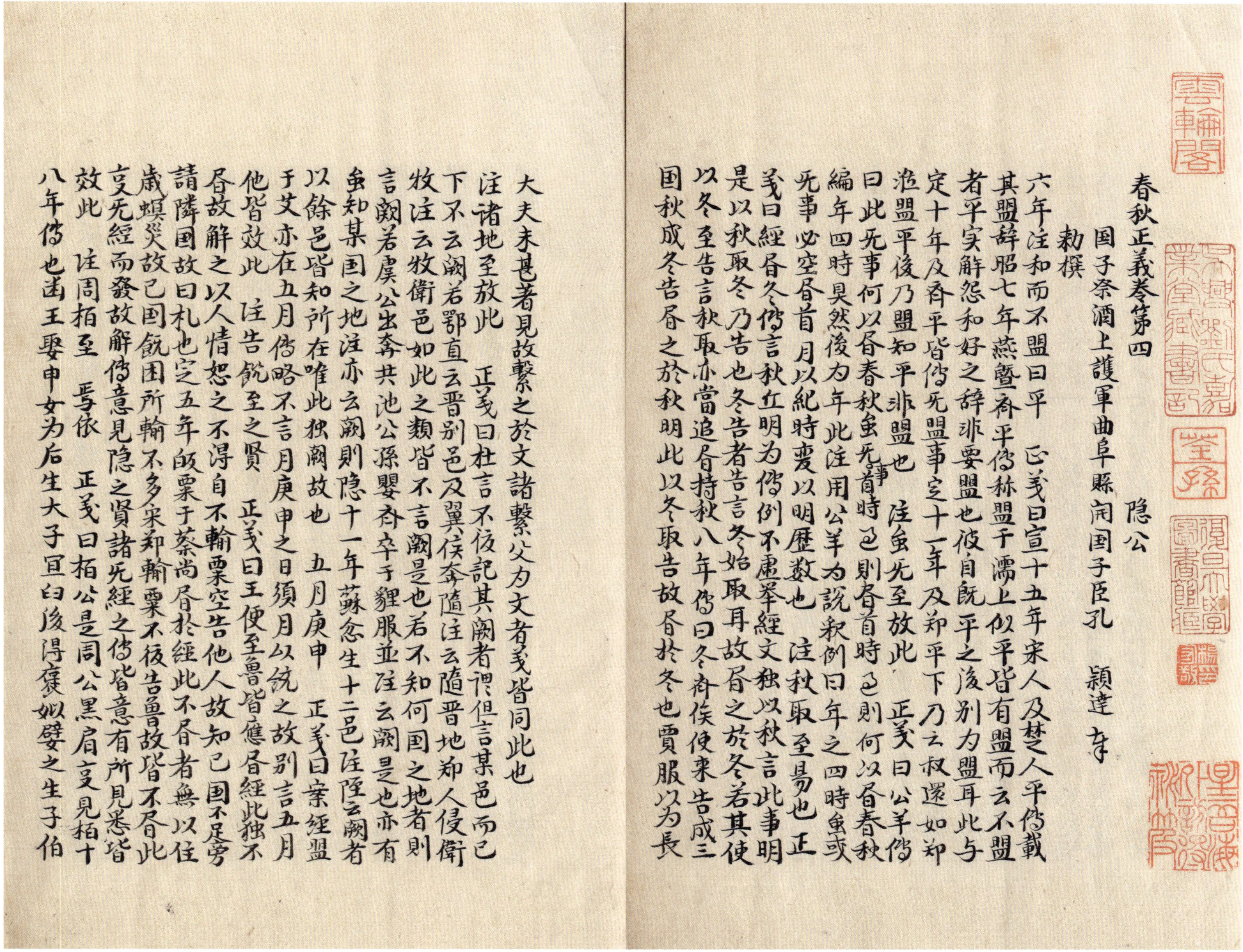
春秋正義卷第四
國子祭酒上護軍曲阜縣開國子臣孔穎達等
勑撰
隱公
六年注和而不盟曰平　正義曰宣十五年宋人及楚人平傳載
其盟辭昭七年燕暨齊平傳稱盟于濡上似平皆有盟而云不盟
者平實解怨和好之辭非要盟也彼自既平之後別為盟耳此與
定十年及齊平皆傳無盟事定十一年及鄭平下乃云叔還如鄭
涖盟平後乃盟知平非盟也
曰此無事何以書春秋雖無事首時過則書首時　注雖無至放此　正義曰公羊傳
編年四時具然後為年此注用公羊為說釋例曰年之四時雖或
無事必空書首月以紀時變以明歷數也　注秋取至易也　正
義曰經書冬傳言秋丘明為傳例不虛舉經文獨以秋言此事明
是以秋取冬乃告也冬告者告言冬始取耳故書之於冬若其使
以冬至告言秋取亦當追書持秋八年傳曰冬齊侯使來告成三
國秋成冬告書之於秋明此以冬取告故書於冬也賈服以為長
大夫未甚著見故繫之於文諸繫父為文者義皆同此也
注諸地至放此　正義曰杜言不復記其闕者謂但言某邑而已
下不云闕若鄄直云晉別邑及翼侯奔隨注云隨晉地鄭人侵衛
牧注云牧衛邑如此之類皆不言闕是也若不知何國之地者則
言闕若虞公出奔共池公孫嬰齊卒于貍脤並注云闕是也亦有
雖知某國之地注亦云闕則隱十一年蘇忿生十二邑注陘云闕者
以餘邑皆知所在唯此獨闕故也　五月庚申　正義曰案經盟
于艾亦在五月傳略不言月庚申之日須月以就之故別言五月
他皆效此　注告饑至之賢　正義曰王使至魯皆應書經此獨不
書故解之以人情恕之不得自不輸粟空告他人故知已國不足旁
請隣國故曰禮也定五年歸粟于蔡尚書於經此不書者無以任
歲螟災故已國飢困所輸不多宋鄭輸粟不復告魯故皆不書此
亦無經而發故解傳意見隱之賢諸無經之傳皆意有所見悉皆
效此　注周桓至　要依
八年傳也幽王娶申女為后生大子宜臼後得褒姒嬖之生子伯

圖一　復旦大學圖書館藏舊鈔本《春秋正義》卷四首葉

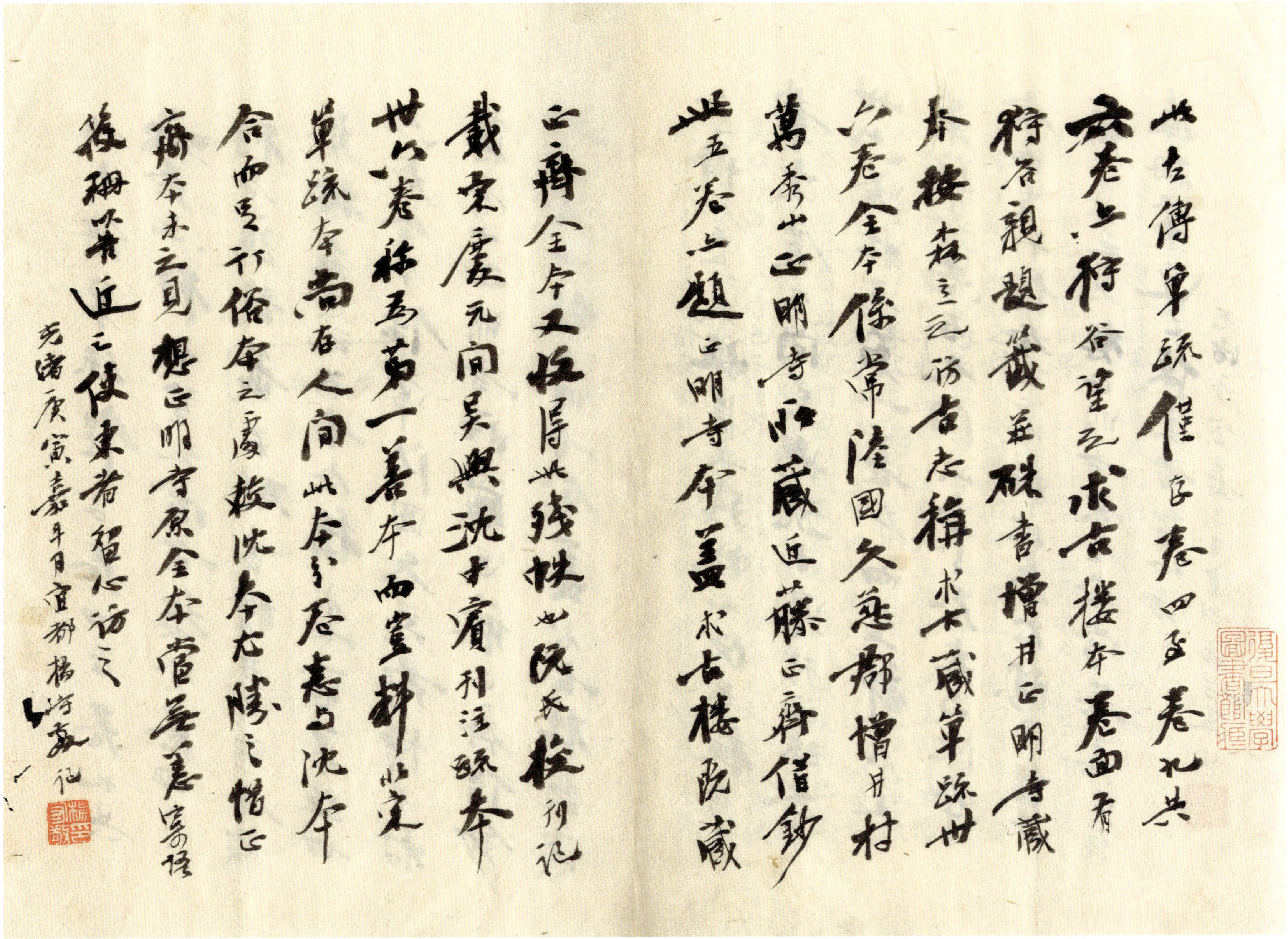

圖二　復旦大學圖書館藏舊鈔本《春秋正義》楊守敬題記

出版説明

群經義疏初以單疏形式流傳，單疏本保留疏文較爲原始面貌，是研究經典流變、校理經籍的關鍵文獻。至宋代出現經、注、疏乃至釋文合刻，單疏本遂漸式微，傳本稀少。今存於世的宋刻單疏本僅有《周易正義》（國家圖書館藏）、《尚書正義》（日本宫内廳書陵部藏）、《毛詩正義》（日本杏雨書屋藏，存三十三卷）、《禮記正義》（日本身延山久遠寺藏，存八卷）、《春秋公羊疏》（國家圖書館藏，存七卷）、《爾雅疏》（國家圖書館和日本静嘉堂文庫各藏一部）。另有散藏中、日兩國的單疏古鈔本，或從未公開，或未在中國原貌影印，學界使用甚爲不便。

本次我社幸獲各館藏機構授權，彙編影印《周易》、三《禮》、《春秋》三傳單疏古鈔本，並附研究性解題、與存世刊本的校勘記、相關重要研究論文。各經編纂情況如下：

1.《周易正義》。影印日本廣島大學圖書館藏天文十二年（1543）鈔本，十四卷全帙，及所附《周易要事記》《周易命期秘傳略》。圖版縮放比例爲 90%。北京大學朱瑞澤先生解題。附録文章兩篇：野間文史先生《廣島大學藏舊鈔本〈周易正義〉攷》（包含與廣大本與刻本之校記），由朱瑞澤先生翻譯；北京大學顧永新先生《日系古鈔〈周易〉單疏本研究》。另外附録傅斯年圖書館藏《賁卦》敦煌殘卷。

2.《周禮疏》。影印日本京都大學附屬圖書館藏室町時代（1336—1573）鈔本，全五十卷，存三十一卷。圖版縮放比例爲 80%。山東師範大學韓悦先生解題。

3.《儀禮疏》。影印日本宫内廳書陵部藏平安末（十二世紀）鈔本，存卷十五、卷十六。圖版原大。北京大學杜以恒先生解題並校理。

4.《禮記正義》。影印日本東洋文庫藏十世紀鈔本卷五殘卷，並背面《賢聖略問答》，原裝爲卷軸。北京大學郜同麟先生解題。圖版縮放比例爲 83%。附録英藏敦煌《禮運》殘片（S. 1057）、《郊特牲》殘卷（S. 6070）及法藏敦煌《郊特牲》殘片（P. 3106B）。

此册另附二種：《尚書正義》，英藏吐魯番出土《吕刑》殘片（Or. 8212 / 630r［Toy. 044］）。《毛詩正義》：（1）《谷風》《式微》殘卷（德國柏林藏吐魯番文獻）；（2）《小戎》《蒹葭》殘卷（《京都帝國大學文學部景印唐鈔本第一集》影印件，並日本高知大學、天理大學藏本）；（3）《思齊》殘片（俄藏敦煌文獻 Дx. 09322）；（4）《民勞》殘卷（英藏敦煌文獻 S. 498）；（5）《韓奕》《江漢》殘卷（日本東京國立博物館藏本）。

5.《春秋正義》。影印日本宫内廳書陵部藏文化十二年（1815）至十三年鈔本，三十六卷全帙。圖版縮放比例爲 90%。北京大學李霖先生解題。附録文章三篇：安井小太郎先生《景鈔正宗寺本〈春秋正義〉解説並缺佚考》(王瑞先生譯，董岑仕、張良二先生校)；張良先生《跋復旦大學圖書館藏〈春秋正義〉殘帙》；王瑞、劉曉蒙二先生《大連圖書館藏〈春秋正義〉述略》；虞萬里先生《斯坦因黑城所獲單疏本〈春秋正義〉殘葉考釋與復原》。另外附録法藏敦煌哀公十二年—十四年鈔本殘卷(P. 3634v＋3635v)。

6.《春秋公羊疏》。影印蓬左文庫藏室町末(十六世紀)鈔本，三十卷全帙。圖版縮放比例爲 90%。湖南大學部積意先生解題，山東大學石傑先生校理。附録馮曉庭先生《蓬左文庫春秋公羊疏鈔本述略》。

7.《春秋穀梁疏》。影印北京大學圖書館藏陳鱣鈔校本，全十二卷，存七卷。圖版原大。北京大學張麗娟先生解題。

以上七經單疏本皆原色影印。附録部分的敦煌、吐魯番、日本等殘卷殘片根據圖片質量單色或原色影印。底本爲卷子者，皆裁切成頁，爲避免裁切時行間信息遺失，每頁末行在下頁重複出現；於圖版天頭標注行數。爲便於圖文對照，解題、校理和研究文章皆另册。敦煌本解題録自許建平先生《敦煌經籍敘録》(中華書局，2006 年版)，德藏吐魯番本《谷風》《式微》殘卷解題録自榮新江、史睿先生《吐魯番出土文獻散録》(中華書局，2021 年版)，英藏吐魯番本《吕刑》殘片解題由李霖先生撰寫，日藏殘卷解題録自李霖先生《宋本群經義疏的編校與刊印》(中華書局，2019 年版)。叢刊解題、校理、研究論文中的古、舊、寫、鈔、抄等術語悉遵各篇作者表述習慣，不强作統一。

叢刊由主編劉玉才先生悉心統籌、指導，各位編委、解題、校理作者傾力支持，各收藏單位、論文作者慨予授權，謹致謝忱。

上海古籍出版社

二〇二四年十月

圖版總目録

本冊目録

日本宮内廳書陵部藏舊鈔本春秋正義

春秋正義卷第八……三一九

春秋正義卷第九……三六三

日本宮内廳書陵部藏

舊鈔本春秋正義

春秋正義 一之三

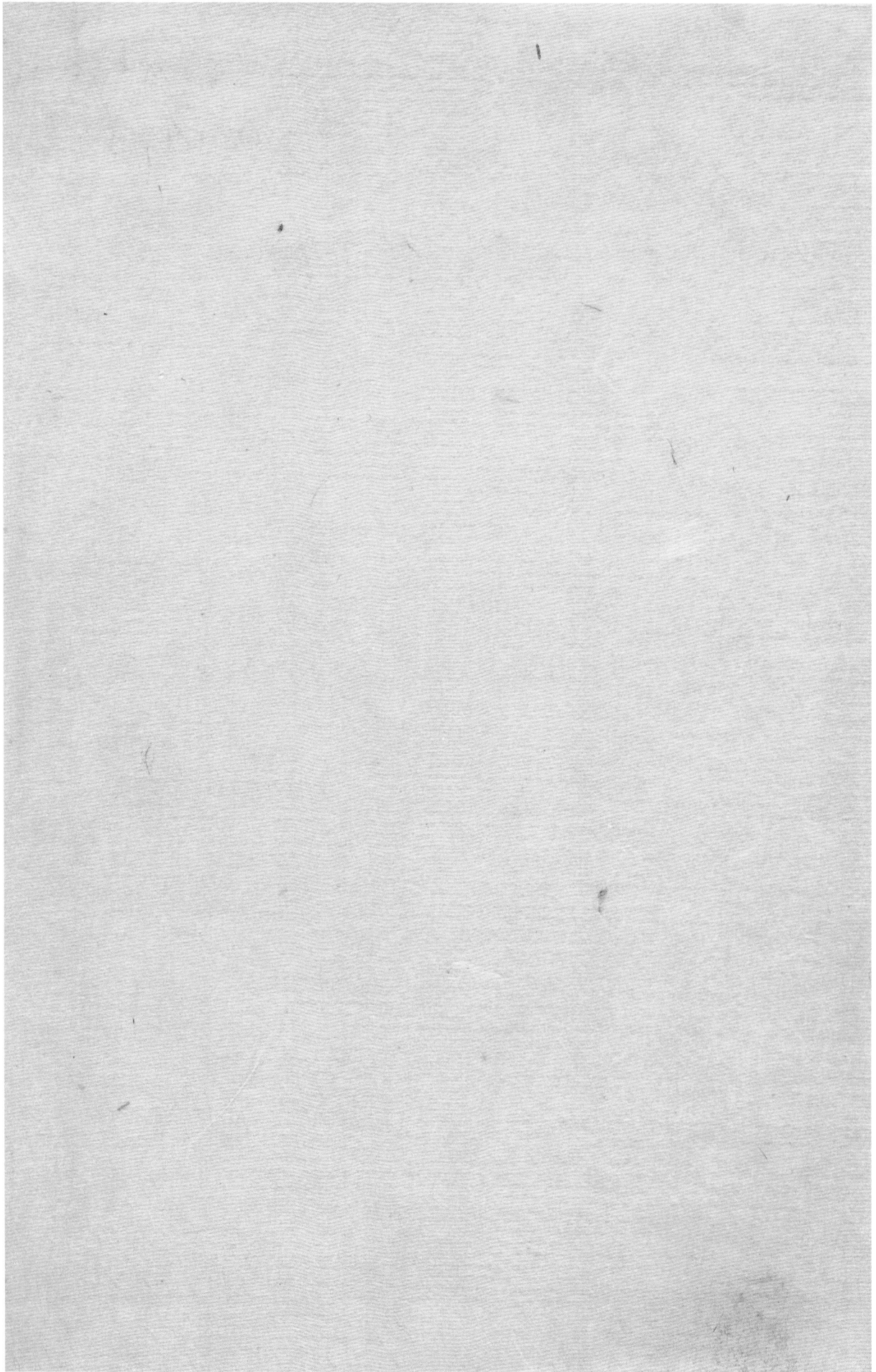

上五經正義表

臣無忌等言：臣聞混元初闢三極之道分焉醇德既醨六籍之文著矣於是龜書浮於溫洛爰演九疇龍圖出於榮河以章八卦故已範圍天地埏埴陰陽道濟四溟知周萬物所以七教八政垂炯戒於百王五始六虛貽徽範於千古詠歌明得失之跡雅頌表興廢之由實刑政之紀綱乃人倫之隱括昔雲官司契之后火紀建極之君雖步驟不同質文有異莫不開茲膠序崇以典墳敦稽古以弘風闡儒雅以立訓啓含靈之耳目贊神化之丹青姬孔發揮於前荀孟抑揚於後馬鄭迭進成均之望鬱興蕭戴同升石渠之業愈峻歷夷險其教不墜經隆替其道彌尊斯乃邦家之基王化之本者也伏惟

皇帝陛下得一繼明通三撫運乘天地之正齊日月之暉敷四術而纘俗經邦韞九德而辯方軌物御紫宸而訪道坐玄扈以裁仁化被丹澤政洽幽陵三秀六穗之祥府無虛月集囿巢閣之瑞史不絕書照金鏡而泰階平運玉衡而景宿麗可謂鴻名軼於軒昊

茂績冠於勛華而垂拱无為遊心經典以為至教幽賾妙理深玄
訓詁紛綸文疏蹐駁先儒競生別見後進争出異端未辨三豕之
疑莫祛五日之惑故祭酒上護軍曲阜縣開國子孔穎達宏才碩
学名振當時貞觀年中奉
勅脩撰雖加討覈尚有未周爰降絲綸更令刊定勅大尉揚州都
督監修國史上柱国趙国公臣无忌司空上柱国英国公臣勣尚
書左僕射兼大子少師監修国史上柱国燕国公臣志寧尚書右
僕射兼大子少傅監修国史上護軍北平縣開国公臣行成光禄
大夫侍中兼大子少保監脩国史上護軍蓨縣開国公臣季輔光
禄大夫吏部尚書監脩国史上柱国河南郡開国公臣褚遂良銀
青光禄大夫守中書令監脩国史上騎都尉臣柳奭前諫議大夫
弘文館学士臣谷那律国子博士弘文館学士臣刘伯莊朝議大夫
国子博士臣王德韶朝散大夫行大学博士臣賈公彦朝散大夫行大
学博士弘文館直学士臣范義頵朝散大夫行大常博士臣柳宣通
直郎守大学博士臣齊威宣德郎守国子助教臣史士弘宣德郎守

大常博士臣孔志约右内率府長史弘文館直学士臣薛伯珍兼大学助教臣郑祖玄徵事郎守大学助教臣隨德素徵事郎守四门博士臣趙君賛兼務郎守大学助教臣周玄達兼務郎守四门助教臣李玄植儒林郎守四门助教臣王真儒等上禀宸旨旁摭群書釋左氏之膏肓翦古文之煩乱探曲臺之奥趣索連山之玄言囊括百家森羅万有比之天象与七政而長縣方之地軸將五嶽而永久筆削已了繕寫如前臣等学謝伏恭業慙張禹虽罄庸淺懼乖典正謹以上聞伏增戰越謹言永徽四年二月二十四日大尉楊州都督上柱国趙国公臣无忌等上

春秋正義序

夫春秋者紀人君動作之務是左史所職之書王者統三才而宅九有順四時而治万物四時序則玉燭調於上三才協則宝命昌於下故可以享国永年令聞長世然則有為之務可不慎与国之大事在祀与戎祀則必尽其敬戎則不加无罪盟會協於礼興動順其節失則貽其悪得則褒其善此春秋之大旨為皇王之明鍳也若夫五始之目章

於帝軒六經之道光於礼記然則此書之發其來尚矣但年紀縣邈
无得而言暨乎周室東遷王綱不振楚子北伐神器將移鄭伯敗王於前
晉侯請隧於後窃號僭名者何国不然專行征伐者諸侯皆是下陵
上替内叛外侵九域騷然三綱遂絶夫子内韞大聖逢時若此欲垂
之以法則无位正之以武則无兵賞之以利則无財説之以道則不用虚
歎銜書之鳳乃似喪家之狗既不救於已往冀垂訓於後昆因魯史之
有得失據周經以正褒貶一字所嘉有同華袞之贈一言所黜无異蕭斧之
誅所謂不怒而人威不賞而人勸實永世而作則歷百王而不朽者也
乱於秦滅典籍鴻猷遂寢漢德既興儒風不泯其前漢傳左氏者有
張蒼賈誼尹咸劉歆後漢有鄭衆賈逵服虔許惠卿之等各為詁
訓然雜取公羊穀梁以釋左氏此乃以冠雙屨將絺綜麻方鑿圓
枘其可入乎晉世杜元凱又為左氏集解專取丘明之傳以釋孔氏之經
所謂子應乎母以膠投漆雖欲勿合其可離乎今校先儒優劣杜
為甲矣故晉宋傳授以至于今其為義疏者則有沈文何蘇寬劉炫然
沈氏於義例粗可於經傳極疏蘇氏則全不體本文唯旁攻賈服使

柄

鴻者大
猷者乙

後之学者鑽仰充成劉炫於數君之内寔為翹楚然聡恵辯博固
亦罕儔而探賾鈎深未能致遠其経注易者必具飾以文辞其理
致難者乃不入其根節又意在矜伐性好非毀規杜氏之失凡一百
五十餘條習杜義而攻杜氏猶蠹生於木而還食其木非其理也
雖規杜過義又淺近所謂捕鳴蟬於前不知黄雀在其後案僖公
三十三年経云晉人敗狄于箕杜注云郤缺稱人者未為卿劉炫
規云晉侯稱人与殽戦同案殽戦在葬晉文公之前何得云背喪
用兵以賤者告箕戦在葬晉文公之後非是背喪用兵何得云与
殽戦同此則一年之経数行而已曽不勘省上下妄規得失又襄
公二十一年伝云邾庶其以漆閭丘来奔以公姑姊妻之杜云蓋
寡者二人劉炫規云是襄公之姑成公之姊只一人而已案成公二年
成公之子公衡為質及宋逃帰案家語本命云男子十六而化生公
衡已能逃帰則十六七矣公衡之年如此則於時成公三十三四
矣計至襄二十一年成公七十餘矣何得有姊而妻庶其此等皆
其事歴然猶尚妄説況其餘錯乱良可悲矣然比諸義疏猶有可観

今奉勅刪定據以爲本其有疎漏以沈氏補焉若兩義俱違則特
申短見雖課率庸鄙仍不敢自專謹與朝請大夫國子博士臣谷
那律故四門博士臣楊士勛四門博士臣朱長才等對共參定至
十六年又奉勅與前修疏人及朝散大夫行大學博士上騎都尉臣
馬嘉運朝散大夫行大學博士上騎都尉臣王德韶給事郎守四
門博士上騎都尉臣蘇德融登仕郎守大學助教雲騎尉臣隨德
素等對勅使趙弘智覆更詳審爲之正義凡三十六卷冀貽諸學
者以裨萬一焉

行ハ爲之

附釋音春秋左傳注疏卷第一

春秋正義卷第一

國子祭酒上護軍曲阜縣開國子臣孔穎達等奉
勅撰

春秋左氏傳序

正義曰此序題目文多不同或云春秋序或云左氏傳序或云春
秋經傳集解序或云春秋左氏傳序案晉宋古本及今定本並云
春秋左氏傳序今依用之南人多云此本釋例序後人移之於此

且有題曰春秋釋例序置之釋例之端今所不用晉太尉劉寔与
杜同時人也宋大學博士賀道養注杜亦近俱為此序作注題並
不言釋例序明非釋例序也又晉宋古本序在集解之端徐邈以
晉世言五經音訓為此序作音且此序稱分年相附隨而解之名
曰經傳集解題言為集解作序也又別集諸例從而釋之名釋例
異同之説釋例詳之是其據集解而指釋例安得為釋例序也序
与敘音義同尓雅釋詁云敘緒也然則舉其綱要若繭之抽緒孔
子為書作序為易作序卦子夏為詩作序故杜亦称序々々春秋名
并經傳体例及已為解之意也此序大略凡有十一段明義以春秋
是此書大名先解立名之由自春秋至所記之名也明史官記事之
書名曰春秋之義自周礼有史官至其實一也明天子諸侯皆有
史官必須記事之義自韓宣子適魯至旧典礼經也言周史記事
襃貶得失本有大法之意自周德既衰至從而明之言典礼廢缺善
悪无章故仲尼所以修此經之意自左丘明受經於仲尼至所修
之要故也言丘明作傳務在解經而有无傳之意自身為国史躬

然後能得也言經旨之表不應須傳有通經之意自其發凡以言
例至非例也言丘明傳有三等之体自故發傳之体有三而三類
人名之數是也言仲尼修經有五種之例自推此五体至人倫之
紀備矣總言聖賢大趣足以周悉人道所説經傳理畢故以此言
結之自或曰春秋以錯文見義至釋例詳之也言已異於先儒自
明作集解釋例之意自或曰春秋之作下盡亦無取焉大明春秋
之早晚始隱終麟先儒錯謬之意賈逵大史公十二諸侯年表序
云魯君子左丘明作傳拠劉向別録云左丘明授曾申々授呉起
々授其子期々授楚人鐸椒々々作抄撮八巻授虞卿々々作抄
撮九巻授荀卿荀卿授張蒼此經既遭焚書而亦廢滅及魯共王
壊孔子旧宅於壁中得古文逸礼有三十九篇書十六篇天漢之
後孔安国献之遭巫蠱倉卒之難未及施行及春秋左氏丘明所
脩皆古文旧書多者二十餘通蔵於秘府伏而未發漢武帝時河
間献左氏及古文周官光武之世議立左氏学公羊之徒上書訟公
羊抵左氏々々之学不立成帝時劉歆校秘書見府中古文春

秋左氏傳歆大好之時丞相尹咸以能治左氏與歆共校傳歆略
從咸及丞相翟方進受質問大義初左氏傳多古字古言學者傳訓
詁而已及歆治左氏引傳文以釋經轉相發明由是章句義理
備焉歆以為左丘明好惡與聖人同親見夫子而公羊穀梁在七
十二弟子之後傳聞之與親見其詳略不同歆數以問向々不能非
也及歆親近欲建立左氏春秋及毛詩逸禮古文尚書皆列於學
官哀帝令歆與五經博士講論其義諸儒博士或不肯置對歆因
移書於太常博士責讓之和帝元興十一年鄭興父子及歆創通
大義奏上左氏始得立學遂行於世至章帝時賈逵上春秋大義
四十條以抵公羊穀梁帝賜布五百匹又與左氏作長義至鄭康
成箴左氏膏肓發公羊墨守起穀梁廢疾自此以後二傳遂微左
氏學顯矣　春秋者魯史記之名也　人臣執事品自不同掌事
曰司掌書曰史々官記事為書立名以春秋二字為記事之書名
也　正義曰從此以下至記之名也明史官記事之書名曰春秋
之意春秋之名經無所見唯傳記有之昭二年韓起聘魯稱見魯

記事者以事繫日以日繫月以月繫時以時繫年所以紀遠近別同異也

春秋外傳晉語司馬侯對晉悼公云羊舌肸習於春秋楚語申叔
時論傅太子之法云教之以春秋禮坊記云魯春秋記晉喪曰殺
其君之子奚齊又經解曰屬辭比事春秋教也凡此諸文所説皆
在孔子之前則知未脩之時舊有春秋之目其名起遠亦難得而
詳禮記内則稱五帝有史官既有史官必應記事但未必名為春
秋耳據周世法則毎國有史記當同名春秋独言魯史記者仲尼
脩魯史所記以為春秋止解仲尼所脩春秋故指言魯史言修魯
史春秋以為褒貶之法也記事者以事繫日乞別同異也既
辨春秋之名又言記事之法繫者以下綴上以末連本之辭言於此
日而有此事故以事繫日月統日故以日繫月時統月故以月繫時
年統時故以時繫年所以紀理年月遠近分別事之同異也若
隱三年春王二月己巳日有食之二年秋八月庚辰公及戎盟于唐
之類是事之所繫年時月日四者皆具文也史之所記皆應具文
而春秋之經文多不具或時而不月月而不日亦有日不繫月月
而无時者史之所記日必繫月月必繫時春秋二百四十二年之間

有日无月者十四有月无時者二或史文先闕而仲尼不改或仲尼備之而後人脫誤四時必具乃得成年桓十七年五月无夏昭十年十二月无冬二者皆有月而无時既得其月時則可知仲尼不應故闕其時獨存其月當是仲尼之後寫者脫漏其日不繫於月或是史先闕文若僖二十八年冬下无月而有壬申丁丑計一時之間再有此日虽欲改正何以可知仲尼无以後知當是本文先闕自闕不得不因其闕文使有日而无月如此之類盖是史文先闕未必後人脫誤其時而不月月而不日者史官立文亦互自有詳略何則案經朝聘侵伐執殺大夫土功之屬或時或月或書日者其要盟戰敗崩薨卒葬之屬虽不盡書日而書日者多是其本有詳略也計記事之初日月應備但国史總集其事書之於策簡其精麁合其同異量事而制法率意以約文史非一人辭无定式故日月參差不可齊等及仲尼修故因魯史成文史有詳略日有具否不得不即因而用之案經傳書日者凡六百八十一事自文公以上書日者二百四十九宣公以下亦俱六公書日者四百三

改欲即本之誤也

十二計年數略同而日數向倍此則久遠遺落不与近同且他国之告有詳有略若告不以日魯史无由得其日而書之如是則當時之史亦不能使日月皆具當時已自不具仲尼從後脩之旧典参差日月不等仲尼安能尽得知其日月皆使齊内去其日月則或害事之先後備其日月則古史有所不載自然須旧有日者因而詳之旧无日者因而略之亦既自有詳略不可以為褒貶故春秋諸事皆不以日月為例其以日月為義例者唯卿卒日食二事而已故隱元年冬十有二月公子益師卒傳曰公不与小斂故不書日桓十七年冬十月朔日有食之傳曰不書日官失之也丘明發傳唯此二條明二條以外皆无義例既不以日為例獨於此二條見義者君之卿佐是謂股肱或虧何痛如之病則親問斂則親与卿佐之喪公不与小斂則知君之恩薄但是恩之小失不足以貶人君不臨臣喪亦非死者之罪意欲垂戒於後无辭可以寄文而人臣輕賤死日可略故特假日以見義也日食者天之変甲乙者歷之紀朔是日月之會其食必在朔日是故史書日食

必記月朔之有甲乙乃可推求故曰有食之須書朔日々与不日
唯此而已月与不月傳本无義公羊穀梁之書道聽塗說之學或
日或月妄生褒貶先儒溺於二傳横爲左氏造日月褒貶之例故
杜於大夫卒例備詳說之仲尼刊定日无褒貶而此序言史官記
事必繫日月時年者自言記事之体須有所繫不言繫之是否皆
有義例也春秋感精符曰日者陽之精耀魄光明所以察下也淮
南子曰積陽之熱氣生火々之精者爲日刘熙釋名曰日實也
光明盛實是說日之義也日之在天隨天轉運出則爲晝入則爲
夜故每一出謂之一日々之先後无所分別故聖人作甲乙以紀之
世本云容成造歷大撓作甲子宋忠注云皆黃帝史官也感精符
曰月者陰之精地之理也淮南子曰積陰之寒氣久者爲水々之氣
之精者爲月刘熙釋名曰月闕也滿而闕缺是說月之義也月之
行天其疾於日十三倍有餘積二十九日過半而行及日与日相
會張衡靈憲曰日譬火月譬水火外光水含景故月光生於日之
所照魄生於日之所蔽當日則光盈就日則明盡然則以明盡謂

故史之所記必表年以首事年有四時故錯舉以為所記之名也

之一月所以揔紀諸月也三月乃為一時四時乃為一年故遞相統攝紀理庶事紀遠近者前年遠於後年後月近於前月異其年月則遠近明也別同異者共在月下則同月之事各繫其月則異月之事觀其月則異同別矣若然言正月二月則知是春四月五月則知是夏不須以月繫時足明遠近同異必須以月繫時者但以日月時年各有統屬史官記事唯須顯敘時既管月不得不以月繫時案經未有重書月者日則有之桓十二年冬十有一月丙戌公會鄭伯盟于武父丙戌衛侯晉卒一日再書者史本異文仲尼從而不改故杜云重書丙戌非義例因史成文也

故史之所記至所記之名也　將解名曰春秋之意先說記事主記當時之事事有先後須顯有事之年表顯也首始也事繫日下年是事端故史之所記必先顯其年以為事之初始也年有四時不可偏舉四字以為書號故交錯互舉取春秋二字以為所記之名也春先於夏秋先於冬舉先可以及後言春足以兼夏言秋足以見冬故舉二字以包四時也春秋二字是此書之總名雖舉春秋二字其

実包冬夏四時之義四時之内一切万物生植孕育尽在其中春秋之書无物不包无事不記与四時義同故謂此書為春秋孝經云春秋祭祀以時思之詩魯頌云春秋匪解享祀不忒鄭箋云春秋猶言四時也是挙春秋足包四時之義年歳載祀異代殊名而其実一也尓雅釋天云載歳也夏曰歳商曰祀周曰年唐虞曰載李巡曰夏歳商祀周年唐虞載各自紀事尭舜三代示不相襲也孫炎曰載始也取物終更始也歳取歳星行一次也祀取四時祭祀一訖也年取年穀一熟也是其名別而実同也此四者雖代有所尚而名興自遠非夏代始為歳名周時始有年称何則尭典云期三百有六旬有六日以閏月定四時成歳禹貢作十有三載乃同是於唐虞之世已有年歳之言記事者則各從所尚常語者則通以為言故虞亦称年周亦称歳周詩唐風称百歳之後是周之称歳也四時之名春夏秋冬皆以時物為之号也礼記郷飲酒義曰春之為言蠢也夏之為言假也秋之為言揫也冬之為言中也中者蔵也漢書律歴志云春蠢也物蠢生也夏假也物假大也秋𪏆即由反也

物熟斂也冬終也物終藏之也是解四時異名之義也史之記事一月无事不空舉月一時无事必空舉時者蓋以四時不具不成為歲故時雖无事必虚錄首月其或不錄皆是史之闕文隱六年空書秋七月注云雖无事而書首月具四時以成歲桓四年不書秋冬注云國史之記必書年以集此公之事書首時以成此年之歲故春秋有空時而无事者今不書秋冬首月史闕文是其説也然一時无事則書首月莊二十二年書夏五月者杜雖於彼无注釋例以為闕謬春秋之名錯舉而已後代儒者妄為華葉賈逵云取法陰陽之中春為陽中万物以生秋為陰中万物以成欲使人君動作不失中也賀道養云春貴陽之始秋取陰之初計春秋之名理包三統擬周以建子為正言之則春非陽中秋非陰中擬夏以建寅為正言之則春非陽始秋非陰初乃是穿鑿混沌而畫蛇足必將夭性命而失巵酒

周礼有史官掌邦國四方之事達四方之志諸侯亦各有國史

周礼有史官亦各有國史既解名曰春秋之意又解記事之人春官宗伯之屬有大史下大夫二人小史中士八人內史中大夫一人外史上士四人御史中士八人雖後

各有所職俱是掌書之官　正義曰周礼春官小史職曰掌邦国
之志内史職曰凡四方之事書内史讀之外史職曰掌四方之志
掌達書名于四方今杜氏序云掌邦国四方之事者掌邦国取小
史職文四方之事取内史職文杜惣括兩史共成此語諸侯官属亦
雖備知要傳記每說諸侯之史知諸侯亦各有国史也周礼言邦
国者乃謂畿外諸侯之国也国在四表故言四方　云凡四方之事
書内史讀之者謂四方有書來告内史讀以白王也告王之後則
小史主掌之故云掌邦国之志内史雖云讀四方之事當得其実国
内史策皆内史所掌故其職掌八柄及策命之事也然則内史小
史既主国内又主四方來告之事故依二十三年杜注云国史兼
告而書是也杜此序文云達四方之志取外史職文案外史職云
掌四方之志掌達書名四方今移達字於四方之志上加外杜之意
外史達此国内之志以告四方故依二十三年杜注云同盟然後
告名赴者之礼是也然則掌邦国四方之事者摠此兼受他国之
赴也達四方之志者摠己国有事赴告他国也春秋既有内外二

種故杜翦撮天子之史取外史内史兩文周礼諸史皆掌書仍
不知既記春秋定是何史蓋天子則内史主之外史佐之諸侯蓋
亦不異但春秋之時不已依礼諸侯史官多有廢闕或不置兩史
其策命之事多是大史則大史主之小史佐之刘炫以為商周
公封康叔戒之酒誥其經曰大史友内史友如彼言之似諸侯有
大史内史矣但編撿記傳諸侯无内史之文何則周礼内史職曰凡
命諸侯及孤卿大夫則策命之僖二十八年傳説襄王使内史叔
興父策命晉侯為侯伯是天子命臣内史掌之襄三十年傳稱鄭
使大史命伯石為卿是諸侯命臣大史掌之諸侯大史當天子内史
之職以諸侯兼官无内史故也鄭公孫黒強与薫隧之盟使大史
書其名斉大史書崔杼弑其君晉大史書趙盾弑其君是知諸侯
大史主記事也南史聞大史盡死執簡以往明南史是佐大史者
當是小史也若然襄二十三年傳稱季孫召外史掌悪臣言外
史則似有内史矣必言諸侯无内史者閔二年傳稱史華竜滑与
礼孔曰我大史也文十八年傳称魯有大史克哀十四年傳称斉

大事書之於策小事簡牘而已

有大史子餘諸國皆言大史安得有内史也季孫召外史者蓋史官身居在外季孫從内召之故曰外史猶史居在南謂之南史耳南史外史非官名也藝文志云古之王者世有史官君擧必書所以慎言行昭法戒左史記言右史記事事為春秋言為尚書帝王靡不同之禮記玉藻云動則左史書之言則右史書之然左右所記二文相反要此二者皆言左史右史周禮無左右之名得稱左右者直是時君之意處之左右則史掌之事因為立名故傳有左史倚相掌記左事謂之左史左右非史官之名也左是陽道陽氣施生故令之記動右是陰道陰氣安靜故使之記言藝文志稱左史記言右史記動謂年上言魯史記則諸侯各有史可知又言諸侯各有國史者方説諸侯各有春秋重詳其文也　大事書之於策小事簡牘而已　既言尊卑皆有史官又論所記簡策之異釋器云簡謂之畢郭璞云今簡札也許慎説文曰簡牒也牘書版也蔡邕獨斷曰策者簡也其制長二尺短者半之其次一長一短兩編下附鄭玄注中庸云策簡也由此言之則簡札牒畢同

物而異名單執一札謂之為簡連編諸簡乃名為策故於文策或作冊象其編簡之形以其編簡為策故言策者簡也鄭玄注論語序以鉤命決云春秋二尺四寸書之孝經一尺二寸書之故知六經之策皆稱長二尺四寸蔡邕言二尺者謂漢世天子策書所用故与六經異也簡之所容一行字耳牘乃方版々廣於簡可以並容數行凡為書字有多有少一行可盡者書之於簡數行乃盡者書之於方々所不容者乃書於策聘礼記曰若有故則加書將命百名以上書於策不及百名書於方鄭玄云名書文也今謂之字策簡也方版也是其字少則書簡字多則書策此言大事小事乃謂事有大小非言字有多少也大事者謂君舉告廟及隣國赴告經之所書皆是也小事者謂物不為災及言語文辞傳之所載皆是也大事後雖在策其初亦記於簡何則弒君大事南史聞崔杼執簡而往董狐既書趙盾以示於朝是執簡而示之非舉策以示之明大事皆先書於簡後乃定之於策也其有小事文辞或多如呂相絶秦聲子說楚字過數百非一牘一簡所能容者則於衆簡

牘以次存録也杜所以知其然者以隱十一年傳例云滅不告敗
勝不告克不書于策明是大事来告載之策書也策書不載丘
明得之明是小事傳聞記於簡牘也以此知仲尼修經皆約策書
成文丘明作傳皆博采簡牘衆記故隱十一年注云義其告辭史
乃書之于策若所傳聞行言非將君命則記在簡牘而已不得記
於典策此蓋周礼之旧制也又莊二十六年經皆先傳〻〻不解經
注云此年經傳各自言其事者或策書雖存而簡牘散落不究其
本末故傳不復申解是言經據策書傳憑簡牘經之所言其事

孟子曰楚之
謂之檮杌
晋謂之乘
而魯謂之
春秋其實
一也

大傳之所言其事小故知小事在簡大事在策也　孟子曰至其
実一也　既言簡策之異又説諸国別名孟子姓孟名軻字子輿鄒
邑人也當六国之時師事孔子之孫子思修儒術之道著書七篇其
第四离婁篇云王者之迹息而詩亡詩亡然後春秋作晋謂之乘
楚謂之檮杌魯謂之春秋一也其言与此小異是杜足其實二字使
成文也彼趙岐注云乘者興於田賦乘馬之事因以為名檮杌者
嚚凶之類興於記悪之戒因以為名春秋以二始挙四時記万事之名是

三者立名雖異記事則同故云其実一也序發首云春秋者魯史記之名也故引此以為證旦明諸侯之国各有史記故魯有春秋仲尼得因而修之也案外傳申叔時司馬侯乃是晉楚之人其言皆云春秋不言乘与檮杌然則春秋是其大名晉楚之私立別号魯无別号故守其本名賈逵云周礼尽在魯矣史法最備故史記与周礼同名然則晉楚豈當自知不備故別立悪名既言諸国有書欲明魯最兼備故云此

韓宣子適魯（宣子晉大夫名起適魯在昭二年也）見易象与魯春秋曰周礼尽在魯矣（尽津忍反後效此）吾乃今知周公之德与周之所以王（王于況反又如字）

韓宣子至所以王　正義曰此昭二年傳文也宣子晉卿名起食邑於韓因以為氏謚曰宣子者有德之称為昭公新立身新為政故来聘魯因觀書於大史氏見此書而發語杜注彼以為易象即今周易上下經之象辭也魯春秋謂魯史記之策書也春秋遵周公之典以序事故曰周礼尽在魯矣易象春秋是文王周公之所制故見春秋知周公之徳見易象知周之所以王也文王已制此典即是身有聖德聖不空生必王天下周室之王文王之功故觀其書知周之所以得王天下之由也文王身処王位故以王言之周公不王故以德属之人異故文異傳言觀書大史則所觀

非亡而獨言易象魯春秋者韓子主美文王周公故特言之易象魯
先增改故不言魯易象春秋雖是周法所記乃是魯史故言魯
春秋也春秋易象晉應有之韓子至魯方乃發歎者味其義善其
人以其旧所未悟故云今始知亦其歎美之深非是素不見也
易下繫辭云易之興也其當殷之末世周之盛德當文王與紂之
事則謂易象文象之辭也鄭玄案據此文以為易是文王所作鄭
衆賈逵虞翻陸績之徒以易有箕子之明夷東隣殺牛皆以為
易之文辭周公所作杜雖無先明解似同鄭說韓子所見蓋周之旧
典礼經也序言史官所書旧有成法故引韓子之事以此言結
之韓子所見魯春秋者蓋是周之旧日正典礼之大經也韓子之言
并歎易象此之所見唯謂春秋者指說春秋不須易象故也知是
旧典礼經者傳於隱七年昏名例云謂之礼經十一年不告例云
不書于策明書於策必有常礼未脩之前旧有此法韓子所見而
說之即是周之旧典以先正文故言蓋為疑辭也制礼作樂周公
所為明策昏礼經亦周公所制故下句每云周公正謂五十發凡

周德既衰官失其守上之人不能使春秋昭明赴告策書（告古毒反一音古報反崩薨曰赴禍福曰告）諸所記注（注張住反字或作註）多違旧章

是周公旧制也必知史官所記有周公旧制者以聖人所為動皆有法以能立官紀事豈得全无憲章空四百年傳稱備物典策以賜伯禽典策則史官記事之法也若其所記无法何足以賜諸侯能々得之何足以為光榮而子魚欲為美談也且仲尼修此春秋以為一經若周公无法史官妄說仲尼何所可馮斯文何足為典得与諸書禮樂詩易並称經哉以此知周公旧有定制韓子所見是也

周德既衰云多違旧章　正義曰此明仲尼修春秋之由先論史策失宜之意計周公之垂法典策具存豈假仲尼更加筆削但為官失其守褒貶失中赴告策書多違旧典是故仲尼修成此法垂示後昆襄三十一年傳稱卿大夫能守其官職昭二十年傳曰守道不如守官是言人臣為官各有所守周德既衰邦国无法群小在位故官人失其所守也雖廣言衆官失職要其本意是言史官失其所掌也昭三十一年傳曰春秋之稱微而顯婉而辨上之人能使昭明注云上之人謂在位者也彼謂賢德之人在天子諸侯之位能使春秋褒貶勸戒昭明周德既衰主掌

仲尼因魯史策書成文考其真僞而志其典礼上以遵周公之遺制下以明將來之法

之官已失其守在上之人又非賢聖故不能使春秋褒貶勸戒昭明致令赴告記注多違旧章也文十四年傳曰崩薨不赴禍福不告然則隣国相命凶事謂之赴他事謂之告對文則別散文則通昭七年傳衛齊悪告喪于周則是凶亦称告也赴告之中違旧章者若隱三年平王以壬戌崩赴以庚戌桓五年陳侯鮑卒再赴以甲戌己丑及不同盟者而赴以名同盟而赴不以名之類是也策書記注多違旧章者仲尼既已脩改不可復知正以仲尼脩之故知其多違也　仲尼因魯史策書成文至將來之法　此明仲尼所因并制作之意取脩之經以魯為主是因魯史策書成定之旧文也考謂校勘志謂記識考其真偽真者因之偽者改之志其典礼合典法者褒之違礼度者貶之上以遵周公之遺制使旧典更興下以明將來之法令後世則以此故脩春秋也前代後代交終一揆所賞所罰理必相符仲尼定春秋之文制治国之法文之所褒是可賞之徒文之所貶是可罰之類後代人主誠能觀春秋之文揆當代之事辟所悪而行所善順褒貶而施賞罰則法必明而国必治

故云下以明將來之法也不教當時而為將來制法者孔子之時
道不見用既知被屈冀範將來々々之与今時其法亦何以異但
為時不見用故指之將來其實亦以教當代也其教之所存文
之所害則刊而正之以示勸戒此說仲尼改舊史之意教之所存
謂名教善惡義存於此事若文元襄貶无以懲勸則是文之害教
若僖二十八年天王狩于河陽傳云晉侯召王以諸侯見且使王狩
將仲尼曰以臣召君不可以訓故書曰天王狩于河陽杜以晉文
之意存欲尊周將率諸侯共朝天子自嫌彊大不敢至周諭王出
將得盡臣礼尊其蹤績心是跡非又昭十九年許世子止弒其君買
傳云許悼公瘧五月戊辰飲大子止之藥卒書曰弒其君々子曰
盡心力事君舍藥物可也許止進藥不由於醫其父飲之因茲而
卒名教善惡須存於此若也不罪許止不没晉文无以息篡逆之
之端勸事君之礼故隱其召王之名彰弒君之悪如此之例皆是
文之害教則刊削本策改而正之以示後人使聞善而知勸見悪
而自戒諸仲尼所改新意皆是刊而正之也　其餘則皆即用舊史

文王之
襄公之
貫
緒事

其餘則皆即用舊史々有文質辭有詳略不必改也

至不必改也　此說仲尼不改舊史之意其餘謂新意之外皆即用舊史也始隱終麟二百餘載史官迭代其數甚多人心不同屬辭必異自然史官有文有質致使其辭有詳有略既无所害故不必改也史有文質謂居官之人辭有詳略謂書策之文史文則辭華史質則辭直華則多詳直則多略故春秋之文詳略不等也螟螽蜚蜮皆害物之蟲蜚蜮言有螟螽不言有諸侯反國或言自某歸或言歸自某晉伐鮮虞晉入郢直舉國名不言將帥及郊與開郊皆无所發諸侯亦奔或名或不名明是立文乖異是其史舊有詳略義例不存於此故不必皆改也　故傳曰其善志又曰非聖人孰能修之　上傳昭三十一年言春秋之書其是善志記也下傳成十四年言若非聖人誰能修春秋使成五例也　下傳既非同年而云又者言又重上事之辭也又其傳非文甚年也　蓋周公之志仲尼從而明之　既以蓋為疑辭而知是必然者案傳君子論春秋之義而云善志春秋既是舊名明稱舊記為善故知　上傳之言蓋言周公之志也脩者治舊之名傳善聖人而言脩舊明修前聖之

左丘明受經於仲尼以為經者不刊之書也故傳或先經以始事或後經以終義或依經以辯理或錯經以合異隨義而發

道故知下傳之言蓋仲尼之明周公也上已言蓋周之旧典禮經
此後重言蓋周公之志者上明春秋記事之法旧史之遺周公也
此明仲尼因旧史之文還修周公之法故重言蓋叙此以上論經
以下論傳　左丘明受經於仲尼至隨義而發　正義曰丘明為
經作傳故言受經於仲尼未必面親授受使之作傳也此說作傳
解經而傳文不同之意丘明以為經者聖人之所制是不可刊削
之書也非傳所已亂之假使傳有先後不畏經因錯亂故傳或先經為
文以始後經之事或後經為文以終前經之義或依經之言以辯
此經之理或錯經為文以合此經之異皆隨義所在而為之發傳
期於釋盡經意而已是故立文不同也大史公十二諸侯年表序云自
孔子論史記次春秋七十子之徒口受其傳魯君子左丘明懼弟
子各安其意失其真故具論其語成左氏春秋沈氏云嚴氏春
秋引觀周篇云孔子將修春秋與左丘明乘如周觀書於周史歸
而脩春秋之經丘明為之傳共為表裏藝文志云左丘明魯史也
是言丘明為傳以其姓左故号為左氏傳也先經者若隱公不書

其例之所重〔直用反〕舊史遺文略不盡舉非聖人所脩之要故也身為國史躬覽載籍必廣記而備言之

即位先發仲子歸于我衛州吁弑其君完先發莊公娶于齊如此之類是先經以始事也後經者昭二十二年王室亂定八年乃言劉子伐盂以定王室哀二年晉納蒯聵于戚哀十五年乃言蒯聵自戚入衛如此之類是後經以終義也依經者經有其事傳辯其由隱公不書即位而求好於邾故為蔑之盟案其經文明其歸趣如此之類是依經以辯理也錯經者若地有兩名經傳互舉及經侵傳伐經伐傳侵於文雖異於理則合如此之類是錯經以合異也傳之文雖多不出四體故以此四句明之也

其例之所重至所脩之要故也　此說有經无傳之意例之所重者若桓元年秋大水傳云凡平原出水為大水莊七年秋大水无傳則例之所重皆是舊史遺餘策書之文丘明略之不復發傳非聖人所脩之要故也言遺者舊史已沒策書貴留故曰遺文

身為國史至究其所窮　此說无經有傳之意　正義曰說文云籍部書也張衡東京賦曰多識前世之載々亦書也躬覽載籍所見者博以義有所取必廣記而備言之非直解經故其文緩遠明聖意其旨遠將

其文緩其旨遠將令学者原始要終（令力呈反下令学者同　要於遙反）尋其枝葉究其所窮優而柔之使自求之饜而飫之（饜於豔反　飫於預反）使自趨之（趨也住七俱反）若江海之浸膏澤之潤（浸子鴆反　膏古刀反　潤如順反）渙然冰釈（渙呼乱反）怡然

令学者本原其事之始要截其事之終尋其枝葉尽其根本則聖
人之趣雖遠其賾可得而見是故經先其事而傳亦言之為此也
原始要終及其旨遠並易下繫辞文也尋其枝葉以樹木喩也
究亦窮也言窮尽其所究窮之処也優而柔之云然後為得也
此又申説先經之傳有利益之意優而柔之使自求之大戴礼子
張問入官学之篇有此文也其饜而飫之則未知所出優柔俱訓
為安寛舒之意也饜飫俱訓為飽饒裕之意也謂丘明富博其文
優游学者之心使自求索其高意精華其大義飽足学者之好使
自奔趨其深致言其廣記備言欲令使条翫不倦也江海以水深
之故所浸者遠膏澤以雨多之故所潤者博以喩傳之廣記備言
亦欲浸潤經文使其義理通洽如是而求之然後渙然解散如春冰
之釋怡然心説而衆理皆順然後為得其所也江海水之大者故挙
以為喩脂之釋者為膏言雨之為潤若脂膏然故称膏澤也
其發凡以言例至一經之通体　正義曰自此至非例也辯説傳
之三体此一段説旧發例也言發凡五十皆是周公旧法先儒之

理須恰以之爻然後為得也其發凡以言例皆經國之常制周公之垂法史書之舊章仲尼從而修之以成一經之通體

說春秋者多矣皆云丘明以意作傳說仲尼之經凡與不凡無新舊之例杜所以知發凡言例是周公垂法史書舊章者以諸所發凡皆是國之大典非獨經文之例隱七年始發凡例特云謂之禮經十一年又云不書于策建此二句於諸例之端明書於策者皆是經國之常制非仲尼始造策書自制此禮也何則天子無姓卒哭作主諸侯薨于朝會加一等夫人不薨于寢則不致豈是仲尼始造此言也公則告廟侯伯之喪二凡之末皆云禮也豈是丘明自制禮乎又公女嫁之送人尊卑哭諸侯之親疏等級王喪之稱小畫分至之書審物皆經無其事傳亦發凡若丘明以意作傳主說仲尼之經此既其經何須發傳以是故知發凡言例皆是周公垂法史書舊章仲尼從而脩之以成一經之通體也國之有史在於前代非獨周公立法史始有章而指言周公垂法者以三代異物節文不同周公必因其常文而作以正其變者非是盡變其常也但以一世大典周公所定故春秋之義史必主於常法而以周公正之然凡是周公之禮經今案周禮竟無凡例內當有禮外別自有凡

為當凡在禮内令者所掇禮有凡知者案周禮大宰職於八法一八插
之内有官成官法鄭衆注云官成者謂官府之有成事品式官法
者謂職所主之法度然則式凡者是史官之策書成事法式也釋
例終篇云稱凡者五十其別四十有九蓋以母弟二凡其義不異
故也計周公垂典應每事設法而據經有例於傳无凡多矣釋例
四十部其凡者十五然則周公之立凡例非徒五十而已蓋作傳
之附已有遺落丘明采而不得故也且凡雖舊例亦非全語丘明采
合而用之耳終篇云諸凡雖是周公之舊典丘明撮其體義約以
為言非純寫故典之文也蓋據古文覆逆而見之此丘明會意之
微致是其說也然丘明撮凡為言體例不一於凡之内亦義不
同亦有因經所有連釋經之所無如王曰小童公侯曰子是也亦
有略其經之所無直釋經之所有如凡祀啓蟄而郊龍見而雩
不言禘祀以經無故也如此之類是也所以然者蓋以舊凡語少
經雖無事則亦連文引之所以兼引王曰小童若舊凡語多經無
者則略之經有者則載之所以略其禘祀獨舉郊雩故莊十一年

其微顯闡幽裁成義類者闡昌善反明也皆據舊例而發義指行事以正褒貶褒保刀反貶彼檢反字林方犯反

王師敗績于某杜注云事列於經則不得不因申其義是舊凡乃者唯舉經文也發凡之体凡有二條一是特為策書一是兼載國事特為策書者凡告以名則書之類是也兼載國事者凡嫁女于敵國之類是也魚為國事但他書有者亦不在凡例如天子七月而葬既於礼文備有故丘明作傳不在凡例也此諸凡者自是天下大例其言非獨為魯故哭諸侯之條既發凡例乃云故魯為諸姬明知正凡所言非止魯事旦送女例云於天子則諸卿皆行魯女下嫁女於天子之理祭祀例云啓蟄而郊自非魯國不得有郊天之事明是兼合故典裁約為之文也　其微顯闡幽亦褒貶　此下八字委曲而暢之說新意也微顯闡幽易下繫辭文也微謂纖隱闡謂著明舊說云下云經無義例此釋經有義例謂孔子脩經微其顯事闡其幽理裁節經之上下以成義之般數其善事顯者若秦穆悔過貶四國大夫以例称人觀文与常文無異惡事顯者若諸侯城緣陵叙孫豹違命城緣陵依例称諸侯与無罪文同叔孫豹去氏与未賜族者文同皆微其顯事闡幽者謂闡其幽理使

之宣蓄若晉趙盾鄭帰生楚陳乞及許大子止皆非親弑君
是其罪未隱孔子脩經加弑使罪狀宣露是闡也諸春秋褒貶
之例並是經意也蓋以為皆拠旧例而發義以下論丘明之傳微顕闡
幽乃是經意故賀沈諸儒皆悉同此刻炫以微顕闡幽皆説作傳
之意經文顕者作傳者其纖微經文幽者作傳闡使明著顕若
天王狩于河陽觀經文足知王是天子狩是出獵但不知天子何故
出畿外狩耳故傳發晉侯召王是其微顕也幽者若鄭伯克段
鄭觀經不知段是何人何故称克故傳發武姜愛段是闡其幽也
丘明作傳其有微經之顕闡經之幽以裁制成其義理此數者皆
拠旧典凡例而起發經義指其人引事是非以正經之褒貶例称
得惟何曰克傳言如二君故曰克是其拠旧例發義也晉侯召王使
將鄭伯不教其弟仲尼從其召王顕称鄭伯丘明正述其意先解
經文是指其初意以正褒貶也此二意尤明者耳其餘皆是新意
也此序主論作傳而賀沈諸儒皆以為經解之是不識文勢而謬
失杜旨諸称書不書玉課之変例上既言拠旧例而發義故

諸称書不書先書故書不言不称書曰之類皆所以起新旧發大義謂之變例

更指發義之條諸傳之所称書不書先書故書不言不称及書曰七者之數皆所以起新旧之例令人知發凡是旧七者是新發明經之大義謂之變例以凡是正例故謂此為變例猶詩之有變風變雅也自杜以前不知有新旧之異今言謂之變例是杜自明之以曉人也称書者若文二年書士穀堪其事襄二十七年書先晋々須信如此之類是也不書者若隠元年春正月不書即位攝位也邾子克未王命故不書爵如此之數是也先書者若桓二年君子以督為有無君之心故先書弑其君僖二年虞師晋師滅下陽先書虞虞賄故也如此之數是也故書者若隠三年壬戌平王崩赴以庚戌故書之成八年杞叔姫卒来帰自杞故書如此之數是也不言者若隠元年鄭伯克段于鄢不言出奔難之也莊十八年公追戎于済西不言其来諱之也如此之數是也不称者若僖元年不称即位公出故也莊元年不称姜氏絶不為親如此之數是也書曰者若隠元年書曰鄭伯克段于鄢隠四年書曰衛人立晋衆也如此之類是也案襄元年囲宋彭城非宋地追書也隠元年称鄭伯譏失教

也昭三十一年公在乾侯言不能外内也先書故書既是新意則追書亦是新意書与不書倶是新意則称与不称言与不言亦倶是新意豈得不言不称獨為新意言也称也便即非其釋例終篇云諸雜称二百八十有五止有其数不言其目就文而数又後参差竊謂追書也言也称也亦是新意序不言者蓋諸数之中兼之以包之故也有田僕紹者亦注此序以為序言諸称不称亦即是新意与下七者合為八名斯不然矣案書与不書其文相次若称字即是新意但當言称与不称相次何以分為別文明知杜言諸称自謂諸傳所称不以称為新意但以理而論之称亦當自是新意耳

然亦有史所不書即以為義者此蓋春秋新意故傳不言凡曲而暢之也

暢勅亮反

然亦有史至曲而暢之也　此説因旧為新也仲尼脩春秋者欲以上遵周制下明世教其旧史錯失則得刊而正之以為変例其旧史不書則无所刊正故此又辯之亦有史所不書正合仲尼意者仲尼即以為義改其旧史及史所不書此二者蓋是春秋新意故傳亦不言凡每事別釋曲而通暢之也　此蓋春秋新意其言揔上通変例与不別書也举一凡而言同者諸

其經无義例因行事而言則傳直言其歸趣而已非例也

理盡見是其直也不言凡而每事發傳是其曲暢々訓通故言曲而暢之也若然隱公實不即位史无由得書即位邾克實未有爵史无由得書其爵然則傳言不書自是旧史不書而以書為仲尼新意者釋例終篇杜自問而釋之云丘明之為傳所以釋仲尼春秋仲尼春秋皆因旧史之策書策書之所在則時加增損或仍旧史之无或改旧史之有雖因旧文固是仲尼之書也丘明所發固是仲尼之意也雖是旧文不書而事合仲尼之意仲尼因而用之即是仲尼新意若宣十年崔氏出奔衛傳稱書曰崔氏非其罪也且告以族不以名是告不以名故知旧史无名及仲尼脩經无罪見逐例不書名氏旧史之文適當孔子之意不得不因而用之因旧為新皆此類也然杜唯言史所不書即以為義不云所書為義者但夫子約史記而脩春秋史記之文皆是旧史所書因而襲之理在可見不須更言但恐旧史不書而夫子不用故特言之　其經无義例主非例也　此一段說經无義例者因有大事史必書之事既无得失其文不著善惡

自問自答

故傳直言其指歸趣向而已非襃貶之例也春秋此類最多故隱元年及宋人盟于宿傳曰始通也杜注云經無義例故傳直言其歸趣而已他皆放此是如彼之類皆非例也 故發傳之體有三而爲例之情有五 正義曰傳體有三即上文發凡正例新意變例歸趣非例是也爲例之情有五則下文五曰是也昏經有此五情緣經以求義爲例言傳爲經發例其體有此五者下文五句成十四年傳也案彼傳上文云春秋之稱下云非聖人誰能脩之聖人指謂孔子是孔子所脩成此五者下所損諸例皆盡下句釋其顯者以屬之耳此發傳之體有三上文三言其以別之觀文足可知耳劉寔分變例新意以爲二者釋例終篇曰丘明之傳有稱周禮以正常者諸稱凡以發例者是也有明經所立新意者諸顯義例而不稱凡者是也稱古典則立凡以顯之釋變例則隨辭以讀之杜言甚明尚不已悟其爲暗也不亦甚乎一曰微而顯至城緣陵之類是也文見於此謂彼注云辭微而義顯也稱族尊君命舍族尊夫人成十四年傳爲叔孫僑如發也經曰秋叔孫僑如如齊逆女九月僑如

一曰微而顯文見於此而起義在彼見賢遍反下同稱族尊君命舍族尊夫人梁亡城緣陵之類是也捨音

二曰志而晦
約言示制
推以知例
參會不地
与謀曰及
之類是也
參七南反又音
三与音預

以夫人婦姜氏至自齊叔孫是其族也襃賞稱其族貶責去其氏
銜君命出使稱其族所以爲榮与夫人倶還去其氏所以爲辱出
稱叔孫舉其榮名所以尊君命也入舍叔孫替其尊稱所以尊夫
人也族自卿家之族稱舍別有所尊是文見於此而起義在彼
十九年經書梁亡是秦亡之也傳曰不書其主自取之也僖十四年
經書諸侯城緣陵是齊率諸侯城之以遷杞也傳曰不書其人有
闕也秦人滅梁而曰梁亡文見於此梁亡見取者之罪齊桓城杞
而書諸侯城緣陵文見於此城緣陵見諸侯之有闕亦是文見於
此而起義在彼皆是辭微而義顯故以此三事屬之二曰志而晦
至曰及之彰是也彼注云志記也晦亦微也謂約言以記事々敘
而文微桓二年秋公及戎盟于唐冬公至自唐傳例曰特相會往來
稱地讓事也自參以上則往稱地來稱會成事也其意言會必有主
二人共會則莫肯爲主兩相推讓會事不成故以地致三國以上則
一人爲主二人聽命會事有成故以會致宣七年公會齊侯伐萊傳
例曰凡師出与謀曰及不与謀曰會其意言同志之國共行征伐彼

三曰婉而成章（婉於元反）曲從義訓以示大順諸所諱辟璧假許田之類是也（辟本亦作避音曰後放此假古雅反後不音者同）

与我同謀計議々成而後出師則以相連及爲文彼不与我謀不得已而往應命則以相會合爲文此二者義之所異在於一字約少其言以示法制推尋其事以知其例是所記事有敘而其文晦微也　三曰婉而成章至許田之類是也　彼注云婉曲也謂屈曲其辭有所辟諱以示大順而成篇章言諸所諱辟者其事非一故言諸以總之也　若依十六年公會諸侯于淮未歸而取項齊人以爲討而止公十七年九月得釋始歸諱執止之恥辟而不言經乃書公至自會諸如此類是諱辟之事也諸侯有大功者於京師受邑爲將朝而宿焉謂之朝宿之邑方岳之下亦受田邑以從巡守備湯沐以共沐浴焉謂之湯沐之邑魯以周公之故受朝宿之邑於京師許田是也鄭以武公之勳受湯沐之邑於泰山祊田是也隱桓之世周德既衰魯不朝周王不巡守二邑皆無所用因地勢之便欲相與易祊薄不足以當許鄭人加璧以易許田諸侯不得專易天子之田文諱其事桓元年經書鄭伯以璧假許田言若進璧以假田非久易也掩惡揚善臣子之義可以垂訓於後

四曰盡而不汙 汙於俱反 曲也 直書其事具文見意丹楹刻桷天王求車齊侯獻捷之類是也 楹音盈 刻音克 桷音角 捷在妾反

五曰懲惡而勸善 懲直升反 求名而亡欲蓋而章書齊豹盜三叛人名之類是也

故此二事皆屈曲其辭從其義訓以示大順之道是其辭婉曲而
成其篇章也　四曰盡而不汙至獻捷之類是也　彼注云謂直言
其事盡其事實無所汙曲禮制宮廟之飾楹不丹桷不刻莊二十三
年秋丹桓宮楹二十四年春刻桓宮桷禮諸侯不貢車服天子不
私求財桓十五年天王使家父來求車禮諸侯不相遺俘莊三十
一年齊侯來獻戎捷三者皆非禮而動直書其事不為之隱具為
其文以見譏意是其事實盡而不汙曲也　五曰懲惡而勸善
至三叛人名之類是也　彼注云善名必書惡名不滅所以為懲
勸昭二十年盜殺衛侯之兄縶襄二十一年邾庶其以漆閭丘來
奔昭五年莒牟夷以牟婁及防茲來奔昭三十一年邾黑肱以濫來
奔是謂盜與三叛人名也齊豹衛國之卿春秋之例卿皆書其名
氏齊豹忿衛侯之兄起而殺之欲求不畏彊禦之名春秋抑之書曰
盜盜者賤人有罪之稱也邾庶其黑肱莒牟夷三人皆小國之臣
並非命卿其名於例不合見經竊地出奔求食而已不欲求其名
聞春秋故書其名使惡名不滅若其為惡求名而有名章徹則作

大体轉相祖述進不成為錯綜経文以盡其変退不守丘明之傳於丘明之傳有所不通皆没而不説而更膚引公羊穀梁適足以自乱

趙人貫公々傳子長卿々々傳清河張禹々々授尹更始々々傳子咸
咸及丞相翟方進々授清河胡常々々授黎陽賈護々々授蒼梧
陳欽而劉歆従尹咸及翟方進受由是言左氏者本之賈護劉歆
是前漢言左氏者也漢武帝置五経博士左氏不得立於学官至
平帝時王莽輔政方始立之後漢従廢雖然学者滋多矣中興以
後陳元鄭衆賈逵馬融延篤彭仲博許恵卿服虔潁容之徒皆傳
左氏春秋魏世則王粛董遇為之注此等比至杜時或在或滅不知
杜之所見十数家定是何人也　大体轉相祖述至適足自乱　礼
記中庸云仲尼祖述堯舜祖始也謂前人為始而述修之也経
之詳略本不著義強為之説理不可通故進不成為錯綜経文
以尽其変於傳之外別立異端故退不守丘明之傳々有不通
没而不説謂諸家之注多有此事也但諸注既亡不可指摘若観服
虔賈逵之注皆没而不説者衆矣謂若文二年作僖公主傳於依二十
三年云作主非礼也凡君薨卒哭而祔々而作主及襄九年閏月
戊寅済于陰阪之類是也膚謂皮膚言淺近引之也公羊穀梁口

預令所以為異專修丘明之傳以釈經々之條貫必出於傳（貫古乱反）傳之義例揔歸諸凡推變例以正褒貶簡二傳而去異端（去起呂反）蓋丘明之志也

相傳授因文起問意与左氏不同故引之以解左氏適足以自錯乱也　預令所以為異至蓋丘明之志也　丘明与聖同恥為經作傳經有他義无容不足故專修丘明之傳以釈經也作傳解經則經義在傳故經之條貫必在於傳也發凡言例則例必在凡故傳之義例揔歸諸凡也若有例無凡則傳有變例如是則推尋變例以正褒貶若左氏不解二傳有說有是有非可去可取如是則簡選二傳取其合義而去其異端杜自言以此立說蓋是丘明之本意也昭三年北燕伯款出奔齊傳云書曰北燕伯款出奔齊罪之也則知昭二十一年蔡侯朱出奔楚亦是罪之也釋例曰朱雖無罪拠失位而出奔亦其咎也宣十年崔氏出奔衛傳云書曰崔氏非其罪也不書名者非其罪則書名者是罪也襄二十一年晋欒盈出奔楚之杜注云稱名罪之如此之類是推變例以正褒貶也莊十九年公子結媵陳人之婦于鄄杜注云公羊穀梁皆以為魯女媵陳侯之婦僖九年伯姫卒杜注云公羊穀梁曰未適人故不稱國如此之類是簡二傳也先儒取二傳多矣杜不取者是去異端也　其有

然劉子駿駿音俊子駿劉歆字創通大義創初亮反亦作祖賈景伯父子許惠卿皆先儒之美者也末有潁子嚴者雖淺近亦復名家復扶又反下同故特挙劉賈許潁之違以見同異見賢遍反下同

疑錯則備論而闕之以俟後賢　集解与釈例每有論錯闕疑之事非一二也釈例終篇云去聖久遠古文篆隷歷代相変自然當有錯誤亦不可拘文以害意故聖人貴闕而知二賢史之闕文也今左氏有無傳之經亦有無經之傳或可廣文事無經之傳或可廣文事經則不知其事又有事由於魯々君親之而後不書者先儒或強為之說或設而不說疑在闕文誠難以意理推之是備論闕之々言是也　然劉子駿云以見同異　漢書楚元王傳稱劉歆字子駿劉德孫劉向少子也哀帝時歆校秘書見古文春秋左氏傳大好之初左氏傳多古字古言学者傳訓詁而已及歆治左氏引傳文以解經々々傳相發明由是章句義理備焉是其創通大義也後漢賈逵字景伯扶風人也父徽字元伯授業於歆作春秋條例逵傳父業作左氏傳訓詁許惠卿名淑魏郡人也潁子嚴名容陳郡人也比於劉賈之徒学識雖復淺近然亦注述春秋名為一家之学杜以為先儒之内四家差長故特挙其違以見異同自餘服虔之徒劣於此輩故棄而不論也　分經之年至集解

分經之年與傳年相附比其義類（比畧悪文）各隨而解之名曰經傳集解

又別集諸例及地名譜第曆數（譜本又作普同布古反數所具反後不音者皆同）相與為部凡四十部十五卷皆顯其異同從而釋之名曰釋例將令

丘明作傳不敢與聖言相亂故與經別行何止丘明公羊穀梁及毛公韓嬰之為詩作傳莫不皆爾經傳異處於省覽為煩故杜分年相附別其經傳聚集而解之杜言集解謂聚集經傳為之作解何晏論語集解乃聚集諸家義理以解論語言同而意異也

又別集諸例主詳之也　春秋記事之昏前人後人行事相類書其行事不得不有比例而散在他年非相比校則善惡不章褒貶不明故杜別集諸例從而釋之將令學者觀其所聚察其同異則於其學易明故也言諸例及地名譜第歷數三者雖春秋之事於經傳無例者繁多以特為篇卷不與諸例相同故言及也事同則為部小異則附出孤經不及例者聚於終篇故言相與為部也其四十部次第從隱即位為首先有其事則先次之唯世族土地事既非例故退之於後終篇宜最處末故次終篇之前處其終耳土地之名起於宋衛遇于垂世族譜起於无駭卒无駭卒在遇垂之後故地名在世族之前也

或曰春秋之作左所安

正義曰上一問一答說作注理畢而更問春秋作之早晚及仲尼述

学者観
其取聚異
同之説釈
例詳之也
或曰春秋之
作左傳及
穀梁无明
文説者以為
仲尼自衛反
魯修春秋
立素王丘明
為素臣言
公羊者亦云
黜周而王
魯危行
言孫　孫音遜　孟文孫　本亦作遜

作大意先儒所説並皆辟謬須於此明之亦以於文不次故更假問
荅以明之一問之間凡有四意其一問作之早晩其二問先儒言孔
子自為素王其叓虚実其三問公羊説孔子黜周王魯其言是
非其四問左氏獲麟之後乃有餘経問杜於意妄否杜云左傳
及穀梁无明文則指公羊有其顕説令験何休所注公羊亦无作
春秋之叓案孔舒元公羊傳本云十有四年春西狩獲麟何以書
記異也今麟非常之獣其為非常之獣奈何有王者則至无王者
則不至然則孰為而至為孔子之作春秋是有成文也左傳及穀梁
則无明文故説左氏者言孔子自衛反魯則便撰述春秋三年文
成乃致得麟孔子既作此書麟則為昏来應言麟為孔子至也
麟是帝王之瑞故有素王之説言孔子自以為素王故作春秋
立素王之法丘明自以身為素臣故為素王作左氏之傳漢魏諸
儒皆為此説董仲舒對策云孔子作春秋先正王而繫以万叓是
素王之文焉賈逵春秋序云孔子覧史記就是非之説立素王之
法鄭玄六藝論云孔子既西狩獲麟自号素王為後世受命之君

以辟當時之害故微其文隱其義公羊經止獲麟而左氏經終孔丘卒敢問所安

制明王之法盧欽公羊序云孔子自因魯史記而修春秋制素王之道是先儒皆言孔子立素王也孔子家語稱齊太史子餘歎美孔子言云天其素王之乎素空也言无位而空王之也彼子餘美孔子之深原上天之意故為此言耳非是孔子自號為素王先儒蓋因此而謬遂言春秋立素王之法左丘明述仲尼之道故復以為素臣其言丘明為素臣未知誰所說也言公羊者謂何休之輩黜周王魯非公羊正文說者推其意而致理耳以杞是二王之後本爵為上公而經稱杞伯以為孔子黜之宣十六年成周宣榭火公羊傳曰外災不書此何以書新周也其意言周為王者之後比宋為新緣此故謂春秋託王於魯以周宋為二王之後黜杞同於庶國何休隱元年注云唯王者然後改元立號春秋託新王受命於魯宣十六年注云孔子以春秋當新王上黜杞下新周而故宋黜周為王者之後是黜周王魯之說也定元年公羊傳曰定哀多微辭主人習其讀而問其傳則未知己之有罪焉爾何休云此假設而言之之主謂定哀也習其經而讀之問其傳解詁則不知己之有罪

荅曰異乎
余所聞仲尼
曰文王既沒
文不在茲
乎此制作
之本意也
歎曰鳳鳥
不至河不出
圖吾（出如字又尺遂反）
已矣夫（夫音扶下若夫同）
蓋傷
時王之政
也

於是此孔子畏時君上以諱尊隆恩下以辟害容身慎之至也是
其孫言辟害微文隱義之說自衛反魯危行言孫皆論語文也鄭
玄以為據時高言高行者皆見危謂高行為危行也何晏以危為
厲言行不隨俗也未知二者誰當杜旨公羊之經獲麟即止而左
氏之經終於孔子卒先儒或以為獲麟後之經亦是孔子所書故問之
其意之所安也　荅曰異乎至時王之政也　此盡未以來荅上問四
意但所荅或先或後而其文不次欲令先有案據乃得遞相發明
故不得以次而荅問者先問作之早晚杜意言以獲麟乃作故從
仲尼曰至所以為終明作之時節要明白本意自欲制作感麟方
始為之非是先作春秋乃後致麟也既言止麟之意須說始隱之
由且欲取平王周正驗其非黜周王魯之證但既言其終倒言其
始則於文不次故荅前義未了更起一向自曰然則以下盡弍其義
也明春秋始隱之意荅黜周王魯之言既言王魯為非遂并辯公
羊之謬自若夫制作盡非隱之也荅微文隱義之為非也自聖人
包周身之防盡非所聞也荅孫言辟害之為虛也先儒以為未獲

此即本誤欤異本作比

麟而已作春秋遇獲麟而經猶未止故既荅公羊之謬然後却辯素王為虚并説引經為妄自子路欲使門人尽又非通論也荅素王素臣之問自先儒以為尽得其實荅經止獲麟之意至於反袂以下言其不可采用此章分段大意其文旨如此問者以所聞而問其異乎余所聞下句歎其所拠非理故言異乎余所聞仲尼曰與歟曰二者皆論語文也孔子包匡人以兵遮而脅之從者驚怖故設此言以强之文王雖身既沒其為文王之道豈不在茲身乎孔子自比其身言已有文王之道也其下文又云天之將喪斯文也後死者不得與於斯文也天之未喪斯文也匡人其如予何其意言天若未喪文王之道必將使我制作匡人不能違天以害己此言是有制作之本意也聖人受命而王則鳳鳥至河出圖仲尼歎曰鳳鳥不至河不出圖吾已矣夫此言蓋傷時王之政不能致此瑞也先有制作之意而恨時無嘉瑞明是既得嘉瑞即便制作杜欲明得麟乃作故先表此二句鄭玄以為河圖洛書龜龍銜負出如中候所説龍馬銜甲赤文緑色甲似龜背袤廣九尺上有列

麟鳳五灵王者之嘉瑞也今麟出非其時虚其應而失其皈應對之應也此聖人所以為感也絶筆於獲麟之一句者所感而起固所以為終也

宿斗正之度帝王録紀興亡之数是也孔安国以為河図即八卦是也未知二者誰當杜旨　麟鳳五霊至所以為終也　麟鳳与亀竜白虎五者神霊之鳥獣王者之嘉瑞也今麟出於衰乱之世是非其時也上無明王是虚其應也為人所獲是失其歸也夫子此聖人而生非其時道无所行功无所済与麟相類故所以為感也先儒制作之意復為外物所感既知道屈當時欲使功被来世由是所以作春秋絶筆於獲麟之一句者麟是仲尼所感而書為感麟而作既以感而起固所以為終也答上春秋之作左傳无明文之問又言已所以為獲麟乃作之意独挙麟鳳而云五灵知二獣以外為亀竜白虎者以鳥獣而為瑞不出五者経傳讖緯莫不尽然礼記礼器曰升中于天而鳳皇降亀竜假詩序曰麟趾関雎之應騶虞鵲巣之應騶虞即白虎也是亀竜白虎並為瑞應只言麟鳳便言五灵者挙鳳配麟足以成句略其三者故曰五灵其五灵之文出尚書緯也礼記礼運曰麟鳳亀竜謂之四灵不言五者彼称四灵以為畜則飲食有由也其意言四灵与衆物為群四霊既擾

曰然則春秋何始於魯隱公答曰周平王東周之始王也隱公讓國之賢君也考乎其時則相接言乎其位則列國本乎其始則周公之祚胤王能祈天永命紹開中興隱公能弘宣

則蓋物皆備竜是魚鮪之長鳳是飛鳥之長麟是走獸之長亀是甲蟲之長飲食所須唯此四物々々之內各舉一長虎麟皆是走獸故略言靈杜欲偏舉諸瑞故備言五靈也直云絕筆獲麟則文勢已足而言之一句者以春秋偏年之書必應尽年乃止入年唯此一句故顕言之以明下句是其所感也曰然則春秋何始於魯隱公至垂法將來 上既解終麟之意未辯始隱之由故又假問以釋之不言或問而直言曰者以答前未了須更起此問若言問者猶是前人且既解絕筆即因問初起以此不復言或欲示二問共是一人故也然者然上語則者陳上下意垂前起後之勢問者言絕筆於獲麟既如前解然則春秋初起何独始於魯隱公不始於他國餘公何也答曰周平王東周之始王也遷居路邑平王為首是始王也隱公讓國之賢君也於弟國立妾位讓若乎柏是賢君也考乎其時則相接隱公之初當平王之末是相接也言乎其位則列國其爵為侯其土則廣是大國也本乎其始則周公之祚胤也魯秉周公之後是其福祚之胤也若使平王能撫養下

祖業光啓王室則西周之美可尋文武之迹不墜地（迹亦）（墜直類反）是故因其曆數附其行事采周之舊以會成王義垂法（王如字又于況反）將來

民求天長命紹先王之烈開中興之功隱公能大宣垂祖之業光啓周王之室君臣同心照臨天下如是則西周之美猶或可尋文武之迹不墜於地而平王隱公居得致之地有得致之資而竟不能然只為無法故也仲尼愍其如是為之作法其意言若能用我道豈致此乎是故因其年月之歷數附其時人之行事采周公之舊典以會合成一王之大義雖前事已往不可復追冀得垂法將來使後人放習以是之故作此春秋此序之下段大明作春秋之深意問者不直云隱公而言魯隱公者言魯決其不始於他國言隱決其不始於餘公挟此二意故并魯言之也其意直言隱公不云魯者以魯之春秋已為韓起所説可知故也周自武王伐紂定天下恒居鎬地是為西都周公攝政営洛邑於土中謂之東都成王暫至洛邑還歸鎬京及幽王滅於西周平王東遷洛邑因謂洛邑為東周謂鎬京為西周平王始居東周故云東周之始王也平王四十九年而隱公即位隱公三年而平王崩是其相接也詩既酔云永錫祚胤言福祚及後胤也尚書召誥云用供王能祈天永命言用善

德治民得長命也襄十年傳曰而以偪陽光啓寡君論語曰文武之道未墜於地是杜所用之文也春秋據魯而作即是諸侯之法而云會成王義者春秋所書尊卑盡備王使來聘錫命賵含有天子撫邦國之義以如京師拜賜會葬有諸侯來朝王者之法並擬魯史爲文是成王者之義也以其會成王義故得垂法將來將使天子法而用之非獨遺將來諸侯也　所書之王亦此其義也

所書之王即平王也所用之曆即周正也正音政讀者多音征後皆效此也所稱之公即魯隱公也安在其黜周而王魯乎子曰如有用我者吾其爲東周乎此其義也

既言作春秋之意然後荅黜周王魯之言經書春王正月王即周平王也月即周正也公及邾儀父公即魯隱公也魯用周正則魯事周矣天子稱王諸侯稱公魯尚稱公則號不改矣春秋之文安在黜周王魯乎若黜周王魯則魯宜稱王周宜稱公此言周王而魯公知非黜周而王魯也孔子之作春秋本欲興周非黜周也故引論語以明之公山弗擾召孔子々々欲往子路不說夫子設此言以解之其意言彼召我者而豈空然哉必謂我有賢德故也既謂我有賢德或將見用我言如其見用我者吾其爲東方之周乎言將欲興周道於東方也原其此意知非黜周故云此其興周之義也

注論語者甚多然唯鄭玄独異以東周为成周則非杜所用也

若夫制作之文所以章往考來情見乎辭言高則旨遠辭約則義微此理之常非隱之也

若夫制作之文至非隱之也　此一段荅說公羊者言微其文隱其義之意若夫者發端之辭既荅王魯更起言端故云若夫聖人制作之文所以章明已往考校方來欲使將來之人鑒見既往之事聖人之情見乎文辭若使發語早雜則情趣蹟近立言高簡則旨意遠大章句煩多則事情易顯文辭約少則義趣微略此乃理之常事非故隱之也文王演易則亦文高旨遠辭約義微豈復孫辭辟害以彼先所辟其文亦微知理之常非为所隱也甚章往考來情見乎辭皆易下繫辭之文彼作彰往而察來意不異耳

聖人包周身之防方既作之後隱諱以辟患非所聞也

聖人包周身之防至非所闕也　此一段荅孫言辟害之意若成湯繫於夏臺文王因於羑里周公留滯於東都孔子絶糧於陳蔡自古聖人雖因困危則嘗有之未聞有被殺害者也　包周身之防者謂聖人防慮必周於身自知免患方始作之既作之後方復隱諱以辟患害此事實非所闕也云非所闕者言前訓未之有也

子路欲使門人為臣孔子以為欺天而云仲尼素王丘明素臣

子路欲使門人為臣又非通論也　此一段荅素王素臣為非也來論

又非通論也

語称孔子疾病子路使門人為臣病間曰久矣哉由之行詐也無臣而為有臣吾誰欺欺天乎其意言子路以孔子将死使門人為臣欲令以臣礼葬君異其影栄夫子今乃瘳而責之我實无臣何故而為有臣吾之於人也於誰嘗欺我尚不敢欺人何故使吾欺天乎子路使門人為臣終僭大夫礼耳孔子尚以為欺天况神器之重非人臣所議而云仲尼為素王丘明為素臣又非通理之論也聖人之生与運隆替運通則功濟当時運閉則道存身後雖復富有天下無益於尭舜賤為匹庶何損於仲尼道為升降自由聖与不聖豈之在乎爵乃関賢与不賢非復假大位以宣風藉虚名以範世称王称臣復何所取若使无位无人虚称王号不爵不禄妄窃臣名是則羞富貴而耻貧賤長僭踰而開乱逆聖人立教豈当尔也臧文仲山節藻梲謂之不知管仲鏤簋朱紘称其器小見季氏舞八佾云孰不可忍君仲尼之竊王号則罪不容誅而言素王素臣是誣大賢而負聖人也嗚呼孔子被誣久矣頼杜預方始雪之

先儒以為制作三年文成致麟既已妖妄又引経以至仲尼卒亦又近誣

近誣如字近猶音附近之近誣音无

先儒以為制作三年至亦又近誣　此下至為得其實

春秋正義卷第二

國子祭酒上護軍曲阜縣開國子臣孔穎達等奉

勅撰

春秋經傳集解隱公第一

正義曰五經題篇皆出注者之意人各有心故題無常準此本經傳別行則經傳各自有題注者以意裁定其本難可復知拠今服虔所注題云隱公左氏傳解誼第一不題春秋二字然則春秋二字蓋是經之題也服言左氏傳三字蓋本傳之題也杜既集解經傳春秋此書之大名故以春秋冠其上序說左氏言已備悉故略去左氏而爲此題焉經傳集解四字是杜所加其餘皆舊本也經者常也言事有典法可常遵用也傳者傳也博釋經意傳示後人分年相附集而解之故謂之經傳集解隱公魯君侯爵杜君采大史公書世本旁引傳記以爲世族譜略記國之興滅譜云魯姬姓文王子周公旦之後也周公股肱周室成王封其子伯禽於曲阜爲魯侯今魯國是也自哀以下九世二百一十七年而楚滅魯

依魯世家伯禽至隱公凡十三君見者五人隱公名息姑伯禽七世孫惠公弗皇子邑子所生平王四十九年即位是歲々在豕韋礼記檀弓曰死謚周道也周法天子至於大夫既死則累其德行而為之謚周書謚法云隱拂不成曰隱魯實侯爵而称公者五等之爵雖尊卑殊号臣子尊其君父皆称為公是礼之常也字書云第訓次也一者数之始故卷於次第當其一也

杜氏　正義曰杜氏名預字元凱畿之孫恕之子也陳壽魏志云杜畿字伯侯京兆杜陵人也漢御史大夫杜延年之後文帝時為尚書僕射封樂亭侯試船溺死追贈大僕謚戴侯也恕字務伯官至幽州刺史預司馬宣王女壻也王隱晉書云預知謀深博明於治乱當称德者非所企及立言立功預所庶幾也大觀群典謂公羊穀梁詭辯之言又非先儒說左氏未究丘明之意横以二傳乱之乃錯綜微言著春秋左氏經傳集解又參考衆家為之釋例又作盟會圖春秋長歷備成一家之学至老乃成預有大功名於晉室位至征南大將軍開府封當陽侯荊州刺史食邑八千戶時

人號為武庫不言名而言氏者註述之人義在謙退不欲自言其
名故但言杜氏毛君孔安国馬融王肅之徒其所註書皆称為傳
鄭玄則謂之為註而此於杜氏之下更无稱謂者以集解之名已
題在上故止云杜氏而已劉炫云不言名而云氏俟兼楚眷之右
諸儒各載学名不敢布於天下但欲傳之私族自題其氏為謙之
辭　傳惠公〻　惠公名不皇謚法愛人好与曰惠其子隱公讓
国之君元妃芳非反傳曰嘉耦曰妃適本又作嫡同丁歷反　傳
惠公元妃孟子正義曰惠公名弗皇孝公之子也謚法愛民好与
曰惠釈詁云元始也妃匹也妃者言以前未曾娶而此人始為
匹故註云言元妃明始適夫人也妃者名通適妾故傳云陳哀公
之元妃鄭姬生悼太子偃師二妃生公子留下妃生公子勝元者
始也長也一元之字兼始適兩義故云始適夫人也然則有始而
非適若孟任之類是也亦有適而非始若哀姜之類是也妃者配
匹之言非有尊卑之異其尊卑殊称則曲礼所云天子之妃曰后
諸侯曰夫人大夫曰孺人士曰婦人庶人曰妻是也鄭玄以為后

〻言爲後蓋執治内事在夫〻后也夫〻言扶言能扶成人君〻
德孺〻言屬言其繫屬人也婦〻言服言其服事人也妻〻言齊
言与夫齊等也庶人〻賤見其齊等也以上因其爵〻尊卑爲立
别号其實皆配夫通以妃爲称少牢饋食礼云以某妃配某氏是
大夫〻妻亦称妃也孟仲叔季兄弟姊妹長幼〻别字也孟伯俱
長也礼緯云庶長称孟然則適妻〻子長者称伯妾子長於妻子
則称爲孟所以别適庶也故杜註文十五年及釈例皆云慶父爲
長庶故或称孟氏沈氏亦然案傳趙莊子〻妻晋景公〻姊則趙
武適妻子也而武称趙孟荀偃〻卒也士匄請後曰鄭甥可則荀
呉妾子也而呉称知伯豈知氏常爲適而称伯趙氏恒爲庶而孟
者也蓋以趙氏趙鞅〻后有爲庶長故子孫恒以孟言〻与慶父
同〻推此言〻知々氏荀首〻后傳云中行伯〻季弟則俱是適
妻〻子俱称又荀首並得立家故荀首子孫亦従適長称伯也或
可春秋〻時不能如礼孟伯〻字无適庶〻異蓋従心所欲而自
称之耳案姓子宋是殷後故子爲宋姓婦人以字配姓故称孟子

成喪則知此不稱薨亦不成喪也案傳例不赴則不稱薨然則此
云不成喪者正謂不赴於諸侯也周礼小史卿大夫之喪賜謚讀
誄上賜卿大夫不賜婦人則婦人法不當謚故号當繫夫釋例曰
謚者興於周之始王變質從文於是有諱焉傳曰周人以諱事
神名終將諱之故易之以謚末世滋蔓降及匹夫爰暨婦人々
々无外行於礼當繫夫之謚以明所屬詩稱莊姜宣姜即其義
也是言婦人於法無謚故取其夫謚冠於姓之上生以夫國冠之韓
姞秦姬是也死以夫謚冠之莊姜宣姒是也直見此人是某公之
妻故從夫謚此謚非婦人之行也夫謚已定妻即從而稱之先夫而
死則夫未有謚或隨宜稱字故云無謚言婦人法無謚也先夫死
不得從夫謚解其不稱惠也此言其正法耳其末世滋蔓則為之
作謚景王未崩妻稱穆后如此之類皆非礼也重言孟子者服虔
云嫌与惠公俱卒故重言之下仲子無然　注声謚至繼室
正義曰謚法不生其国曰声是声為謚也襄二十三年傳稱臧宣
叔娶于鑄生賈及為而死繼室以其姪則姪之与娣皆得繼室此

既其文故設疑辞云蓋孟子之姪娣也成八年傳曰凡諸侯嫁女同姓媵之異姓則否莊十九年公羊傳曰諸侯娶一國則二國往媵之以姪娣從姪者何兄之子也娣者何弟也諸侯壹聘九女然則諸侯娶於三國々別各有三女此言諸侯始娶則同姓之國以姪娣媵者欲言媵者亦有姪娣省略為文耳其實夫人与媵皆有姪娣但言子或是孟子姪娣或是同姓之國媵者姪娣以其難明故杜兩解之初云孟子之姪娣又云同姓之國以姪娣媵是也故釈例曰古者諸侯之娶適夫人及左右媵各有姪娣皆同姓之國々三人凡九女参骨肉至親所以息陰訟陰訟息所以廣継嗣是其義也然宋之同姓國依世本子姓殷時来宋空同黎比髦目夷蕭但春秋不載其國未知宋之同姓者是何釈言云媵送也言妾送適切故夫人姪娣亦稱媵也経傳之説諸侯唯有継室之文皆无重娶之礼故知元妃死則次妃摂治内事次妃謂姪娣与媵諸妾之最貴者釈例曰夫人薨不更聘必以姪娣媵継室是夫人之姪娣与二媵皆可以継室也適庶交争禍之大者礼所以別嫌明疑防微杜漸

故雖攝治内事猶不得稱夫人又異於餘妾故謂之繼室妻然夫
之室故書傳通謂妻爲室言繼繞元妃在夫之室　宋武至于我
正義曰宋國公爵譜云宋子姓其先契佐唐虞爲司徒封於商成
湯受命王有天下及紂無道周武王滅之而封其子武庚以紹殷
後武庚作亂周公伐而誅之更封紂兄帝乙之元子微子啓爲宋
公都商丘今梁國睢陽縣是也微子卒其弟微仲代立穆公七年
魯隱公之元年也景公三十六年魯哀公之十四年獲麟之歲也
昭公得之元年春秋之傳終矣其後五世百七十年而齊魏楚共
滅宋依宋世家微子至武公凡十二君兄弟相及者二人武公是
微仲九世孫謚法克定禍亂曰武　注婦人至於魯　正義曰婦
人謂嫁曰歸隱二年公羊傳文也以其手之文理自然成字有若
天之所命使爲魯夫人然故嫁之於魯也成季唐叔亦有文在其
手曰友曰虞曰下不言爲此傳言爲魯夫人者以宋女而作他國
之妻故傳加爲以示異耳非爲手文有爲字故魯夫人之上有爲
字也仲子手有此文自然成字似其天命使然故云有若天命也

隸書起於秦末手文必非隸書石經古文虞作效魯作嵗手文容
或似之其友及夫人固當有似之者也傳重言仲子生者詳言之
与上重言孟子卒其義同也舊說云若河圖洛書天神言語真文
天命此雖手有文理更無靈驗又非夢天故言有若注言帰至華
薨正義曰杜知不以桓生之年薨者以元年傳曰惠公之薨也有宋
師大子少葬故有闕少者未成人之辭非新始生之称又改葬惠
公而隱公不臨使桓為主若薨年生則纔二歲未堪為喪主又羽父
弑隱与桓同謀若年始十二亦未堪豫弑君之謀以此知桓公之
生非惠公薨之年也年之長幼理无所異杜言此者欲明慶父為
莊公庶兄故須言此以張本也釋例曰今推案傳之上下羽父之弑
隱公皆諮謀於桓然則桓公已成人也傳云生桓公而惠公薨指
明仲子唯有此男非謂生在薨年也桓以成人而弑隱即位乃娶
於齊自應有長庶々々故氏曰孟是杜張本之意也　注隱公既位傳
正義曰繼室雖非夫人而貴於諸妾惠公不立太子母貴則宜為君
隱公當嗣父世正以禎祥之故仲子手有夫人之文其父娶之有以

仲子為夫人之意故追成父志以位讓桓但為桓尚少未堪多難
是以立桓為大子帥国人而奉之已則且攝君位待其年長故於
歲首不即君位傳於元年之前預發此語者為經不書公即位
傳是釋先經以始叓也凡稱傳者皆是為經雖文五年霍伯曰
季等卒注云為六年蒐於夷傳者以蒐於夷與此文次相接故
不得言張本也或言張本或言起本或言起撿其上下更同文異
疑杜隨便而言也鄭衆以為隱公攝立為君奉桓為大子案傳言
立而奉之是先立後奉之也若隱公先立乃後奉桓則隱立之時
未有大子隱之為君復何所攝若先奉大子乃後攝位不得云立
而奉之是鄭之謬也賈逵以為隱立桓為大子奉以為君隱雖不
即位稱公改元号令於臣子朝正於宗廟言立桓為大子可矣安在
其奉以為君乎是賈之妄也襄二十五年齊景公立傳云崔杼立
而相之以此知立而奉之謂立為大子帥国人奉之正謂奉以
為大子也元年傳曰大子少是立為大子之文也大子者父在之称
今惠公已薨而言立為大子者以其未堪為君仍処大子之位故也

礼記曾子問曰君薨而世子生是君薨之後仍可以稱大子也經

元年春王正月

正義曰此經字并下傳字亦杜氏所題以分年相附若不有經字何以異傳不有傳字何以別經又公羊穀梁二傳年上皆無經傳字故知杜所題也釋詁云元始也正長也此公之始年故稱元年此年之長月故稱正月言王正月者王者革前代馭天下必改正朔易服色以變人視聽夏以建寅之月為正殷以建丑之月為正周以建子之月為正三代異制正朔不同故礼記檀弓云夏后氏尚黑殷人尚白周人尚赤鄭康成依拠緯候以正朔三而改自古皆相變如孔安國以自古皆用建寅為正唯殷革夏命而用建丑周革殷命而用建子杜無明說未知所從正是時王所建故以王字冠之言是今王之正月也王不在春上者月改則春移春非王所改故王不先春王必連月故王処春下周以建子為正則周之二月三月皆是前世之正月也故於春每月書王〃二月者言是我王之二月乃殷之正月也王三月者言是我王之三月乃夏之正月也既有正朔之異故每月稱王以別之何休云二月三月

皆有王者二月殷之正月也三月夏之正月也王者存二王之後
使統其正朔服其服色行其礼樂所以尊先聖通三統師法之
義恭讓之礼服虔亦云孔子作春秋於春每月書王以統三王之
正其意以為王二月王三月王是夏殷之王謂大禹成湯也為周室
之臣民尊夏殷之旧主每月書王敬奉前代撰之人情未見其可
杞宋二王之後各行已祖正朔宋不行夏杞不行殷而使天下諸
侯偏視二代為諸典籍未之嘗聞杞宋不奉周正周人悉尊夏殷
則是重己去而忽當今尊己国而慢時主其為顛倒不亦甚乎且經
之所言王二月王三月若是夏殷之王當自皆言正月何以言王
二月王三月乎謂之二月三月其王必是周王安得以為夏殷王也
若如公羊之說春秋黜周王魯則杞非王後夏无可尊復通夏
正何也但春之三月不必月皆有事若入年已有王正月者則二月
不復書王若已有王二月者則三月不復書王以其上月已是此王
之月則下月從而可知故每年之春唯一言王耳春秋之例竟時无
事乃書首月以記時此下三月有會盟之事則不得空書首月

也正月无事而書首月者以人君於始年初月必朝廟告朔因即人君之位以繼臣子之心故君之始年必書曰元年春王正月公即位史策之正法也隱公攝行君事雖不即位而亦改元朝廟與人事始異於常年之正月故史特書其事見此月公宜即位而自不即位莊閔僖元年皆書春王正月与此同也定公元年不書正月者正月之時定公未立即位在於六月歲首未得朝正公之即位别見下文正月无所可見故不書也然則定以六月即位即位乃可改元正月已稱元年者未改之日必乘前君之年既改之後方以元年紀事及其史官定策須有一統不可半年從前半年從後雖非年初亦統此歲故入年即稱元也釋例曰癸亥公之喪至自乾侯戊辰公即位喪在外踰年乃入故因五日改殯之節因史用元年即位之禮因以此年為元年也古法既然故漢魏以來雖秋冬改元史於春夏即以元年冠之是有因於古也受命之法必改正朔繼世之王奉而行之每歲頒於諸侯諸侯受王正朔故言春王正月王即當時之王序云所書之王即平王是其事也公羊傳

曰王者孰謂〻文王也始改正朔自是文王所為頒於諸侯非後
文王之歷受命王之歷称文王之正非其義也　注隱公至元年
正義曰傳云王周正月知是周王之正月也説公羊者云元者氣之
始春者四時之始王者受命之始正月者政教之始公即位者一國
之始春秋緯称黄帝受口有五始謂此五事也杜於左氏之義雖
无此文而始之理亦於杜无害此非左氏褒貶之要自是史官記
事之体故晋宋諸史皆言元年春王正月帝即位是也元年正月
実是一年一月而别立名故解之云凡人君即位欲其体元以居正
故不言一年一月也言欲其体元以居正者元正実是始長之義但
因名以廣之元者氣之本也善之長也人君執大本長庶物欲其
与元同体故年称元也正者直方之間語也直其行方其義人君
當執直心杖大義欲其常居正道故月称正也以其君之始年歳
之始月故特假此名以示義其餘皆即後其數不復改也昏称月
正元日意同於此又解元事而昏正月之意隱雖不即位然攝行
君事而亦朝廟告朔改元布政故書首年始月以明其應即位而

不為也天子之封諸侯也割其上壤分之臣民使之專為己有故諸侯於其封內各得改元傳說鄭國之事云僖之元年朝於晉簡之元年士子孔卒是諸侯皆改元非独魯也刘炫為規過云元正唯取始長之義不為体元居正規釈杜云欲其体元以居正謂人君体是元長以居正位不欲在下陵奪処位不終是刘妄解杜意不為体其元善居於正道以規杜氏其理非也刘炫又難何休云唯王者然後改元立号春秋託新王受命於魯故因以録即位者然新王受命正朔必改是魯得称元亦應改其正朔仍用周正何也既託王於魯則是不事文王仍奉王正何也諸侯改元自是常法而云託王改元是妄説也説公羊者云元者気之始春者四時之始王者受命之始正月者政教之始公即位者一國之始春秋緯云黄帝坐於扈閣鳳皇銜書致帝前其中得五始之文謂此五事何休又云公即位者一國之始政莫大於正始故春秋以元之気正天之端以天之端正王之政以王之政正諸侯之即位以諸侯之即位正竟內之治諸侯不上奉王之政則不得即位故先言正月而

後言即位政不由王出則不得為政故先言王而後言正月王者
不承天以制号令則无法故先言春而後言王天不深正其元則
不能成其化故先言元而後言春五者同日並見相須成体非氏辞
也何休自云諸侯不得改元則元者王之元年非公之元年公即
位不在王之元年安得同日並見共成体也即以託王於魯史之
改元々既為魯所改則改不由王出安得以王之政正諸侯元為
而王卑年大而月小年之有元改而元忌王之立政必云須奉舍其
大而更其細敬所卑而慢所尊以此立教必不可訓聖人有作豈
當尔也黄帝之作五始者為天子法乎為諸侯法乎諸侯不得改
元必非諸侯法若非諸侯法安得有公即位乎无公即位則闕一
始何得為五始也若是天子法不得言王正月王即位何休言以
王之政正諸侯之即位然王者豈復以己之政正己即位不通若
此何以訓之言左氏者或取為説是逸狂東走也隱莊閔僖四公
元年傳皆説不書即位之由故指以為例隱不行即位又譲不告
至而歳首告朔朝正所以尊敬祖考也若不行即位又不朝正則

与臣子无别不成為君故告朔朝廟也　三月至于蔑
正義曰公隠公也及与也与彼邾君字儀父者盟于蔑地譜云邾
曹姓顓頊之後有六終産六子其弟五子曰安邾即安之後也周
武王封其苗裔邾侠為附庸居邾今魯国鄒縣是也自安至儀父
十二世始見春秋齊桓行霸後父附從進爵稱子文公徙於繹桓公以下春秋後八世而楚滅之諸侯俱受王命各有寰宇上事天
子旁交隣国天子不信諸侯々々自不相信則盟以要之凡盟礼
殺牲歃血告誓神明若有背違欲令神加殃咎使如此牲也曲礼
曰約信曰誓涖牲曰盟周礼天官玉府職曰若合諸侯則共珠槃
玉敦夏官戎右職曰盟則以玉敦辟盟遂役之賛牛耳桃茢秋
官司盟職曰掌盟載之法凡邦国有疑會同則掌其盟約之載及
其礼儀北面詔明神鄭玄以為槃敦皆器名也珠玉以為飾合
諸侯者必割牛耳取其血歃之以盟敦以盛血槃以盛耳将歃則
戎右執其器為衆陳其載辞使心皆開辟司盟之官乃北面読其
載書以告日月山川之神既告乃尊卑以次歃戎右傳敦血以授

啑歃者今含其血既歃乃坎其牲加書於上而埋之此則天子含
諸侯使諸侯聚盟之礼也凡天子之盟諸侯十二歲於方岳之
下故傳云再會而盟以顯昭明若王不巡守及諸侯有复朝王即
时見曰會殷見曰同亦為盟礼其盟之法案覲礼為壇十有二尋
深四尺方明于其上方明者木也方四尺設六玉上圭下璧南
方璋西方琥北方璜東方圭朝諸侯於壇訖乃加方明於壇而祀
之列諸侯於庭玉府共珠槃玉敦戎右以玉敦辟盟遂役之贊牛
耳桃茢司盟北面詔告明神諸侯以次歃血鄭注覲礼云王之盟
其神主日王官之伯盟其神主月諸侯之盟其神主山川是盟礼
之略也若諸侯之盟亦有壇知者故柯之盟公羊傳稱曹子以手
劒劫桓公于壇是也其盟神則先後定限故襄十一年傳稱司慎
司盟名山名川群神群祀先王先公七姓十二国之祖是也其盟
用牛牲故襄二十六年傳云歃用牲又哀十七年傳云諸侯盟
誰執牛耳是也其殺牛必取血及耳以手執玉敦之血進之於口知
者定八年涉佗捘衛侯之手及捥又襄九年傳云与大国盟口血

未乾是也既盟之後牲及餘血并盟載之書加於牲上坎而埋之故僖二十五年傳云宵坎血加書是也春秋之世不由天子之命諸侯自相与盟則大国制其言小国尸其叓官虽小異礼則大同故釋例曰盟者殺牲載書大国制其言小国尸其叓珠盤玉敦以奉流血而同歃是其叓也其盟載之辭則傳多有之此時公求好於邾々君来至蔑地公出与之盟史書魯叓以公為主言公及々者言自此及彼拠魯為文也栢十七年公會邾儀父盟于趡彼言會此言及者彼行會礼此不行會礼故也故劉炫云策書之例先會後盟者上言會下言盟唯盟不會者直言及此為不行會礼故言及也或可史異辭非先會而盟則稱會知者文七年公會諸侯晉大夫盟于扈傳云公後至則是不及其會而經稱會故知盟稱會者未必先行會礼也　注附庸至姑城　正義曰傳言未王命知是附庸也莊五年郳犂来々朝傳曰未王命解其稱名之意是知附庸之君例稱名也礼記王制云不合於天子附於諸侯曰附庸鄭玄云不合謂不朝會也小城曰附庸々々者以

國事附於大國未能以其名通是說附庸之義也王制又云天子之元士視附庸然則附庸貴賤與天子之元士同也其禮則四命知者天子大夫視子男卿視伯三公視公侯所視皆多一命明知附庸多於元士一命又諸侯世子未誓執皮帛視小國之君公之孤四命亦執皮帛及附庸亦執皮帛故知四命也然則天子大夫四命稱字附庸稱名者以王朝之臣故特尊之而稱字釋例曰名重於字故君父之前自名朋友之接自字是以春秋之義貶責書其名斥所重也襃厚顯其字辟所諱也然則應字而名則是貶應名而字則是貴故宰咺書名以貶之儀父書字以貴之傳文唯言貴之不說可貴之狀賈服以為儀父嘉隱公有至孝謙讓之義而與結好故貴而字之善其慕賢說讓知不然者案傳云公攝位而欲求好於邾是公先求邾非邾先慕公復何足貴且書曰儀父乃是新意仲尼以事有可善乃得書字善之不是緣魯之意以為襃貶安得以其慕賢便足貴之又桓十七年公及邾儀父盟于趡桓公不賢不讓彼經亦書儀父故知貴之之言不為慕賢說

讓也附庸不已自通不与盟會今已自通大国継好息民故知為此貴而字之不貴來朝而貴其盟者朝事大国則附庸常道將盟結好非附庸所已故盟則貴之朝後常法　夏五月至于鄢　正義曰鄭国伯爵譜云鄭姬姓周厲王子宣王母弟桓公友之後也宣王封友於鄭今京兆鄭縣是也及幽王无道友徙其民於虢鄶虢鄶之君分其地遂国焉今河南新鄭縣是也莊公二十二年魯隱公之元年也聲公二十年獲麟之歲也二十三年而春秋之傳終矣聲公三十七年卒自聲公以下五世八十七年而韓滅鄭此鄭伯莊公也謚法勝敵克壯曰莊　注不稱至陵縣　正義曰国討者謂稱国者人稱国稱人則明其為賊言一国之人所欲討也今稱鄭伯指言君自殺弟若弟先罪然說其失兄之教不肯早為之所乃是養成其惡及其作亂則必欲殺之故稱鄭伯所以罪鄭伯也傳例母弟稱弟段實母弟以其不為弟行故去弟以罪段也兩罪之者明兄雖失教而段亦凶逆也釋例曰兄而害弟者稱弟以章兄罪弟又害兄則去弟以罪弟身統論其義兄

夫二人交相殺害各有曲直存弟則示兄曲也鄭伯既失教若依
例存弟則嫌善段故特去弟兩見其義是其說也襄三十年天
王殺其弟佞夫傳曰罪在王則与鄭伯同譏而佞夫不去弟者
釋例曰佞夫稱弟不聞反謀也鄭段去弟身爲謀首也然則佞夫
不与反謀罪王而不罪佞夫故稱弟也傳例戰敗克取兩国之
文段實鄭臣而言克段故申明傳意以解之得儁曰克莊十一
年傳例也国討例在莊二十二年者彼經書陳人殺其公子御
寇實君殺大子而稱陳人者陳人惡其殺大子之名故不稱君父
以国討公子告也傳稱陳人殺其大子御寇以實言之明經所
書國討之例也彼無凡例而言例者正以此傳云稱鄭伯譏失教
也言稱是仲尼之変例也稱君爲罪君則知稱人爲国討序云推
変例以正褒貶即此類也推以爲例故言例在彼年諸注言例在
者未必皆有凡例也地理志河南郡有菀陵縣又有新鄭縣於漢
則菀陵新鄭各自爲縣晉世分河南而立滎陽廢新鄭而入菀
陵故鄭在菀陵西南也又地理志潁川郡有鄢陵縣　妖七

月至之賵　正義曰天王周平王也譜云周黄帝之苗裔姬姓后稷之後也后稷封於邰及夏之衰后稷之子不窋失其官竄於西戎至大王為狄所逼去邠居岐文王受命武王克殷而王有天下遂王為犬戎所殺平王東遷都王城今河南縣是也平王四十九年魯隱公之元年也敬王又東遷成周今洛陽是也敬王三十九年獲麟之歲也四十三年而敬王崩敬王子元王九年春秋之傳終矣元王以下十一世二百二十六年而周亡也周本紀武王至平王凡十三王兄弟相及者一人平王是武王十一世孫也惠公薨在隱年明年仲子將薨蓋於時有疾王聞其疾謂之已薨故使大宰大夫名咺者來至於魯并歸惠公仲子之賵賵者助喪之物文五年注云車馬曰賵士喪既夕禮云公賵玄纁束帛兩馬士之制只得駕兩馬故云賵兩馬大夫以上皆駕四馬此宰咺來賵蓋用四馬也公羊傳曰喪事有賵賵者蓋以馬以乘馬束帛車馬曰賵穀梁傳曰乘馬曰賵皆謂宰咺用乘馬來也惠公仲子不言及者是并致二賵或是史異辭蓋二者各以乘馬不宜以一乘之馬賵二人也服虔云賵覆也天

王所以覆被臣子案士喪既夕禮兄弟所知悉皆致賵非獨君之賵臣以賵為覆則可矣其言覆被臣子則非也何休亦云賵猶覆也蓋謂覆被亡者耳　注宰官至之辭　正義曰傳言緩且子氏未薨故名是不應名而名之也貶乃書名知法應稱字故云此天子大夫稱字之例傳無明例故推此以為例也周禮天官大宰卿一人小宰中大夫二人宰夫下大夫四人宰夫小宰皆是大夫未知宰咺是何宰也宰夫職曰凡邦之弔事掌其戒令與其幣器財用鄭玄云弔事弔諸侯諸臣幣帛所用賻也既掌弔事或即充使此蓋宰夫也仲子乃惠公妾耳王使賵之者隱立桓為大子成桓母為夫人天王知其然故遣賵惠公因即賵之　杜言仲子者桓公之母正見此意不然仲子為桓母傳有明文不須解也男子之有謚者人君則配王配公大夫或配子或配字皆不以字配姓婦人於法无謚故以字配姓言其正法然也釋例曰婦人無外行於禮當繫夫之謚以明所屬是言婦人不合謚也繫夫謚者夫人而已衆妾不合繫夫正當以字配姓也其邑子戴媯有謚者皆越禮妄作

也　注客主至陽縣　正義曰春秋之例若是命卿則名書於經此盟客主无名故知皆是微者公羊傳曰孰及之内之微者也穀梁傳曰及者何内卑者也宋人外卑者也卑微言非卿也客謂宋主謂魯直言及者他國可言某人魯史不得自言魯人直言及彼是魯及可知其微人與他國聚會亦直言會與此同也會盟之地地必有主舉地者地主之國或與或否故地主之國亦序於列其經舉國名以為盟地者國主與在其中不復序之於列以其可知故也例在僖十九年者彼經昏會陳人蔡人楚人鄭人盟于齊傳曰陳穆公請脩好於諸侯以无忘齊桓之德冬盟于齊脩桓公之好也言脩桓公之好齊人必與可知也齊人不序於列而以齊為盟地是其盟以國地者國主與盟之例此亦推以為例非凡例也然則桓十四年公會鄭伯于曹即亦是例而遠指僖十九年者此既是盟故取盟為例其實會亦然也故彼注云以曹地曹與會是也僖二十七年楚人陳侯蔡侯鄭伯許男圍宋公會諸侯盟于宋宋不與盟亦地以宋者彼注云宋方見圍無嫌於與盟故直

以宋地然則宣十四年楚子圍宋十五年公孫歸父會楚子于
宋亦是不嫌宋与故地以宋也地理志梁國睢陽縣故宋國微子
所封也　注祭伯至稱使　正義曰僖二十四年傳富辰說周
公封建親戚以蕃屏周而云邢茅胙祭則祭之初封畿外之國也
穆王之時有祭公謀父今有祭伯世仕王朝蓋本封絶滅食采於
王畿也莊二十三年祭叔來聘注以為祭叔為祭公來聘魯天子
内臣不得外交是祭於此時為畿内之國仍有封爵故言諸侯為
王卿士也釋例曰王之公卿皆書爵祭伯凡伯是也大夫稱字南
季榮叔是也元士中士稱名劉夏石尚是也下士稱人公會王人于洮
是也其或稱祭公举官而言之此其変例也然春秋之世有王之
卿士无采地者若王叔陳生伯輿之屬是也但未知書經其稱云
何杜云公卿稱爵而王子虎及劉卷卒稱名者彼是天王為赴
以名告魯如諸侯之例薨則稱名此云公卿稱者謂聘使往
还与彼為異也又襄十五年注云天子卿書字者以傳云劉夏逆
王后于齊卿不行非礼也以劉夏非卿書名若卿則應書字以

名字相對故舉以言焉其實卿書爵也此祭伯若王使來當云
天王使祭伯來聘亦如天王使凡伯來聘今以自來為文明非王命
而私行也劉炫云卿而無爵或亦書字大夫有爵或亦書爵傳
稱王叔陳生与伯輿爭政俱是卿士並不言爵又滕侯之先為周卜
正書稱齊侯呂伋為虎賁氏則大夫或有爵也然則大夫有爵
不可舍爵而書字卿而無爵不可越字而書名蓋有卿士
亦書字大夫亦書爵也王臣之見經者衆祭伯凡伯毛伯單伯
召伯君子單子劉子其間未必無大夫榮叔南季家父叔服其間
未必無卿但無明證故依例解之襄十五年注云天子卿書字是
言天子卿有書字之理　注傳例至見義　正義曰傳文与上
下作例者注皆謂之傳例釋例曰君之卿佐是謂股肱々々或虧
何痛如之疾則親問焉喪則親与小斂大斂慎終歸厚之義也故仲
尼脩春秋卿佐之喪公不与小斂則不書日示薄厚戒將來也即
以新死小斂為文則但臨大斂及不臨其喪亦同不書日也襄五年
冬十二月辛未季孫行父卒傳曰大夫入斂公在位是公与小斂則書日之

亥也其輩桒蹈等生見經傳死而不書卒者皆不以卿礼終也文
十四年秋九月甲申公孫敖卒于齊已絶卿位公不与小斂而書
曰卒者釈例曰公孫敖縱情棄命既已絶位非大夫也而備書
於經者恵叔毀請於朝感子以赦父敦公族之恩崇仁孝之教
故傳曰為孟氏且国故也是言雖不与斂恩實過厚故書日也荘
三十二年秋七月癸巳公子牙卒時公有疾昭二十五年冬十月
戊辰叔孫婼卒二十九年夏四月庚子叔詣卒時公孫在外成十
七年冬十一月壬申公孫嬰齊卒于貍脤在外而卒皆公不与
斂而書曰者釈例曰其或公疾在外大夫不卒於国而猶存其日
者君子不責人以所不得備非不欲臨也然則為其有故不得以
責公故皆書日也公孫嬰齊書所卒之地餘皆不書地者釈例曰
魯大夫卒其竟内則不書地傳称季平子行東野卒于房是也
而先儒以為雖以卿礼終而不臨其喪皆設而不書杜知不臨其
喪亦同不書日者案慶父之死不以卿礼終而經不書足知唯拠
不以卿礼終者經始不書明以卿礼終雖全不臨喪亦同書卒

但不書日耳春秋諸薨日与不日傳皆不發唯此發傳故特解之云春秋不以日月爲例唯卿佐之喪獨託日以見義也言薨之得失未足以襃貶人君者春秋之文襃爲厚賞貶爲大罰君之於臣有恩則常薨不足以加賞无恩則小失不足以致罰故云未足以襃貶也上欲貶責死者君自无恩然亦非死者之罪意欲以爲勸戒无辭可以寄文而人臣對君爲輕賤死日可略去故於此一條特假日以見義其餘則不以日月爲例故无傳也　傳不書即位攝也　正義曰攝訓持也隱以桓公幼少且攝持國政待其年長所以不行即位之礼史官不書即位仲尼因而不改故發傳以解之公實不即位史本无可書莊閔僖不書即位義亦然也舊說賈服之徒以爲四公皆實即位孔子修經乃有不書故杜詳辯之釋例曰遭喪繼位者每新年正月必改元正位百官以序故國史皆書即位於策以表之隱既繼室之子於第應立而尋父娶仲子之意委位以讓桓天子既已定之諸侯既已正之國人既已君之而隱終有推國授桓之心所以不行即位之礼也隱莊閔僖雖居

君位皆有故而不脩即位之礼或讓而不為或痛而不忍或亂而
不得礼廢事異国史固无所書非行其礼而不書於文也頴氏說
以為魯十二公国史尽書即位仲尼脩之乃有所不書若実即位
則為隐公无讓若實有讓則史无緣虚書是言實不即位故史
不書也傳於隐閔云不書即位於莊僖云不稱即位者釈例曰丘明
於四公發傳以不書不稱起文其義一也劉賈頴為傳文生例云恩
深不忍則傳言不稱恩淺可忍則傳言不書愽扨ハ傳辞殊多不通案
殺欒盈則云不言大夫殺良霄則云不稱大夫君氏卒則云不曰
薨不言葬不書姓鄭伯克段則云稱鄭伯此皆同意而別文之
驗也傳本意在解經非曲文以生例是言不書不稱義同之意也
膏肓何休以為古制諸侯幼弱天子命賢大夫輔相為政无攝代
之義昔周公居攝死不記崩今隐公生稱侯死稱薨何因得為攝
者周公攝政仍以成王為主直攝其政事而已所有大事禀王命
以行之致政之後乃死故卒稱薨不稱崩隐公所攝則位亦攝之以
桓為大子所有大事皆專命以行攝位被殺在君位而死故生稱

公死稱薨是與周公異也且公羊以為諸侯无攝鄭康成引公羊難云宋穆公云吾立乎此攝也以此言之何得非左氏是鄭意亦不從何說也下傳曰公攝位而欲求好於邾是位亦攝也又曰惠公之薨也太子少是以桓為太子也所以異於正君者元年不即位行還不告廟不書惠公之葬不成邑子之喪尊仲子為夫人薨則赴於諸侯又為之立廟氏是謙之實也隱公讓位賢君故為春秋之首所以不入頌者魯僖公之時周王歲二月東巡守至于岱宗榮季孫行父為之請於周大史克為之作頌故得入頌隱公无人為請故不入頌也　注王末至克卒　正義曰莊十三年齊桓會諸國于北杏邾人在焉及十六年而書邾子克卒故知由齊齊桓乃得王命也賈服以為北杏之會時已得王命蓋以北杏之會邾人在列故謂其已得命也列與不列在於主會之意不由有爵與否襄二十七年宋之盟齊人請邾宋人請滕邾滕不列於會故不書邾滕襄五年戚之會穆叔以屬鄫為不利使鄫大夫聽命于會故經書鄫人然則為人私屬則不列於會不為人私屬則列於

會不可拠列會以否以明有爵也昭四年申之會淮夷列焉未必
有爵也邾今无爵得与魯盟北杏會齊何須有爵莊十五年會
于鄄傳曰齊始霸則齊桓爲霸自鄄會始耳北杏之時諸侯未從
霸功未立桓尚未有殊勲儀父何足可紀且齊桓未有功於王焉
肯使王命之其得王命必在北杏之後但未定是何年耳服虔云
爵者襃也所以襃尽其材也　注貴伯至放此　正義曰史之策
書皆君命者謂君所命爲之事乃得書之於策非謂君命遣書
方始書也又解史策不書經亦不書之意仲尼書於經者亦因史
之舊法舊史不書則亦不書故傳發此事釋經不書之意諸魯
事傳釋不書他皆放此謂下盟于翼作南門之類是也　初鄭至
武姜　正義曰杜以爲凡倒本其事者皆言初也賈逵云凡言初者
隔其年後有禍福將終之乃言初也　注申國至宛縣　正義曰
外傳說伯夷之後曰申呂雖衰齊許猶在則申呂与齊許俱出伯
夷同爲姜姓也國語曰齊許申呂由大姜言由大姜而得封也然
則申之始封亦在周興之初其後中絶至宣王之時申伯以王舅改封

於謝詩大雅崧高之篇美宣王褒賞申伯云王命召伯定申伯之宅是其處也地理志南陽郡宛縣故申伯國宛縣者謂宣王改封之後也以前則不知其地　注段出至鄂侯　正義曰賈服以共為謚々法敬長事上曰共作亂而出非有共德可稱餬口四方无人与之為謚故知段出奔共故稱共猶下晉侯之稱鄂侯也

莊公至惡之　正義曰譏武姜寐時生莊公至寤始覺其生故杜云寐寤而莊公已生　注虢叔至陽縣　正義曰僖五年傳曰虢仲虢叔王季之穆也晉語稱文王敬友二虢則虢國本有二也晉所滅者其國在西故謂此為東虢也鄭語史伯為桓公謀云虢叔恃勢鄶仲恃險皆有驕侈怠慢之心君以成周之衆奉辭伐罪无不克矣桓公從之是其恃險而不脩德為鄭滅之々事也云虢叔封西虢仲封東而此云虢叔東虢君者言所滅之君字叔也傳云虢仲譖其大夫謂叔之子孫字曰仲也案傳燕國有二則一稱北燕邾國有二則一稱小邾此虢國有二而經傳不言東西者於時東虢已滅故西虢不稱西其並存之日亦應以東西別之地理志

云河南郡熒陽縣應劭云故虢國今虢亭是也　注祭仲至百雉
正義曰注諸言大夫者以其名氏顯見於傳更無卑賤之驗者皆
以大夫言之其實是大夫以否亦不可委知也定十二年公羊
傳曰雉者何五板而堵五堵而雉何休以為堵四十尺雉二百尺許
慎五經異義戴禮及韓詩說八尺為板五板為堵五堵為雉板廣
二尺積高五板為一丈五堵為雉々長四丈古周禮及左氏說一丈
為板々廣二尺五板為堵一堵之牆長丈高丈三堵為雉一雉之
牆長三丈高一丈以度其長者用其長以度其高者用其高也諸
說不同必以雉長三丈為正者以鄭是伯爵城方五里大都三國
之一其城不過百雉則百雉是大都定制因而三之則侯伯之城當
三百雉計五里積千五百步々長六尺是九百丈也以九百丈而
為三百雉則雉長三丈賈逵馬融鄭玄王肅之徒為古學者皆云
雉長三丈故杜依用之侯伯之城方五里亦無正文周禮冬官考
工記匠人營國方九里旁三門謂天子之城天子之城方九里諸侯
禮當降殺則知公七里侯伯五里子男三里以此為定說也但春官典

命職乃稱上公九命侯伯七命子男五命其国家宮室車旗衣服礼儀皆以命數為節鄭玄以為国家国之所居謂城方也如典命之言則公當九里侯伯七里子男五里故鄭玄两觧之其注尚書大傳以天子九里為正説又云或者天子之城方十二里謂文王有邑箋言文王城方十里大於諸侯小於天子之制論語注以為公大都之城方三里皆以為天子十二里公九里也其駁異義又云鄭伯城方五里以匠人典命俱是正文因其不同故两申其説令杜無二觧以侯伯五里為正者蓋以典命所云国家者自謂国家所為之法礼儀之度未必以為城居也　大都至九之一　正義曰宜以王城方九里依此數計之則王城長五百四十雉其大都方三里長一百八十雉中都方一里又二百四十步長一百八雉也小都方一里長六十雉也公城方七里長四百二十雉其大都方二里又一百步長一百四十雉也中都方一里又一百二十步長八十四雉也小都方二百三十三歩二尺長四十六雉又二丈也侯伯城方五里長三百雉其大都方一里又二百歩長百雉也中都比王之小都其小

都方一百六十六步四尺長三十三雉又一丈也子男城比王之大都其大都比侯伯之中都其中都方一百八十步長三十六雉也小都方百步長二十雉也考工記曰王宮門阿之制五雉宮隅之制七雉城隅之制九雉門阿之制以為都城之制宮隅之制以為諸侯之城制然則王之都城隅高五丈城蓋高三丈諸侯城隅高七丈城蓋高五丈也三丈以下不復成城其都城蓋亦高三丈也周礼四縣為都周公之設法耳但土地之形不可方平如圖其邑竟廣狹无復定準隨人多少而制其都邑故有大都小都焉下邑謂之都々亦一名邑莊二十八年傳曰宗邑无主閔元年傳曰分之都城俱論曲沃而都邑互言是其名相通也　无使滋蔓　正義曰此以草喻也草之滋長引蔓則難可芟除喻段之威勢稍大難可圖謀也　注斃死踣也　正義曰釋言文也孫炎曰前覆曰踣　国不堪貳　正義曰兩屬則賦役倍賦役倍則国人不堪也　厚將崩　正義曰以牆屋喻也厚而无基必自崩喻衆所不附將自敗也高大而壞謂之崩　注完城郭聚人民

正義曰服虔以聚為聚禾黍也段欲輕行襲鄭不作固守之資故知聚為聚人非聚糧也完城者謂聚人而完之非欲守城也如二君故曰克　正義曰謂實非二君僞傑彊盛如似二君伐而勝之然後稱克非謂真是二君也若真是二君則以戰襲敗取為文然既非二君而杜注經云以君討臣而用二君之例又似真二君者但杜於彼應云以君討臣而用如二君之例略其如字但云而用二君耳準獲麟之後史文夫子未脩之前應云鄭伯之弟段出奔共與秦伯之弟鍼出奔晉同也以其不弟故不言弟志在於殺故不言奔然則鄭伯亦是旧史之文而得為新意者段以去弟為貶宜以國討為文仍存鄭伯見其失教其文雖是旧史即是仲尼新意也　注傳言至其奔　正義曰經皆孔子所昏式亨文特言書曰必是旧史不然夫子始然故知傳之此辭言夫子作春秋改旧史以明義也克者戰勝獲賊之名公伐諸鄢段即奔共既不交戰亦不獲段段實出奔而以克為文者此非夫子之心謂是鄭伯本志不欲言其出奔難言其奔志在於殺故夫子兼其

本志而書克也鄭伯之於段也以其母所鍾愛順母私情分之大邑恣其榮寵寬无殺心但大叔无義恃寵驕盈若微加裁貶則恐傷母意故祭仲欲早為之所子封請往除之公皆不許是其无殺心也言必自斃厚將崩者止謂自損其身不言惡己害國及其謀欲襲鄭禍將逼身自念友愛之深遂起切心之恨由是志在必殺難言出奔此時將有殺心往前則其殺意傳稱公曰姜氏欲之焉辟害詩序曰不勝其母以害其弟經曰父母之言亦可畏也是迫於母命不得裁之非欲待其惡成乃加誅戮也服虔云公本欲養成其惡而加誅使不得生出此鄭伯之志意也言鄭伯本有殺意故為養成其惡斷不然矣傳曰稱鄭伯譏失教也止責鄭伯失於教誨之道不謂鄭伯元有殺害之心若從本以來即謀殺害乃是故相屠滅何止失教之有且君之討臣過其萌漸惡雖未就足得誅之何須待其惡成方將殺害服言本意欲殺乃是誣鄭伯也劉炫云以克為文非其實狀故傳解之謂之鄭志言仲尼之意書克者謂是鄭伯本志也注又申解傳意言鄭伯志在於殺心欲其克難

言其奔故仲尼省克不書奔如鄭伯之志為文所以悪鄭伯也
注封人典封疆者　正義曰周礼封人掌為畿封而樹之鄭玄云
畿上有封若今時界也天子封人職典封疆知諸侯封人亦然也
傳言祭仲足為祭封人宋高哀為蕭封人論語有儀封人此言潁
谷封人皆以地名封人蓋封人職典封疆居在邊邑潁谷儀祭皆
是國之邊邑也　注食而至之常　正義曰礼公食大夫及曲礼
所記大夫士与客燕食皆有牲体殽胾非徒設羹而已此与華元
饗士唯言有羹故疑是古賜賤官之常　注賦々至樂也
正義曰賦詩謂自作詩也中融外洩各自為韻蓋所賦之詩有此
辭傳略而言之也融融条洩々舒散皆是樂之狀以意言之耳
服虔云入言公出言姜明俱出入互相見　注純猶篤也　正義
曰尒雅釋詁訓純為大則純孝純臣者謂大孝大忠也此純猶篤
者言孝之篤厚也　詩曰至謂乎　正義曰詩毛傳及尒雅之訓
匱竭永長錫予爾女也此詩大雅既醉之五章言孝子為孝不有
竭極之時故已以此孝道長賜予女之族類言行孝之至已延及

旁人其此事之謂乎族類者言俱有孝心則是其族類也
注不匱至故此　正義曰顯考叔有純孝之行以錫莊公莊公雖
失之於初孝心不忘則與顯考叔同是孝之般類也今考叔以感
而通之是謂永錫爾類也詩人之作各以情言君子論之不以文害
意出孟子文也此云春秋傳別詩不皆與今說詩者同何以昭八
年注云叔向時詩箋如此所以不同者此是丘明作傳稱君子之
言容可別詩斷章評論得失彼是叔向之語事近前代當時諷刺
故云叔向時詩箋如此也詩注意類謂子孫族此衍傳意以為事
之般類也　天王至故名　正義曰緩賵惠公生賵仲子事由於
王非咺之過所以貶咺者天王至尊不可貶責貶王之使足見王
非且緩賵惠公惠是王己生賵仲子咺亦有愆使者受命不受辭
欲令遭時設宜臨機制變王謂仲子已薨令咺并致其賵仲子尚
存賵事須上宰咺知其未薨猶尚致賵是則不達時宜恥辱君命
王則任非其人咺為辱命之使君臣一体好惡同之貶咺亦所以
責王也文五年王使榮叔歸含且賵不指所賵之人此指言惠公仲

子者彼成風未葬不言可知此則惠公已葬子氏未薨若不言其人則不知爲誰來賵文九年秦人來歸僖公成風之襚亦爲年月已遠故指其所襚与此同也季文子求遭喪之礼以行亦豫凶事不貶者宰咺先喪致賵文子乃量時制宜備豫不虞古之善教与此不同　天子至姻至　正義曰　天子諸侯大夫士位既不同礼亦異數赴弔遠近各有等差因其尊卑以爲葬節且位高則礼大爵卑則事小大礼踰時乃備小事累月即成聖王制爲常規示民軌法欲使各脩其典无敢或差資父事君生民之所極哀死送終臣子之所盡是以未及期而葬謂之不懷過期而葬謂之緩慢春秋從實而録以示是非天子七月諸侯五月者死月葬月皆通數之也文八年八月天王崩九年二月葬襄王是天子之七月也成十八年八月公薨于路寢十二月葬我君成公是諸侯之五月也宣八年傳云礼卜葬先遠日辟不懷也是卜遠日不吉乃卜近日辟不思親之嫌也則未及期而葬者不思其親理在可見故傳皆不言其事唯過期乃葬者傳言緩以示譏耳桓王以桓十五年崩

莊三年乃葬積七年也僖公以其三十三年十一月薨文元年四
月乃葬薨葬中間積七月也二者並過於期故傳皆言緩以譏
之也衛桓公以隱四年三月為州吁所殺五年四月乃葬積十
四月也莊公以其三十二年八月薨閔元年六月乃葬積十一月
也二者亦過期而國有事難故傳皆言乱故是以緩原其非
慢不以責臣子也然則諸侯五月而葬自是正法得礼可知不假發
傳而葬成公之下傳特云書順者釋例曰魯君薨葬多不順制
唯成公薨于路寢五月而葬國家安靜世適承嗣故傳見莊之
舉成昏順以包之然則特發此傳欲以包群公之得失於莊見乱
故而緩於僖見无故而緩於成見順礼傳發三者則其餘皆可知
也士踰月者通死月亦三月也襄十五年十一月晉侯周卒十六年
正月葬晉悼公杜云踰月而葬速是踰月亦三月也此注云踰月
度月者言從死月至葬月其間度一月也士与大夫不異而別設
文者以大夫与士名位既異因其名異亦為等差故变其文耳其
実月數同也同軌同盟至者謂遣使來至非諸侯身至釈例曰万

国之数至衆封疆之守至重故天王之喪諸侯不得越竟而奔脩服於其国卿共弔葬之礼魯侯无故而穆伯如周弔亡天子崩諸侯遣卿共弔葬之經傳也是言礼天子之喪諸侯不親奔也其諸侯相弔則昭三十年傳云先王之制諸侯之喪士弔大夫送葬是正礼也同位至待其使还也外姻至親戚畢集也於天子言畢至以下不言畢者天子貴在尊極海内為家天下同喪无敢不至故言畢也諸侯同盟或来或否大夫出使本奉君命虽或聞喪未必尽来故不言畢也此亦例而不言凡者序已解訖何休膏肓以為礼士三月葬今云踰月左氏為短鄭康成云人君殯数来日葬数往月大夫殯葬皆数来日来月士殯葬皆数往日往月士之三月大夫之踰月也鄭之此言天子諸侯葬数往月於左氏无容云大夫葬数来月恐非杜旨蘇寛之意以古礼大夫以上殯葬皆数来日来月士殯葬数往日往月寛云古礼事无所出不可依用也劉炫云此亦例不言凡者諸所發凡皆為經張例此举葬之大期以記宰咺之緩非是为葬發例故不言凡也　注言同至之国

正義曰鄭玄服虔皆以軌為車轍也王者馭天下必令車同軌書同文同軌畢至謂海内皆至也四夷異俗不可同其文軌天子之喪不告以時赴弔故言同軌以別四夷之國也周礼巾車木路以封蕃國々々即四夷也既受王命車亦應同軌而言別四夷者四夷來朝天子々々賜之車服行於中國自然同軌其在本國軌必不同若以巾車之文即言与華夏同軌豈亦告同文也　注同在方嶽之盟　正義曰周礼司盟凡邦國有疑會同則掌其盟約之載然則天子之合諸侯有使諸侯共盟之礼也王合諸侯唯有巡守其非巡守則有事而會々之多少唯王所命不得有同盟常礼々之同盟唯方嶽耳故左氏舊說十二年三考黜陟幽明既分天子展義巡守柴望既畢諸侯遂朝退相与盟同好惡奬王室是其當方諸侯同有方嶽之盟同盟情親吉凶相告遣使會葬也

注古者至踰時　正義曰同位謂同為大夫共在列位者待其來至三月待之故知古者於法行役不踰時也隱五年穀梁傳曰伐不踰時明行役聘問亦不踰時也　注尸未葬之通稱　正義曰曲礼

下云在牀曰尸在棺曰柩是其相對言耳今以既葬乃來而云不
及尸知尸是未葬之通称也葬則尸不復見未葬猶及見之故以
葬為限也釋例曰喪贈之幣車馬曰賵貨財曰賻衣服曰襚珠玉
曰含然而揔謂之贈故傳曰贈死不及尸也然則此文虽為賵發其
實賵賻含襚揔名為贈但及未葬皆无所譏也襚以衣尸含以実
口大斂之後无所用之既殯之後猶致之者亦存恩好不以充用
也今讚曰雜記弔含襚賵臨之等未葬則葦席既葬則蒲席是
葬後得行此言纔者礼記後人雜録不可与傳同言也或可初葬
之後則可久則不許　注諸侯至終喪　正義曰昭十五年傳称
穆后崩王既葬除喪叔向曰三年之喪虽貴遂服礼也杜云天子
諸侯除喪當在卒哭今王既葬而除故譏其不遂也案僖三十三
年傳云卒哭而祔杜云既葬反虞則免喪故曰卒哭〻止也如杜
此言則卒哭与葬相去非遠同在一月伐礼士三虞則天子諸侯
皆同於此必知然者以卒哭是葬之餘事共在一月之中故杜云既
葬則衰麻除或云既葬卒哭衰麻除以其相近故也若擬雜記云

諸侯五月而葬七月而卒哭中間既縣或有國変称号云何是知
葬与卒哭相連間无変也然雜記云諸侯五月而葬七月而卒哭
者案釋例曰礼記後人所作不与春秋同是杜所不用也既葬除
喪唯杜有此説正以春秋之例皆既葬成君明葬是人君之大節
也昭十二年傳曰齊侯衛侯鄭伯如晉々侯享諸侯子産相鄭伯
辞於享請免喪而後聽命晉人許之礼也於時鄭有簡公之喪未
葬故請免喪其下傳又云六月葬鄭簡公丘明作傳未嘗虚举經
文而虚言此葬得非終前免喪之言也以此知諸侯既葬則免喪
々服既除則无哭位諸侯既然知天子亦尔尚書高宗亮陰三年
不言論語云何必高宗古之人皆然是天子諸侯除服之後皆諒
陰終喪也晉書杜預傳云大始十年元皇后崩依漢魏旧制既葬
帝及群臣皆除服疑皇太子亦應除否詔諸尚書令僕射盧欽論
之唯預以為古者天子諸侯三年之喪始服齊斬既葬除喪服諒
闇以居心喪終制不与士庶同礼於是盧欽魏舒問預證據預曰
春秋晉侯享諸侯子産相鄭伯時簡公未葬請免喪以聽命君子

之得礼宰咺帰恵公仲子之賵傳曰弔生不及哀此皆既葬除服
諒闇之證也昏傳之説既多学者未之思耳喪服諸侯為天子亦
斬衰豈可謂終服三年也預又作議曰周景王有后世子之喪既
葬除喪而宴楽晋叔向譏之曰三年之喪雖貴遂服礼也王雖不
遂宴楽以早此亦天子喪事見於古也称高宗不言喪服三年而
云亮陰三年此釋服心喪之文也譏景王不譏其除喪而譏其宴
楽早則既葬応除而違諒闇之節也堯喪舜諒闇三年故称遏
密八音由此言之天子居喪斉斬之制菲杖絰帯當遂其服既葬
而除諒闇以終之三年无改於父之道故曰百官總已以聽冢宰
喪服既除故更称不言之美明不復寝苫枕凷以荒大政也礼記
云三年之喪自天子達又云父母之喪无貴賤一也又云端衰車
皆无等此通謂天子居喪衣服之制同於凡人心喪之礼終於三
年亦无服喪三年之文天子之位至尊万几之政至大群臣之衆至
廣不得同之於凡人故大行既葬祔祭於廟則因疏而除之已不
除則群臣莫敢除故屈已以除之而諒闇以終制天下之人皆曰

我王之仁也屈己以從宜皆曰我王之孝也既除而心喪我王猶若此之篤也凡我臣子亦安得不自勉以崇礼此乃聖制移風易俗之本也議奏皇大子遂除衰麻而諒闇終喪於時内外卒聞預議多怪惑者乃謂其違礼以合時預謂鄉人段暢曰茲变体大本欲宣明古典知未合於當今也宜博采典籍為之證據全大分明足以垂示將來暢遂敷通危疑以弘指趣其論具存焉杜議列尚書傳云亮信也陰默也為聽於冢宰信默而不言鄭玄以諒闇為凶廬杜所不用　紀人伐夷　正義曰世族譜紀姜姓侯爵莊四年齊滅之世本夷妘姓傳无其人不知為誰所滅釋例土地名夷國在城陽莊武縣莊十六年晉武公伐夷執夷詭諸杜云詭諸周大夫夷采地名釋例土地名注為闕則二夷別也世族譜於夷詭諸之下注云妘姓更无夷國則以二夷内一計莊武之縣遠在東垂不得為周大夫之采邑而晉取其地是譜誤也　注蜚負至放此　正義曰釋蟲云蜚蠦蜰舍人李巡皆云蜚蠦一名蜰郭璞云蜚即負盤臭蟲洪範五行傳云蜚負蠜夷狄之物越之所生其為蟲臭

惡南方淫女氣之所生也李巡曰蜚厲蟲也然則蜚是臭惡之
蟲害人之物故或為災或不為災也經傳皆云有蜚則此蟲以直
名蜚耳不名蜚蠦爾雅所釋當蜚一名蠦蜰說爾雅者言蜚蠦
一名蜰非也此蟲一名負盤漢書及此注多作負蠜者釋蟲云草
螽負蠜彼則歲時常有非災蟲也蓋相涉誤為蠜耳又明下有成
例此不合書而傳發之者明傳之所據非獨正史之策亦兼采簡
牘所有故傳據而言之案上傳紀人伐夷注云傳見其事以明春
秋例則此有蜚亦明春秋例此云傳之所據非唯史策兼采簡牘
則上紀人伐夷亦是兼采簡牘但紀人伐夷他國不告故以明例解
之蜚是魯國之有故以兼采簡牘言之其實二注互以相通他如
此彰有宋至改葬 正義曰上云惠公之季年敗宋師于黃公立而
求成焉則隱公未立之前惠公敗宋師也今云惠公之薨也有宋
師蓋是報黃之敗來伐魯也隱公將兵禦宋委葬事於大子故
有闕也服虔以為宋師即黃之師也是時宋來伐魯公自與戰然
則隱自敗宋還自求成傳何當屬敗於惠公而別言公立也且薨

之与葬相去既遠豈有宋師薨時已來葬時未去　衛侯來
會葬　正義曰衛國侯爵譜云姬姓文王子康叔封之後也周
公既誅祿父以其地封康叔為衛侯居殷虛今朝歌是也狄滅衛
文公居楚丘成公徙帝丘今東郡濮陽是也桓公十三年當隱
公之元年也出輒十二年獲麟之歲也悼公二年春秋之傳終矣
悼公三年卒自悼以下十一世二百五十五年而秦滅衛也世家桓公
康叔十一世孫尚書顧命稱康叔為衛侯則初封侯爵也世家康
叔子則稱伯至頃侯後為侯故今桓公為侯爵　注諸侯至放
此　正義曰昭三年傳云先王之制諸侯之喪士弔大夫送葬
昭三年傳稱文襄之霸君薨大夫弔卿共葬事皆不書諸侯親
會葬是諸侯會葬非禮也不得接公成禮故不昏此云不見公不
昏介葛盧亦不見公而書者此則公在國而不與衛侯相見故不
書彼則公身在會國人賓禮之又欲見其一年再來故昏之也
注禮卿至昏日　正義曰喪大記君為臣喪之禮云君於大夫大斂
焉為之賜則小斂焉卿是大夫之尊者也明小斂大斂君皆親之

所以崇恩厚也小斂大斂皆應親之獨以小斂爲文故知始死情之所篤故也賈逵云不與大斂則不書卒然則在殯又不往者後啓何以裁之且傳無其文不宜妄說故杜以爲但臨大斂及不臨其喪亦同不書日也

春秋正義卷第二

計一万八千三百一十七字

春秋正義卷第三　　　隱公

國子祭酒上護軍曲阜縣開國子臣孔穎達等奉

勑撰

二年注戎狄至魯地　正義曰曲禮云東夷西戎南蠻北狄然則四者是九州之外別名也詩商頌曰自彼氐羌氐羌西戎之國名也杜欲明其在遠无以相形故云氐羌之別種謂是相對之物耳非謂四者是羌內之別也其實氐羌乃是戎內之別耳戎子駒支云我諸戎飲食衣服不與華同贄幣不通言語不達計惡不堪會盟故解云言順其俗以為禮也沈氏云會擬公往戎為主人故得隨主人之俗以為會禮朝擬戎來魯為主人戎不乞從主人之俗故朝禮不成戎是西方之夷必不遠來會魯故知謂居中國若戎子駒支者也駒支見襄十四年　莒人入向　正義曰世本莒己姓向姜姓此傳云莒人入向以姜氏還文八年傳稱穆伯奔莒從己氏是莒己向姜見於傳也譜云莒嬴姓少昊之後周武王封茲輿於莒初都計後徙莒今城陽莒縣是也世本自紀公以下為

已姓不知誰賜之姓者十一世兹丕公方見春秋共公以下微弱不復見四世楚滅之向則唯此見經不乞知其終始 注向小至三年 正義曰將卑師少稱人者周礼万二千五百人為軍二千五百人。師〔為〕五百人為旅用兵多少其數无常重其舉大衆動大衆滿師則書之不滿則不書輕其衆少故經皆不書旅也師者衆也雖復五軍三軍悉皆以師為名取其衆義故經亦不書軍也釋例曰春秋不書軍旅壹皆曰師從衆辭是其義也經之大例君自將者言君不言師卿將者滿師則。將〔師〕並書不滿則空舉將名大夫將者滿師則稱師不滿則稱人所以然者宣四年傳曰君行師從卿行旅從則君行必有師卿行必有旅文雖不見理足可明君將不言師師卿將不言帥旅以其可知故也卿行不合師從今乃帥領一師若不言師則師文不見卿爲自合書名師文又須別見故師將並舉言某帥師也其師少者卿自須見唯舉將名不云師旅言衆少不足録也大夫爵位卑下名氏不合見經但所帥滿師々自須見故言帥師不言將也若不滿師者一旅之衆則例所不書

大夫位卑又名不當見則空舉其將謂之爲人々即大夫身也其
將尊師少及將卑師衆若其序列則將卑師衆者在上襄二年晉
師宋師衛甯殖侵鄭是也隱五年公羊傳曰曷爲或言率師或不
言率師將尊師衆稱某率師將尊師少稱將々卑師衆稱師將卑
師少稱人君將不言率師書其重者也釋例曰大夫將滿師稱師
不滿稱人而已卿將滿師則兩書不滿則直書名氏君將不言帥
師卿將不言師旅此史策記注之常此用公羊爲說也劉炫云盟
會例卿則書名氏非卿則稱人々當名氏之處由是將卑師少則
稱人亦與盟會同　注无駭至八年　正義曰春秋之例卿乃見
經今名稱於經傳言司空故知无駭是魯卿諸名書於經皆是卿
也故於此一注以下不復言之又王制云上大夫卿則卿亦大夫
也故注多以大夫言卿下注云列國總紀大夫如此之類皆是卿也
其名見於傳而注云大夫者則其爵直是大夫也穀梁以極爲國杜
云附庸者沈云以費伯帥師城郎因得勝極則極是竟内故云附
庸凡卿出使必具其名氏以尊君命今不稱氏故解云未賜族者

族可称故也賈云極戎邑也極為戎邑傳無文焉戎之於魯本无怨惡言修惠公之好則是求与魯親公未信戎心故辞其盟耳秋即与盟後修戎好若已共戎舍故不与盟旋令師入其都然後結好其為惡行亦不是也讓位賢君固應不尓良史直筆豈得无訛傳乃本其勝之所由而歸功於費伯也　注高平至有誤　正義曰杜勘檢經傳上下月日制為長歷此年八月壬寅朔其月三日甲辰十五日丙辰二十七日戊辰其月无庚辰也七月壬申朔則九月有庚辰杜觀上下若月不容誤則指言日誤若日不容誤則指言月誤此則上有秋下有九月則日月俱得有誤故云日月必有誤也　注裂繻至於此　正義曰此書逆女傳曰卿為君逆也宣五年齊高固来逆叔姬傳曰昏曰叔姬卿自逆也是為君逆則称女自逆則昏字故云以别卿自逆也釋例曰天子娶則称逆王后卿為君逆則称逆女其自為逆則称所逆之字尊卑之别也此不言紀侯使裂繻而成八年經書宋公使公孫壽来納幣俱是昏礼而立文不同故解之也言昏礼不称主人者主人謂壻也為朋

廉耻之心不欲自言娶婦故卿為君昏行者必稟君母之命婦人
之命不得通於隣国君言卿輙自来非君所命故裂繻不言使也
其无母者臣无所稟不得不称君命故公孫壽言宋公使也史皆
随其實変而昏之非褒貶之例也公羊傳曰何以不称使昏礼不
称主人然則曷称〻諸父兄師友宋公使公孫壽来納幣則其称
主人何辞窮也辞窮者何无母也然則紀有母乎曰有〻則何以
不称母〻不通也提婦人之言不通外国故不言君使亦不言母命
作自身之文也公羊言无母者称父兄師友宋公不称父兄者諸
侯臣其父兄故不得称也昏礼記曰宗子无父母命之親皆没已
躬命之以宗子之尊尚不称父兄况諸侯也其称父兄師友謂大
夫以下非宗子者身昏礼記所云支子則称其宗弟称其兄是也
注子帛至密卿　正義曰杜云比之内大夫而在莒子上者
案諸經文魯大夫出會他国皆先昏魯大夫下即云及其人今子
帛之下不云及者不可全同魯大夫故也　注栢未立三年
正義曰妾子為君其母成為夫人敬嬴齊帰是也仲子寔妾妾栢未

為君故仲子不應稱夫人也今稱夫人薨是隱成之讓桓為大子成其母喪傳例曰不赴則不曰薨故知稱薨是赴於諸侯故經於此稱夫人也五年考仲子之宮公羊傳曰桓未君則曷為祭仲子隱為桓立故為桓祭其母也然則何言爾成公意也是言隱公成仲子為夫人也　傳注許其至而足　正義曰戎貪而無信盟或背之公未得戎意恐好不久成故不許其盟也戎夷狄者不壹而足文九年公羊傳文言制御夷狄當以漸教之不一度而即使足也　三年注日行至七年　正義曰古今之言歷者大率皆以周天為三百六十五度四分度之一日行比月為遲每日行一度故一歲乃行一周天月行比日為疾每日行十三度十九分度之七故一月內則行一周天又行二十九度過半乃逐及日言一月一周天者略言之耳其實及日之時不啻一周天也日月雖共行於天而各有道每積二十九日過半行道交錯而相與會集以其一會謂之一月每一歲之間凡有十二會故一歲為十二月日食者月掩之也日月之道互相出入或月在日表從外而入內或月在日

裡從内而出外道有交錯故日食也二十九日已半月及日者以歷家一日分為九百四十分則四百七十分為半今月及日凡二十九日又四百九十九分是過半校二十九分也日有食之言有物來食之也日月同处則日被月映而形魄不見聖人不言日被月食而云日有食之者以其月不可見作不知之辞穀梁傳曰其不言食之者何也知其不可知也是言慎疑故不言月也朔則交會故食必在朔然而每朔皆會應每月常食故解之言日月動物雖行度有大量不能不小有盈縮故有雖交會而不食者或有頻交而食者自隱之元年盡哀二十七年積二百五十五年凡三千一百五十四月唯三十七食是雖交而不食也襄二十一年九月十月頻食二十四年七月八月頻食是頻交而食也食无常月唯正陽之月君子忌之以日食者陰侵陽也當陽盛之月不宜爲陰所侵故有伐鼓用幣之事餘月則否其日食例皆書朔己巳之下經无朔字長歷推此己巳實是朔日而不書朔史失之也此注作大判言耳戰國及秦歷紀全廢漢來漸候天時始造其術

刘歆三統以為五月二十三分月之二十而日一食也得食日而不得加時漢末會稽都尉刘洪作乾象歷始推月行遲疾求日食加時後代修之漸益微密今為歷者推步日食莫不符合但无頻月食法故漢初以來殆將千岁為歷者皆一百七十三日有餘而始一交會未有頻月食者今頻月而食乃是正經不可謂之錯誤世考之歷術更无不驗不可謂之踈失由是注不已定故未言之也又漢書高祖本紀高祖即位三年十月十一月晦日頻食則日有頻食之理其解在襄二十四年穀梁傳曰言日不言朔食晦日也朔日並不言食晦夜也朔日並言食正朔也言朔不言日食既朔也　天王崩　正義曰曲礼下曰天子死曰崩諸侯曰薨大夫曰卒士曰不禄庶人曰死鄭玄云異死名者為人褻其无知若猶不同然也自上顛壞曰崩薨顛壞之聲卒終也不禄不終其禄死之言澌也精神澌尽也是由天子尊若山崩然諸侯卑取崩之聲以為尊卑之差也不書天王名者以海內之主至尊之極故敬而不敢名也穀梁傳云高曰崩厚曰崩尊曰崩天子之崩以尊也以

其在民上故崩之其不名何也大上故不名也蘇氏云王后崩大
子卒不赴者赴不及魯也今以為略之例所不書也告喪禮云
告王喪曰天王登假此言崩者魯史裁約為文不道當時赴不
言登假也　注周平至不會　正義曰今檢杜注死葬者皆顯
言其謚此為其葬故言周平王也仲尼修經當改正真偽以為
褒貶周人赴不以實孔子從偽而書者周人欲令諸侯速至故遠
其崩日以赴也不書其實而從其偽言人知其偽則已足章矣故
即傳其偽以懲創臣子之過釋例曰天王偽赴遂用其虚明日月
闕否亦從赴辞君子不變其文以慎其疑旦虚實相生隨而長之
真偽之情可以兩見兼赴之而書之亦所以示將來也　君氏卒
正義曰君氏者隱公之母聲子也謂之君氏者言是君之母氏也
母之與子氏族必異故經典通呼母舅為母氏舅氏言其與己異
氏也　注武氏至來釋也　正義曰武氏者天子大夫之姓直云武
氏子不書其字則其人未成為大夫也若是上士例當書名又不
應繫之父族謂之為子明其是大夫之子也又王使來魯皆言天

王使某此役不言王使明其不称王命也以此知此人父喪已終
宜嗣父位但平王未命而崩新王居喪未得列其爵命政事缺於
冢宰冢宰使之適魯冢宰不得專命故作自來之文傳言王未葬
者意兼兩事王喪在殯新王不得加臣爵位故此人仍繫父族王
又不得命臣出行故時人不称王使以未葬之故闕時二事故傳
以未葬解之　注魯使至六年　正義曰文九年叔孫得臣如京
師葬襄王昭三年叔弓如滕葬滕成公如時之鄭遣卿弔者皆書
其使名時不書使名知是大夫往也大夫奉命出使位賤不合書
名故直書其所為之事而已盟則云及某盟會則云會某人葬則
云葬某公舉其所為之事明有使往可知也釋例曰先王之制諸
侯之喪士弔大夫送葬及其失也禮過於重文襄之伯因而抑之
諸侯之喪大夫弔卿共葬事夫人之喪士弔大夫送葬猶過古制
故公子遂如晉葬襄公傳不言禮葬秦景公傳曰大夫如秦葬景
公特称禮也一以示古制二以示書他國之葬必須魯會主以示
奉使非卿則不書於經時丘明之微文也是言大夫得正而卿過

礼也諸侯曰薨礼之正名魯史自書君死曰薨若隣国亦同書薨
則与已君无別国史自在已国兼他国赴告右与已君同故畧其
薨名虽赴称薨皆改赴書卒略外以別内也礼於書葬則五等之
爵皆举謚称公者會葬者在於国外据彼国之辞彼国臣子称君
曰公書使之行不得不称公也又云畧其薨名改赴書者釈例曰
天子曰崩諸侯曰薨大夫曰卒古之制也春秋所称曲存魯史之
義内称公而書薨所以自尊其君則不得不略外諸侯書卒以自
異也礼於既葬虽邾許子男之君皆称謚而言公各順臣子之辞
両通其義是其税也案礼雜記赴告之辞云君計於他国之君曰
寡君不禄敢告於執事然則赴辞本无薨語而云畧其薨名者以
夫人薨例云不赴於諸侯則不曰薨明其以薨告人故書薨也是
知王侯喪者其通国命皆以崩薨相告記之所称謂荅主人之問
飾其文辞耳若以記文无薨即疑不以薨告記称大夫士赴人之
辞皆云不禄豈大夫无卒名也以此知相赴策書必以薨而文但
擯者口傳赴辞義在謙退従士之不禄故礼記言之赴則必以薨

但改赴君卒再史之君事莫不在国含葬者自可在外君筭者国
内君之而云拟彼国之辞者君使行之事言使为此事切故文疑
彼称不謂君不在国也鄉内君逆謂之逆女亦是君已之使拟彼
称女与此同也　傳注夫人翌詳矣　正義曰僖八年致夫人傳
曰不赴於同則弗致故知赴者赴於同盟之国也礼檀弓記葬礼
云既封有司以几筵舍奠於墓左反日中而虞士喪礼既葬乃反
哭於廟遂適殯宮而虞是既葬日中自墓反虞於正寢寢即殯
宮也僖三十三年傳与檀弓記皆云卒哭而祔喪服小記曰婦祔
於祖姑雜記曰妾祔於妾祖姑是祔於姑者祔於祖姑也此三者
皆夫人之喪礼夫人喪礼有三史策所書有二唯卒葬两事而已
其卒之異者或云夫人某氏薨仲子文姜之類是也或云某氏卒
定姒孟子是也葬之異者或云葬我小君某氏文姜敬嬴之類是
也或云葬某氏葬定姒是也或則不書葬也今邑子三礼皆闕経
異常辞必是闕一事則變一文但傳既并釈注不顯配然言釈例
詳之例亦未甚分明此傳故上三事故下三事若以次於配則不

赴於諸侯故不曰薨不反哭於寢故不稱夫人不祔於姑故不言
葬文次相屬事乃似然但顧下傳義則不尒定十五年姒氏卒傳
曰不稱夫人不赴且不祔也哀十二年孟子卒傳曰死不赴故不
稱夫人不反哭故不言葬小君彼二傳皆以不赴解不稱夫人以
不反哭解不昏葬然則由不赴故不曰薨由不反哭故不昏葬也
二事既然則由不祔故不稱夫人斷可知矣傳文不以次於配者
初死即赴葬乃反哭反哭之後始祔三者依事之先後爲文也至
於昏經則夫人與薨共文故先言不稱夫人後言不昏葬順經之
先後爲文也禮之本意必赴乃稱薨祔乃稱夫人反哭乃書葬者
夫人與君同體死必赴於隣國若不以赴告於隣國則夫人之禮
不成喪成以名義由赴告成喪之狀在於書薨故赴則稱薨不赴
則不稱薨也禮適祔於適祖姑妾祔於妾祖姑亦既不祔於姑使
是適妾莫辯故祔則稱夫人不祔則不稱夫人也既葬於墓反哭
於寢哀之尤極情之最切既葬而不反哭全是不念其親葬與不
葬殆其以異故不反哭則不昏葬也皆所以懲臣子責其不行禮

也人之行礼有勤有惰未必廢則但廢行則皆行此邑子自三礼皆闕其餘或可一行一否釋例曰夫人子氏赴而不反哭故不昏葬定姒則反哭而不赴故昏葬而不言小君以時二者擬傳則然理在不惑但不知赴而不祔々而不赴者辭窮云何耳薨者夫人之死号不稱夫人必不得稱薨也小君者夫人之別号不稱夫人必不得稱小君也孟子卒下注云不稱夫人故不言薨是夫人與薨文相將也葬定姒傳曰不稱小君不成喪也注云不赴不祔故不稱小君傳以不赴不祔解不稱夫人注以不赴不祔解不稱小君是夫人小君文相將也夫人也薨也小君也三者相將之物不可致詰蓋赴祔二礼課行一事則是時三文二事並廢則三文皆去耳何則檢時傳相配不赴則不曰薨不祔則不稱夫人是稱夫人由祔不由赴也孟子之傳乃云不赴故不稱夫人是稱夫人由於赴不由於祔也定姒之傳云不稱夫人不赴且不祔又以二事並解不稱夫人注云赴同祔姑夫人之礼二者皆闕故不曰夫人明是二者俱闕乃去夫人課行一事則稱夫人稱夫人則必昏薨

昏薨則必稱小君所異者不反哭則不昏葬若不昏葬則小君之文无所施耳即仲子是也赴同祔姑皆是夫人之礼故赴而不祔々而不赴則皆曰夫人某氏薨惠公自有元妃別為仲子立廟則仲子未必祔姑蓋以赴同之故得稱夫人薨也　注不昏祔妾媵

正義曰辟正夫人謂辟仲子耳何則妾子為君則其母得為夫人不須辟孟子也但公以讓位之故不踐正君之礼故亦不備於其母使之辟仲子也釋例曰凡妾子為君其母猶為夫人雖先君不命其母々以子貴其適夫人薨則嘗得加於臣子外內之礼皆如夫人矣故姒氏之喪責以小君不成々風之喪王使會葬傳曰礼也隱以讓桓攝位故不成礼於邑子假稱君氏以別凡妾媵蓋是一時之宜隱之令義也是其辟仲子之意也　注四月河陽縣也

正義曰时直言秋々有三月若是季秋則今之七月杜必知秋今之夏者以时傳在武氏之上案經武氏之下有八月宋公和卒則知时是七月故為今之夏謂今之五月也麥熟在夏而云麥禾皆未熟者謂四月之时麥未熟七月之时禾未熟二者異时故言皆

也　澗谿乃至之菜　正義曰毛即菜也而重其文者谿沼言地之
陋蘋藻言菜之薄故文重也　注谿亦乃至毛中　正義曰尔雅釋
山云山夾水澗李巡曰山間有水釋名曰言水在兩山間也釋水
曰水注川曰谿李巡曰水出於山入於川釋山又云山瀆无所通
谿李巡曰山中水流無所通与水注川同名宋均曰无水曰谷
有水曰谿然則谿亦山間有水之名是澗之類故云谿亦澗也沼
者池之別名張揖廣雅亦云沼池也應劭風俗通云池者陂池逕
水也盖沚与時音義同釋水曰小渚曰沚釋名曰沚止也小水可
止息其上草是地之毛周礼宅不毛謂宅内無艸木也故杜以毛
爲艸々即下句蘋蘩薀藻是也蘩陸菜而云沼沚之毛者或采之
水旁非皆水内也　注蘋大乃至聚藻也　正義曰釋艸云苹蓱其
大者蘋舍人曰苹一名蓱大者名蘋郭璞曰水中浮蓱江東謂之
薸陸機毛詩義疏云今水上浮蓱是也其麁大者謂之蘋小者曰
蓱季春始生可糝蒸爲茹又可苦酒淹以就酒釋艸又云蘩皤蒿
孫炎曰白蒿也陸機疏曰凡艾白色爲皤蒿今白蒿春始生及秋

香美可生食又可烝一名薻胡北海人謂之旁勃故大戴礼夏小
正傳曰蘩游胡々々旁勃也許慎説文云薻水草從艹從水巢声
或作藻璅澡毛詩傳曰藻聚藻也然則以草好聚生蕰訓聚也故
云蕰藻聚藻也陸玑疏云生水底有二種其一種葉如雞蘇莖大
如箸長四五尺其一種莖大如釵股葉如蓬謂之聚藻又云扶風
人謂之藻聚為發声也此二藻皆可食煮熟挼去腥氣米麪糝烝
為茹嘉美揚州人饑荒可以當穀食　注方曰至曰錡　正義曰
此皆詩毛傳鄭箋之文也説文云筥飯牛筐也廣雅云錡釜也
注潢汙行流潦　正義曰傳水謂水不流也行道也雨水謂之潦
言道上聚流者也服虔云畜小水謂之潢水不流謂之汙行潦道
路之水是也此水用為飲食故引洞酌之篇藻與潦水所生要此
潦非生菜処也　可薦〜王公　正義曰上言鬼神此言王公是
生王公也或以為王公亦謂鬼神非生王公也此傳之意取詩為
言洞酌論天子之事是羞於王也采蘩云公侯之事是羞於公也言
薦又言羞者鄭玄注庖人云備品物曰薦致滋味乃為羞　雅有

行葦　正義曰来蘩来葬詗酌上傳所言皆有彼篇之意其言未
及行葦今言行葦者其意別取忠厚非以結上也　武氏至葬也
正義曰蘇氏云案文九年毛伯来求金傳曰不書王命未葬也武
傳直云王未葬不同者毛伯直歎不稱使故云不書王命此武氏
子非但不稱使又稱父族二事皆由未葬故直云王未葬也
而立寡人　正義曰曲礼下曰諸侯見天子曰臣某侯某其与民
言自稱曰寡人今与臣言亦云寡人則知其對臣民自稱同也老
子曰孤寡不穀王侯之謙稱故以下諸侯自稱亦多言不穀命以
義夫　正義曰義者宜也錯心方直動合事宜乃謂之由義宜公
之立穆公知穆公之賢必以義理不棄其子今穆公方卒命孔父
以義事而立殤公是穆公命立殤公出於仁義之中故杜云命出
於義也必知命以義夫謂穆公命立殤公者以杜注云帥義而到
則殤公宜受此命宜荷其祿公子馮不帥父義終傷咸宜之福明
知殤公受穆公之命与殷湯武丁同有咸宜是知穆公命殤公是
爲義也　商頌乇稱乎　正義曰商頌玄鳥之卒章言殷湯武丁

此二王者受天之命皆得其宜故天之百種之祿指是（乎）荷負之
言天祿皆歸故湯而荷負也今穆公立殤公亦得其宜故殤公宜
荷此祿詩之意甚是此事之謂乎　注詩頌而商頌　正義曰唐
虞之代契為司徒封於商十四世而湯王有天下遂以商為代号
後世有武丁者中興賢君時有作詩頌之者謂之商頌美湯与武
丁也荷天祿今殤公亦荷天祿与彼義同故引以證之公羊傳言
宋之禍宣公為之尤其舍子立弟果令馮有争心以馮之争為宣
公之過今此傳善宣公故申明其事若使師義而行則殤公宜受
此命宜荷此祿但公子馮不帥父義失其咸宜故知人之祿唯在
宣公上善宣公知穆公耳馮自争國非宣公之罪故善之傳言使
公子馮出居于鄭則是父使之出注言怨而出奔者四年傳曰公
子馮出奔鄭鄭人欲納之又衛告宋曰君若伐鄭以除君害是馮
出奔鄭求入欲害宋国也父使居鄭欲以辟殤公馮乃因鄭欲以
害殤公故拠父言之則云使之出居拠馮言之則云怨而出奔各
従其実而為之文也謚法短折不成曰殤布德執義曰穆　注既

盟私曰諸　正義曰釋言云僨僵也舍人曰背踣意也車路而入濟是風吹之隊濟水非常之處故云傳記異也禹貢道沇水东流為濟入于河溢為滎釋例曰濟自滎陽卷縣東經陳留至濟陰北經高平東經濟北東北經濟南至樂安博昌縣入海案檢水流之道今古或殊杜既考校元由擬當時所見載於釋例今一皆依杜蓋与水經乖異亦不復根尋也庚戌无月而云十二月者以經盟于石門在十二月知此亦十二月也經書十二月下云癸未葬宋穆公計庚戌在癸未之前三十三日不得共在一月故長歷推此年十二月甲子朔十一日有甲戌二十三日有丙戌不得有庚戌而月有癸未則月不容誤知日誤也　衛莊娶莊姜　正義曰齊國侯爵譜云姜姓大公望之後其先四岳佐禹有功或封於呂或封於申故大公曰呂望也大公股肱周室成王封之於營丘今臨淄是也僖公九年魯隱公之元年也簡公四年獲麟之歲也簡公弟平公十二年春秋之傳終矣平公二十五年卒後二世七十年而田氏奪齊大公之後滅矣案齊世家莊公生僖公东宮得臣未

知何公大子案史記十二諸侯年表衛莊公之立在春秋前二十五年齊僖公之立在春秋前八年然則莊姜必非齊僖公之女蓋是莊公之女僖公姊妹也得臣為太子早死故僖公立也不言僖公姊妹而繫得臣者見其是適女也得臣為太子云常處東宮者四時东為春万物生长在東西為秋万物成就在西以此君在西宮太子常處東宮也或可擬易象西北為乾々為君父故君在西東方震々為長男故太子在東也　所為賦碩人也　正義曰此賦稱自作詩也班固曰不歌而誦亦曰賦鄭玄云賦者或造篇或誦古然則賦有二義此与閔二年鄭人賦清人許穆夫人賦載馳皆初造篇也其餘言賦者則皆誦古詩也　又娶于陳　正義曰陳國侯爵譜云嬀姓虞舜之後當周之興有虞遏父者為周陶正武王賴其利器用与其先聖之後以元女大姬妃遏父之子滿封於陳賜姓曰嬀号胡公桓公二十三年魯隱公之元年也晉公二十一年獲麟之歲也二十四年楚滅陳此當桓公時二嬀蓋桓公姊妹也　注嬀陳至未定　正義曰謚法暴慢无親曰厉典礼无慈

曰戴是皆謚也石碏言將立州吁乃定之矣請定州吁明大子之位未定衛世家言立完為大子非也　弗納至邪也　正義曰驕謂恃己陵物奢謂夸矜僭上淫謂耆慾過度泆謂放恣无藝此四者之來從邪而起故服虔云言此四者過從邪起是也劉炫云此四者所以自邪己身言為之不已將至於邪々謂惡逆之事劉又難服云邪是何事乃起四過若從邪起何須云四者之來寵祿過也寵祿豈是邪事四者降從而來乎且言弗納於邪懼其緣驕以至於邪非先邪而後驕也　夫寵而至鮮矣　正義曰恃君寵愛未有不驕亦既驕矜必不能自降其心未有不恨亦既怨恨必不能自重言云眕重也言恨則思亂必不能自安自重也寵而必驕降而必憾言其勢必自然故言甚能不然者少也驕而不能降憾而不能眕言其心難自抑故言甚能然者少也鮮訓少以一鮮揔四事言四事皆鮮也　賤妨至破義　正義曰賤妨貴謂位有貴賤少陵長謂年有長幼楚公子申多受小國之賂以偪子重子辛是賤人而妨貴人也鄭捷菑以弟而欲奪兄位

是年少而陵年長也齊東郭偃棠无咎專崔氏之政而侮崔成崔
彊是疏遠而間親戚也晉胥童夷羊五得君寵而去三郤是新臣
而間舊臣也息伐鄭曹奸宋是小國而加大國也陳靈蔡景哉織
无度是邪淫而破正義也妨謂有所害陵謂加尚之間謂居其間
使彼疏遠也加亦加陵破謂破散淫義不兩立行惡則破善故言
破也　去順效逆　正義曰州吁於逆則少陵長於順則身不敬
是去順效逆也六順六逆因事廣言非謂州吁備犯之也　注老
致仕始事　正義曰禮七十而致事言述其所掌之事於君也　傳
之初始有此故言傳先經以始事餘不注從可知也　四年莒人
取牟婁　正義曰譜云杞姒姓夏禹之苗裔武王克殷求禹之後
得東樓公而封之於杞今陳留雍丘縣是也九世及成公遷緣陵
文公居淳于成公始見春秋湣公六年獲麟之歲也湣公弟哀公
三年春秋之傳終矣哀公十年卒自哀公以下二世十三年而楚
滅杞檢杞於此已〈歲〉見於經桓二年有杞侯來朝莊二十七年有杞
伯來朝於傳並无號謚又不書其卒僖二十三年杞成公卒其

謚乃見於傳，未知此年杞國這是何君，當是成公之父祖耳。牟婁杞邑，莒伐取之，自是以後常爲莒邑。昭五年莒牟夷以牟婁來奔是也。文三年秦人伐晉，傳稱取王官及郊；襄二十三年齊侯伐晉，傳稱取朝歌，並書伐不書取。此伐取兩書者，彼告伐不告取，此伐取並告故也。昭元年伐莒取鄆，書取不書伐；昭十年伐莒取郠，書伐不書取者，元年兵未加莒而鄆逆服，故書取不書伐；十年晉以取郠討公，故書伐不書取。其伐國圍邑書圍以否，亦從告也。注書取至婁鄉　正義曰：襄十三年傳例曰：凡書取，言易也。知此書取亦言易也。地理志云：陳留郡雍丘縣，故杞國，武王封禹之後東樓公，是杞本都陳留雍丘縣也。志又云：北海郡淳于縣，應劭曰：春秋州公如曹，左氏傳曰淳于公如曹，臣瓚案州國名，淳于國之所都，此淳于縣於漢屬北海郡，晉時屬東莞郡，故釋例土地名云：州國都於東莞淳于縣，以雍丘淳于雖郡別而竟連也。桓五年傳稱淳于公如曹，度其國危，遂不復。六年春，寔來，雖知其國必滅，不知何國取之。襄二十九年晉師諸侯城杞，昭元年祁午數趙文子

之功云城淳于是知淳于即杞国之都也僖十四年諸侯城緣陵
而迁杞不知從何而迁故云淳于公亡国杞似并之而迁居其地
僖十四年又從淳于而迁於緣陵襄二十九年又從緣陵而迁於
淳于以无明文疑不敢質故言推尋叓跡似當然也虽然淳于為
杞所并寔似不虛而迁都淳于未有叓跡自雍丘而迁緣陵亦可
知矣而杜必言迁都淳于又從淳于迁緣陵者以桓六年淳于公
亡国襄二十九年又杞都淳于則淳于始未是杞之所有又杞之
所都故疑未都緣陵之前亦都淳于也取国易者則直言取若取
郜取鄟之類是也故不須加伐於上若其伐国取邑其邑既小不
得名通者不加伐於上不知得何国之邑是以雖易亦加伐文則
伐杞取牟婁伐邾取須句之類是也成二年取汶陽田乞師盟主
興兵伐齊得邑既難而亦書取者因其伐齊晉使不汶陽之田魯
不加兵故書取疑易也刘君或疑此意遂云上言伐下言取者非
易以規杜氏非也　注稱臣弑无月　正義曰宣四年傳例曰凡
弑君称君々無道也称臣々之罪也注云称君謂唯書君名而称

国以弑言衆所共絶也称臣者謂君弑者之名以示来世終為不義然則明称州吁之名称臣弑君是臣之罪也言完非无道而州吁為賊也州吁実公子而不称公子者傳文更无其褒貶直是告辞不同史有詳略耳公子魚夜非族而文當族処春秋皆書族以否大有乖異故杜備言之釋例曰尋案春秋諸氏族之称甚多參差而先儒皆以為例欲託之於外赴則患有人身自専者例不可合因以辞陋未賜族為説弑君不皆族者四事州吁其知不称公子公孫賈氏以為弑君取国故以国言之案公子商人亦弑君取国而独称公子宋督賈氏以為督有其君之心故去氏案傳自以先皆弑君見義不在於氏也宋万賈氏以為未賜族案傳称南宮長万則為已氏南宮不得為未賜族也執殺大夫不皆族者二変楚殺得臣与宜申賈氏皆以為陋案楚殺大夫公子側大夫成熊之等云七人皆称氏族其為独於时二人陋也欲以為通例則有若此之錯欲以為其義例則傳曰嘉之故不名皆曰仲孫嘉之皆曰崔氏非其罪輩溺帥〔師〕皆曰族之

稱族爲君命舍族爲夫人爲晉罪已之文炳然著明以此推之知亦非仲尼所造也斯蓋非史策舊法故其凡例當時諸國以意而赴其或自來聘使者辭有詳略仲尼修春秋因采以示義々之所起則刊而定之不者即因而示之不皆刊正也故蔡人嘉赴而經從稱季傳曰蔡人嘉之書崔氏傳亦曰且告以族明皆從其赴也書司馬華孫來盟亦无他比知非大例也然則揔而推之春秋之義諸侯之卿當以名氏備書於經其加貶損則直稱人若有褒異則或稱官或稱氏若内卿有貶則特稱名文不宜言魯人故異於外也若无褒无貶傳所不發者則皆就舊文或未賜族或時有詳略也推尋經文自莊公以上諸弑君者皆不書氏閔公以下皆書氏亦足明時史之異同非仲尼所皆刊也是杜解州吁不稱公子之意杜知然者正以經之所書无常比例褒則或書官或書氏貶則或稱人或去族既無定例明非舊典仲尼有所起發則刊正舊史无所褒貶則因循故策仲尼改者傳辯其由傳所不言則知无義正是史官自有詳略故耳戊申在癸未之後二十五日更盈一

周則八十五日往年十二月癸未葬宋繆公則此年二月不得有
戊申雖兼二月之下未必是二月之日故長歷推此年二月癸亥
朔十日壬申二十二日甲申不得有戊申也三月壬辰朔則十七
日有戊申也此經上有二月下有夏得在三月之內不是字誤故
云有日而无月僖二十八年冬下无月而經有壬申公朝于王所
有日而无月經有此類故知此亦同之凡如此者有十四事注
遇者至清亭 正義曰曲禮下云諸侯未及期相見曰遇相見於
郤地曰會然則會者豫謀間地克期聚集訓上下之則制財用之
節示威於衆各重其禮雖特會一國若二國以上皆稱會也遇者
或未及會期或暫須相見各簡其禮若道路相逢遇然此時宋魯
特會欲尋舊盟未及會期衛來告亂故二國相遇若三國簡禮亦
曰遇故莊四年齊侯陳侯鄭伯遇于垂是也曲禮稱未及期而相
見指此類也周禮冬見曰遇則與此別劉賈以遇者用冬遇之禮
故杜難之釋例曰遇者倉卒簡儀若道路相逢遇者耳周禮諸侯
冬見天子曰遇劉氏因此名以說春秋自與傳違案禮春曰朝及

曰宗秋曰覲冬曰遇此四时之名今者春秋不皆同之於礼冬見
天子為是百官備物之時而云遇礼簡易經書季姬及鄫子遇于
防此婦呼夫共朝豈為後用見天子之礼於理皆違是言春秋之
遇与周礼冬遇異也草次猶造次々々倉卒皆迫促不暇之意
注他国至魯人　正義曰案鄭伯使宛来歸祊庚寅我入祊及齊
侯伐我北鄙及我師敗績然魯史皆得称我則已之卿佐被貶亦
可称我人所以不然者凡云我者皆上有他国之辞故對他称我
魯人出會他国上未有他国之文不可發首言我人故也　注州
吁至水名　正義曰春秋之世王政不行賞罰之根不在天子弑
君取国為罪雖大若已列於諸侯會者則不復討也甚有臣子殺
之即与弑君無異未必礼法當然要其時俗如是宣公殺悪取国
納賂於齊以請會傳曰會于平州以定公位杜云篡立者諸侯既
与之會則不得復討臣子殺之与弑君同故公与齊會而位定是
其義也釈例又云諸侯篡立雖以會諸侯為正此列国之制也至
於国内策名委質即君臣之分已定故諸殺不成君者亦与成君

同義然杜前注云篡立者諸侯既与之會臣子殺之与弒君同則若未會諸侯臣子殺之不与弒君同似与釋例違者釋例所云諸弒不成君亦与成君同義者即莊九年齊人殺无知及此年衛人殺州吁以其未會諸侯故不書爵猶不踰兩下相殺之例故云亦与成君同義若既會諸侯則臣弒称爵則文十八年齊人弒其君商人是也曹伯負芻殺其大子而自立成十五年諸侯同盟于戚曹伯既列於會然後晉人執之十六年傳称曹人請于晉曰若有罪則君列諸會矣是列會即成君矣此州吁未列於會故不称君曹人之辭即是成例故云例在成十六年殺之於濮謂死於水旁也釋例土地名此濮下注云闕哀二十七年傳濮下注云濮自陳留酸棗縣受河東北經濟陰至高平鉅野縣入濟彼濮与此名同實異故杜於此不言闕直云濮陳地水名　注衛人至八年　正義曰成十八年傳例曰凡去其國國逆而立之曰入此公子晉去衛居邢衛人逆而立之於法正當書入宜与齊小白同文傳言書曰衛人立晉衆也是仲尼善其得衆故改常例變文以示義也

傳注請二君之怨　正義曰二年伐衛見經故以屬之未必往前更无怨也衛世家稱桓公十六年乃為州吁所弑則隱之二年當桓之世服虔以先君為莊公非也何則宣公烝夷姜生急子公納急子之妻生寿及朔々与構兄寿与代死則是年皆長矣宣公以此年即位桓十二年卒終始二十年矣雖寿之死未知何歲急子之娶當在宣初若隱之二年莊公猶在豈於父在之时已得烝父妾生急子也史記雖多謬語此當信然　注蔡今上蔡縣　正義曰蔡國侯爵譜云蔡姬姓文王子叔度之後也武王封之於汝南上蔡為蔡侯作乱見誅其子蔡仲成王復封之於蔡至平侯徙新蔡昭侯徙九江下蔡宣侯二十八年魯隱公之元年也昭侯子成侯十年獲麟之歲也成侯子聲侯四年春秋之傳終矣聲侯十四年卒自聲侯以下二世二十八年而楚滅蔡地理志云汝南上蔡縣故蔡國周武王弟叔度所封　阻兵而安忍　正義曰阻訓恃也恃兵以求勝而征伐不已安忍行虐事刑殺過度也　故書至疾之也　正義曰案元年傳御人鄭人盟于翼公子豫請往公不

許遂行彼則不書又不加貶責此公子翬之行公亦不許而書於
經又加貶責者公子豫公不許私竊而行翬則強異固請公更不
獲已令其出會故以君命而書又加貶責　王觀爲可　正義曰
於王處行觀礼此更是爲可也　宣公即位　正義曰賊討乃立
自繼前君故不待踰年也　五年注書陳至魚器　正義曰陳魚
者數獵之類謂使捕魚之人陳設取魚之備觀其取魚以爲戲樂
非謂既取得魚而陳列之也其實觀魚而書陳魚者因君爵位尊
重非蒐狩大事則不當親行公故遠陳魚而觀其捕獲主說其陳
故書陳魚以示非礼也傳曰非礼也且言遠地故知書棠說遠地
也　九月至六羽　正義曰三年之內未主特祀於寢宮廟初成
未主近入其中設祭以安神也祭則有樂故初獻六羽初始也往
前用八今乃用六也獻者奏也奏進聲樂以娛神也六羽謂六佾
之人秉羽舞也　注成仲至名宮　正義曰考成叙祐文也言初
獻六羽者謂初始而獻非在後恒用知者案宣十五年初稅畝杜
云遂以爲常故云初杜於此不解初義明不与彼同故春秋之經

有文同實異如此之類是也注以祭文不見故辨之云成仲子宮
安其主而祭之以其与獻羽連文知考謂祭以成之非謂始築宮
成也又解立宮之意惠公以仲子手有夫人之文因即娶之無不
以為夫人有啟以為夫人之意禮諸侯不再娶於法無二適孟子
入惠公之廟仲子無享祭之所蓋隱公成父之志為別立宮仲子
以二年十二月薨四年十二月已再期矣喪畢即應入廟至此始
成宮者仲子立廟本非正法喪服既終將為吉祭主無祭処始議
立之故晚成也傳云始用六佾不書佾而書羽者以公問羽數故
書羽也婦人法不當謚仲子無謚故因姓以名宮也立宮必書於
策羽則非當所書善其復正故書之傳載衆仲之對而言公從之
是其善之意也為書大羽故言考宮言其因考以獻羽也若不為
羽當云立仲子之宮如立武宮煬宮然不須言考也礼雜記下云
成廟則釁之路寢成則考之而不釁似廟則當釁寢則當考此廟
言考者考是成就之義廟者鬼神所居祭祀以成之寢則生人所
宅飲食以成之雜記注云路寢者生人所居不釁者不神之也考

之者設盛食以落之是也廟成釁之者尊而神之蓋木主未入之
前已行釁礼也案雜記釁廟之礼云祝宗人宰夫雍人皆爵弁純
衣雍人拭羊宗人視之宰夫北面于碑南東上雍人舉羊升屋自
中々屋南面刲羊血流于前乃降門夾室皆用雞先門而後夾室
其衈皆於屋下割雞門當門夾室中室有司皆鄉室而立門則有
司當門北面既事宗人告事畢乃皆退是釁廟之礼此言考宮献
羽自為主已入廟則祭以成之非釁礼与彼異也故公羊傳曰考
宮者何考猶入室也始祭仲子也是謂祭為考也服虔云宮廟初
成祭之名為考將納仲子之主故考成以致其五祀之神以堅之
其意謂考即是釁也案雜記釁廟之礼止有雞羊既不用祭何由
献羽言將納仲子之主則是仍未入宮然則作祭献羽敬事何神
考仲子之宮唯當祭仲子耳又安得致五祀之神乎蘇氏云不稱
夫人宮者桓宮僖宮不言公則仲子例不合稱夫人宮也不稱廟
而言宮者於經例周公稱大廟群公稱宮故仲子依例稱宮也若
然案文十三年大室屋壞大廟稱室者謂大廟之室屋壞耳若傳

文則大廟或稱宮即大宮之椽是也群公或稱廟即同宗於祖廟
同族於祢廟是也　注鄭主至鄭上　正義曰天下有道諸侯不
得專行征伐春秋之時專行征伐以其不稟王命故以主兵為首
雖小国主兵即序於大国之上欲見伐由其國善悪所帰故也雖
大夫為主国君後之亦序主兵於上僖二十七年楚人陳侯蔡侯
鄭伯許男囲宋注云傳言楚子使子玉去宋経書人者恥不得志
以微者告猶序諸侯之上楚主兵故是微人主兵亦序国君之上
史策之常法也　注蟲食至故書　正義曰釋蟲云食苗心螟食
葉蟘食節賊食根柔蟊舍人曰食苗心者名螟言冥々然難知也李
巡曰食禾心為螟言其姦冥々難知也食禾葉者言其假貣無厭
故曰蟘也食其節者言其貪狼故曰賊也食其根者言其稅取万
民財貨故曰蟊也孫炎曰皆政貪所致因以為名郭璞曰分別蟲
啖食禾所在之名耳李巡孫炎以政致為名舍人郭璞以食処為
名陸机疏云旧說螟蟘蟊賊一種蟲也如言寇賊姦宄内外言之
耳故犍為文学曰此四種蟲皆蝗也実不同故分別釈之然則螟

非以其名以貪苗之処為名耳　注大夫已所及　正義曰檀弓下云君於大夫将葬弔於宫君親弔之而不昏者弔喪問疾人君之常假有得失不足襃如此小㝎例皆不昏葬若国家所営則亦不可不昏大夫之葬皆臣子自為非公家所及㝎不関国典以得書葬也他国之君書葬者遣使往會須昏君命故有傳觀魚者　正義曰説文云漁捕魚也然則捕魚謂之漁天官漁人掌以時漁為梁凡漁者掌其政令是謂捕魚為魚々者猶言獵者也臧僖至敗也　正義曰凡物不足以講大事者物謂事物旌旗車服之屬若其為教戰祭祀等大事故布設陳列則可如其細碎盤遊魚陳其物不堪足以講習大事止謂不為大事而陳此物故云不足以講大事也其材不足以備器用者材謂皮革齒牙之屬若其為飾器用故狩獵取材則可如其因遊宴戲樂所得之材不堪足以備飾器用止謂不為器用而取此材故云不足以備器用也人君一国之主在民之上當直已而行之以法毆民而納之於善故云人君将納民於軌物者也言當為軌為物納民於其中也既

言民歸軌物更解軌物之名故講習大事以準度軌法度量謂之為軌準度軌量即謂習戰治兵祭祀之屬是也取鳥獸之材以章明物色采飾謂之為物章明物采即取材以飾軍國之器是也刘炫云捕魚獵獸其事相類此諫大意言人君可觀獵獸不可觀捕魚凡物者廣言諸物鳥獸魚鼈之類也材謂所有皮革毛羽之類也器謂車馬兵甲軍國所用之物也凡此諸物捕之不足以講習兵事其材不足以充備器用如此者則人君不親舉其意言獵之坐作進退可以教戰陳獸之齒牙皮革足以充器用人君可以觀之捕魚不足以教戰陳鱗甲不足以為器用人君不宜觀之人君以下云云円今若人君所行不得其軌舉動不順器服不當其物上下無章如是則謂之荒亂之政也亂政數行國家之所以禍敗也其意言魚非講事是不軌材不充用是不物今君觀魚是為乱国之政禍敗之本故不用使公行也事度軌量正謂順時狩獵以教習戎事也材章物采正謂取其皮革以備造器物也下云四时田獵治兵振旅以習威儀此講事也肉不登俎材不登器則

公不射霞此章物也 別言川澤之實非君所及指言不可觀魚辞
有首引自相配成也 注臧僖伯与戎 正義曰僖伯名彄字子
臧世本云孝公之子即此冬曰公子彄卒是也謚法小心畏忌曰
僖是依為謚也諸侯之子称公子々々之子称公孫々々之子不
得祖諸侯乃以王父之字為氏計僖伯之孫始得以臧為氏今於
僖伯之上已加臧者蓋以僖伯是臧氏之祖傳家追言之也成十
三年傳曰國之大事在祀与戎故知大事祀与戎也必知兼祀者
以下云鳥獸之肉不登於俎故也劉炫云田獵止教戎而言祀者
獵狩主以祭祀故并祀言之下 注云俎登宗廟器見此意也 注
言器至所起 正義曰車馬旌旗衣服刀劍無不皆有法度器用
與物不入法度廣言之也器不為法用非其物則為不軌不物政
不在君則亂敗之所起也 注蒐索至擇也 正義曰尔雅釋天
四时之獵名与此同說者皆如此注故杜依用之周礼大司馬職
中春教振旅遂以蒐田中夏教茇舍遂以苗田中秋教治兵遂以
狝田中冬教大閱遂以狩田其名亦与此同郑玄解苗田与此小

異言擇取不孕任者若治苗去不秀實者孫炎亦然稽四時公羊
傳曰春曰苗秋曰蒐冬曰狩三名既与礼異又復反時不田穀梁
傳曰四時之田皆為宗廟之事也春曰田夏曰苗秋曰蒐冬曰狩
皆与礼異者良由微言既絶曲辨妄生丘明親受聖師故独与礼
合漢代古学不行明帝集諸学士作白虎通義因穀梁之文為之
生説曰王者諸侯所以田獵何為苗除害上以共宗廟下以簡集
士衆也春謂之田何春歳之本挙本名而言之也夏謂之苗何択
其懐任者也秋謂之蒐何蒐索肥者也冬謂之狩何守地而取之
也四時之田摠名為田何為田除害也案苗非懐任之名何云択
去懐任秋獸尽皆不瘦何云蒐索取肥雖名通義々不通也故先
儒皆依周礼左傳尓雅之文而為之説其名亦有意焉雖復春獵
獲則取之不妨択取不孕夏獵所取无多不妨為苗除害為因時
異而変文耳謂之獵者蔡邕月令章句云獵者捷取之名也　注
各隨時事之間　正義曰隙訓間也四仲之月自是常期就其月
中簡選間日雖則農月必有間時故曰隨時事之間也仲冬農之

最隙故大備礼也　注每四至衆也　正義曰每年常四時講武猶復三年而一大習猶如四時常祀三年而後爲禘祭意相類也出曰治兵者以其初出始治其事也入曰振旅者以治兵礼畢整衆而還振訓是整理之義故振爲整也旅衆也釋詁文治兵振旅坐作進退其礼皆同所異者唯長幼先後耳釋天云出爲治兵尚威武也入爲振旅反尊卑也孫炎曰出則幼賤在前貴勇力也入則尊老在前復常法也莊八年穀梁傳曰出曰治兵習戰也入曰振旅習戰也公羊傳曰出曰治兵入曰振旅其礼一也皆習戰也是其礼同也何休公羊爲出曰祠兵休云殺牲饗士卒鄭玄詩箋引公羊亦作治兵是其所見本異也此治兵振旅亦四時教之但於三年大習詳其文耳周礼春教振旅秋教治兵者四時教民各以其宜春即止兵收衆專心於農秋即繕甲厲兵將威不軌故異其文耳　注飲於至獲也　正義曰桓二年傳例曰凡公行告于宗廟反行飲至彼飲至在廟知此言飲至亦飲於廟也軍之資實唯有車徒器械獵則有所獲詩序車攻美宣王脩車馬備器械

因田獵而還車徒故知數軍實者數車徒器械及所獲也說文云
械器之總名虞喜云器械謂鎧甲兜鍪也宣十二年傳言楚國無
日不討軍實而申儆之襄二十四年傳曰齊社蒐軍實使客觀之
二注並云軍實軍器不言車徒及所獲者彼無獵事故不言也
注車服旌旗　正義曰周禮巾車職曰革路建大白以即戎木路
建大麾以田司服職曰凡兵事韋弁服凡甸冠弁服鄭玄云甸田
獵也計田獵當乘木路服冠弁但三年治兵乃習兵大禮不宜乘
田車服田服天子蓋乘革路服韋弁也在軍君臣同服公卿以下
蓋亦乘兵車服兵服也其旌旗則尊卑異建治兵之禮為辨旗物
必不建大白大麾大司馬職曰中秋教治兵辨旗物之用王載大
常諸侯載旂軍吏載旗師都載旜鄉遂載物郊野載旐百官載旟
遂以狝田鄭玄云軍吏諸軍帥也師都遂大夫也鄉遂鄉大夫也
或載旜或載物衆屬軍吏无所將也郊謂鄉遂之州長縣正以下
也野謂公邑大夫載旐者以其將羨卒也百官卿大夫也載旟者
以其屬衛王也凡旌旗有軍衆者畫異物无者帛而已然則治兵

旌旗當如司馬職文也案司常職云及國之大閱贊司馬頒旗物
王建大常諸侯建旂孤卿建旜大夫士建物師都建旗州里建旟
縣鄙建旐道車載旞斿車載旌計大閱治兵俱是教戰而旌旗之
物所建不同者鄭玄云凡頒旗物以出軍之旗則如秋以尊卑之
常則如冬大閱備軍禮而旌旗不如出軍之時空辟实然則大閱
所建尊卑之常治兵所建出軍之禮此三年治兵与秋教治兵其
名既同建當不異故服虔解此亦引司馬職文明是旌旗所建用
秋辨旗物之法案大司馬職教治兵王載大常所以巾車云大麾
以田文云大白以即戎者先儒以為王田春夏則大麾秋冬則大
常旌旗所用無如治兵之時然王若親軍則建大白　鳥獸至於
器　正義曰說文云革獸皮治去其毛革更之然則有毛為皮去
毛為革周禮掌皮秋斂皮冬斂革以其小異故別時斂之散文則
皮革通也頷上大齒謂之為牙鳥翼長毛謂之為羽齒牙毛羽各
自小異故歷言之也登於俎謂升俎以共祭登於器謂在器以為飾
諸器之飾有用吋材者　注俎祭宗廟器　正義曰鄉飲燕之饌莫

不用俎獨言宗廟器者明田獵取禽主為祭祀若上共燕食則公亦不為下注云法度之器其義亦然非法之器公亦不舉登訓為升服虔以上登為升下登為成二登不容異訓且云不成於器為不辭矣又器以此物為飾簞夜待之乃成也周禮獻人凡祭祀共其魚之鱻薨特牲少牢祭祀之礼皆有魚為俎實肉登於俎公則射之而以觀魚為非礼者此言不登於俎者謂妄出遊獵亦取鳥獸元不為祭祀不登於器亦謂盤遊元不為取材以飾器物令公觀魚乃是遊戲故以非之然登俎登器之物亦君所親至於庶羞雜物細小之倫亦為祭祀亦君不射礼水土之品籩豆之物苟可薦者莫不咸在豈皆公親之也劉炫云此言田獵之時小鳥小獸則公不射亦講事而田尚不射小物況魚非講事不宜輒舉不譏登俎之物皆公所親射祭祀水土云〻同　若夫至及也　正義曰山林之實謂材木樵薪之類川澤之實謂菱芡魚鱉之屬此皆器用之所資須賤人之所守掌非人君所宜親及之也此亦意諫觀魚而廣言小事故注云取此雜猥之物以資器備非諸侯所親

也雜猥謂諸雜猥碎也資謂器之資財待此而備器之所用及所
盛皆是也穀梁傳曰礼尊不親小事卑不尸大功魚卑者之事也
公觀之非正与此同也若然月令季冬命漁師始漁天子親往嘗
魚先薦寢廟彼礼天子親往此說公者彼以時魚絜美取之以薦
宗廟特重其事天子親行意在敬事鬼神非欲以為戲矣隱公觀
魚志在遊戲故說之也 注孫辭至否矣 正義曰僖九年傳曰
東略之不知西則否矣又十六年傳曰謀鄭且東略也略者巡行
之名也公曰吾將略地略言欲案行邊竟是孫辭也若國竟之內
不譏說公遠遊且言遠地明是他竟也釋例曰旧說棠魯地擬傳
公辭欲略地則非魯竟也釋例土地名棠在魯部内云本宋地蓋
宋魯之界上也 注矢亦陳也 正義曰釋詁云矢陳也 注曲
沃至國縣 正義曰晉國侯爵譜云姬姓武王子唐叔虞之後也
成王滅唐而封之今大原晉陽縣是也燮父改之曰晉燮父孫成
侯徙都曲沃今河東聞喜縣是也穆侯徙都絳鄂侯二年魯隱公
之元年也定公三十一年獲麟之歲也出公八年而春秋之傳終

矣出公十七年卒自出公以下五世八十二年而韓趙魏滅晉也
地理志云河東聞喜縣故曲沃也武帝元鼎六年行過改名應邵
曰武帝於此聞南越破改曰聞喜志又曰趙國襄国縣故邢国然
則於漢屬趙国於晉屬廣平　注南燕至燕縣　正義曰燕有二
国一称北燕故此注言南燕以别之世本燕国姞姓地理志東郡
燕縣南燕国姞姓黄帝之後也小国無世家不知其君号謚唯莊
二十年燕仲父見傳耳　注郕国至郕鄉　正義曰史記管蔡世
家称郕叔武文王子武王之母弟後世無所見既無世家不知其
君号謚唯文十二年郕太子朱儒奔魯書曰郕伯来奔見於經傳
則郕国伯爵也　注万舞也　正義曰案公羊傳曰万者何干舞
也籥者何羽舞也則万与羽不同今傳云将万焉問羽數於衆仲
是万与羽為一者万羽之異自是公羊之説今杜直云万舞也則
万是舞之大名也何休云所以仲子之廟唯有羽舞无干舞者婦
人無武事独奏文樂也劉炫云公羊傳曰万者云云籥者云云羽
者為文万者為武々則左執朱干右秉玉戚文則左執籥右秉翟

此傳將万問羽即似万羽同者以當此時万羽俱作但將万而問
羽數非謂羽即万也經直督羽者与傳互見之　注六〻三十六人
正義曰何休說如此服虔以用六為六八四十八大夫四為四八
三十二士二為二八十六杜以舞勢宜方行列既減即每行人數
亦宜減故同何說也或以襄十一年鄭人賂晉侯以女樂二八為
二佾之樂知自上及下行皆八人斯不然矣彼傳見晉侯減樂之
半以賜魏絳因歌鐘二肆遂言女樂二八為下半樂張本耳非以
二八為二佾若二八即是二佾鄭人豈以二佾之樂賂晉侯晉侯
豈以一佾之樂賜魏絳　夫舞所以八風　正義曰舞為樂主音遂
舞節八音皆奏而舞曲齊之故舞所以節八音也八方風氣寒暑
不同樂已調陰陽和節氣八方風氣由舞而行故舞所以行八風
也　注八音至其情　正義曰八音為金石土革絲木匏竹周礼
大師職文也鄭玄云金鐘鎛也石磬也土塤也革鼓鼗也絲琴瑟
也木柷敔也匏笙也竹管簫也八風八方之風者服虔以為八卦
之風乾音石其風不周坎音革其風廣莫艮音匏其風融震音竹

其風明庶巽音木其風清明离音絲其風景坤音土其風涼兌音金其風閶闔易緯通卦驗云立春調風至春分明庶風至立夏清明風至夏至景風至立秋涼風至秋分閶闔風至立冬不周風至冬至廣莫風至風体一也遂天氣隨八節而為之立名耳調与融一風二名昭十八年傳曰是謂融風是其調融同也沈氏云案樂緯云坎主冬至樂用管艮主立春樂用塤震主春分樂用鼓巽主立夏樂用笙离主夏至樂用弦坤主立秋樂用磬兌主秋分樂用鍾乾主立冬樂用柷敔此八方之音既有二說未知孰是故兩存焉更說制樂之本節音行風之意以八音之器宣播八方之風使人用手以舞之用足以蹈之節其禮制使不荒淫次序人情使不蘊結也蟋蟀詩曰无以大康職思其居是節其制也舜歌南風曰南風之時兮可以阜吾人之財兮南風之薰兮可以解吾人之愠兮是序其情也　注魯唯至用六　正義曰襄十二年傳曰魯為諸姬臨於周廟是魯立文王之廟也文王天子自然用八禮記祭統曰昔者周公旦有勳勞於天下成王康王賜之以重祭朱干玉

戚以舞大武八佾以舞大夏此天子之樂也康周公故以賜魯明堂位曰命魯公世世祀周公以天子之禮樂是周公之廟用八也傳曰始用六佾則知以前用八何休云僭齊也下傚上之辭魯之僭傚必有所因故本其僭之所由言由文王周公廟用八佾他公之廟遂因仍僭而用之今隱公詳問衆仲衆仲因明大典公從其言於仲子之廟初獻六羽故傳亦因言始用六佾謂仲子之廟用六佾他公則仍用八也至襄昭之時魯猶皆亦用八故昭二十五年公羊傳稱昭公謂子家駒曰吾何僭哉荅曰朱干玉戚以舞大夏八佾以舞大武此皆天子之禮也是昭公之時僭用八也此識從正禮尚昏於經若更僭非禮无容不昏自此之後不昏僭用八佾知他廟僭而不改故杜自明其證其後季氏舞八佾於庭知唯在仲子廟用六也 注諸侯至不踰 正義曰詩伐木篇毛傳曰天子謂同姓諸侯諸侯謂同姓大夫皆曰父異姓則稱舅覲禮載天子呼諸侯之稱曰同姓大國則曰伯父其異姓則曰伯舅同姓小邦則曰叔父其異姓則曰叔舅然則諸侯之國有大小之異大

夫无地之大小明以年之長少為異莊十四年傳稱鄭厉公謂原繁為伯父礼記祭統稱衛莊公呼孔悝為叔舅諸侯呼異姓大夫為伯舅同姓大夫為叔父者雖則无文明亦然矣僖伯者孝公之子惠公之弟惠公立四十六年而薨則子臧此時年非幼少呼曰叔父者是隱公之親叔父也此注自言呼臣之大法耳

春秋正義卷第三　　計一万七千九百八字

文化十二年三月以常陸國久慈郡高倉山西宮寺藏本寫之以為家珍

御書物奉行　近藤守重

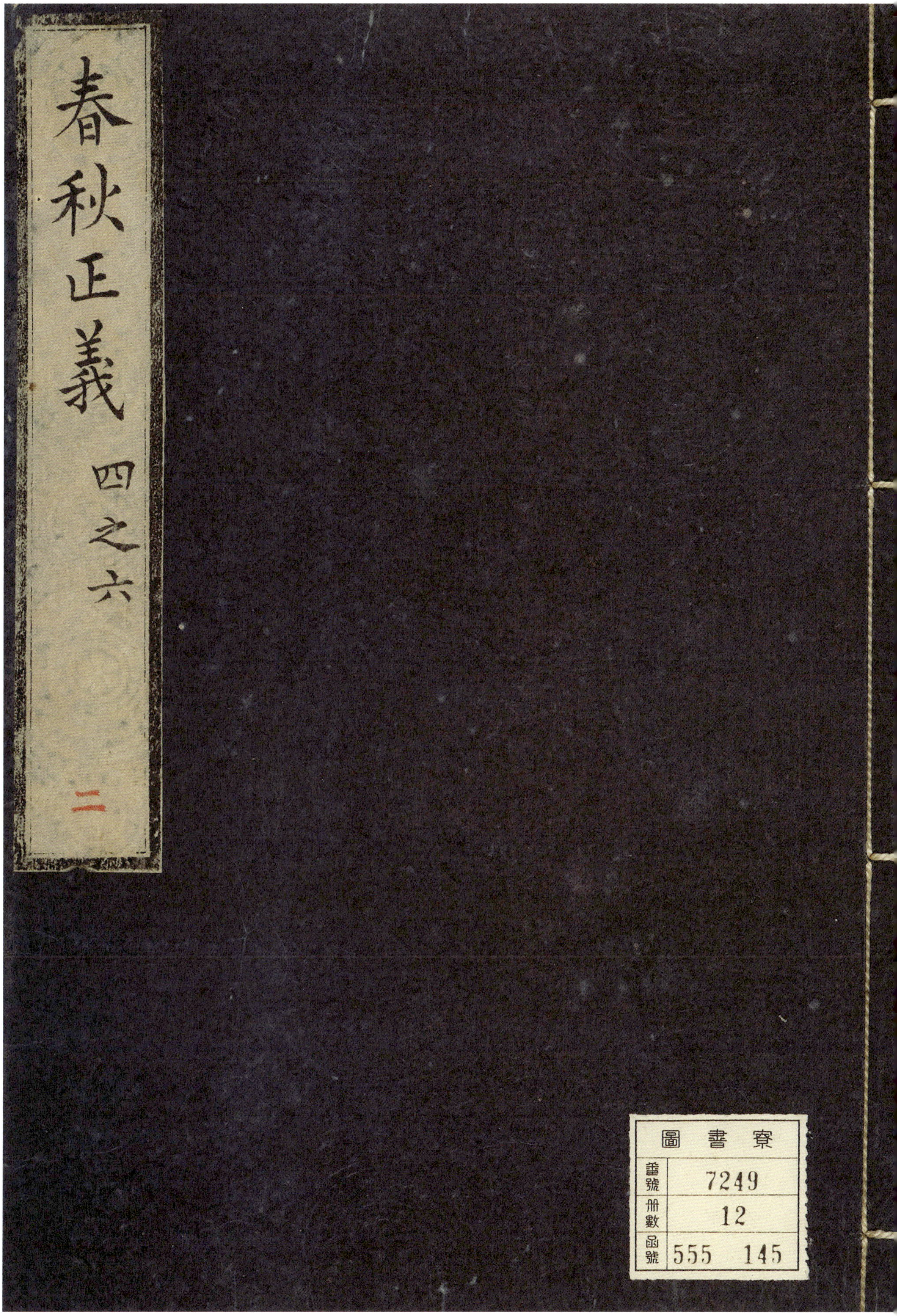
春秋正義 四之六
二
圖書寮
番號 7249
冊數 12
函號 555 145

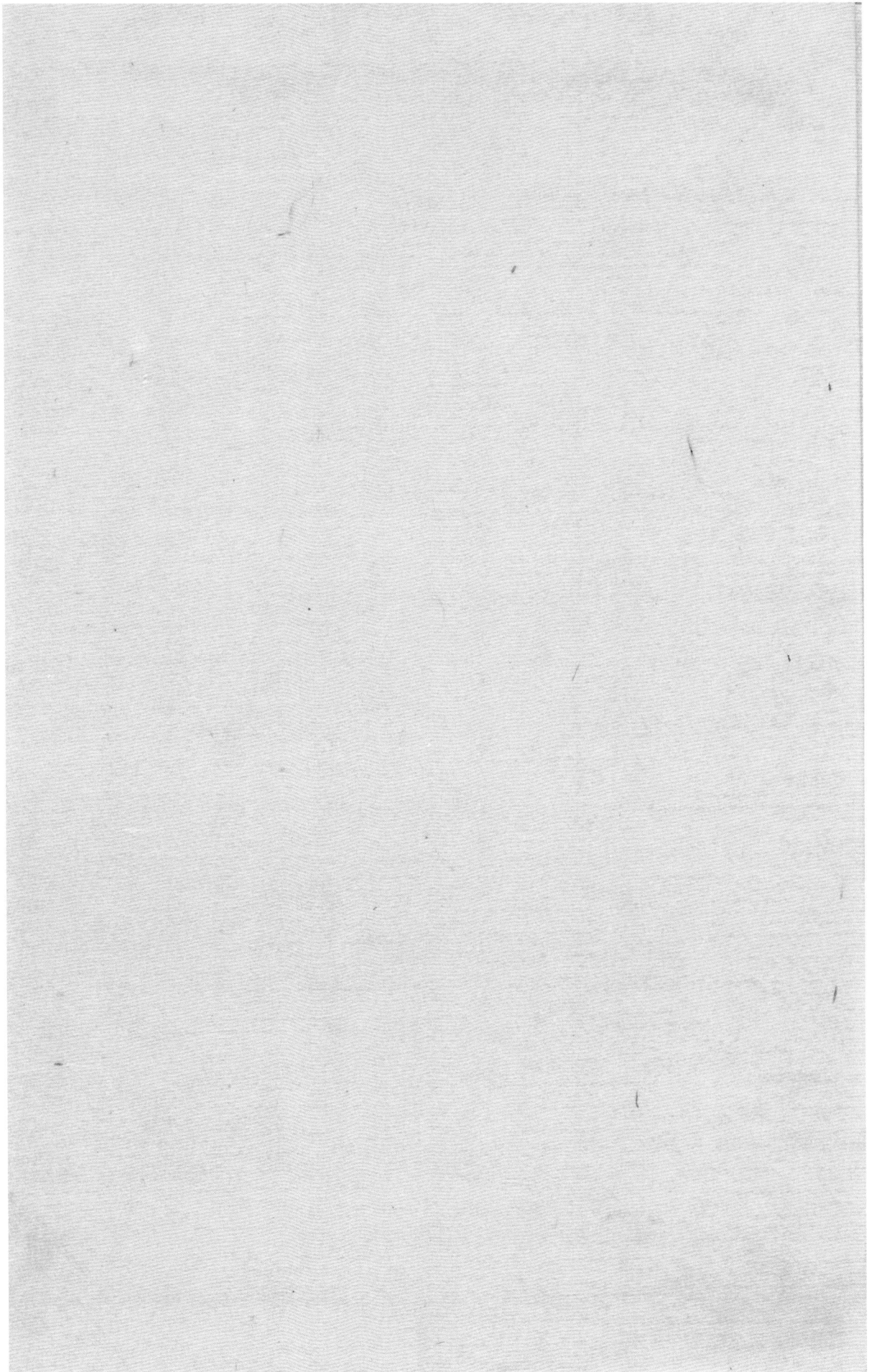

春秋正義卷第四　　隱公
國子祭酒上護軍曲阜縣開國子臣孔　穎達　奉
勑撰
六年注和而不盟曰平　正義曰宣十五年宋人及楚人平傳載
其盟辭昭七年燕暨齊平傳稱盟于濡上似平皆有盟而云不盟
者平實解怨和好之辭非要盟也彼自既平之後別為盟耳此與
定十年及齊平皆傳無盟事定十一年及鄭平下乃云叔還如鄭
涖盟平後乃盟知平非盟也　注雖無至放此　正義曰公羊傳
曰此無事何以書春秋雖無事首時過則書首時過則何以書春秋
編年四時具然後為年此注用公羊為說釋例曰年之四時雖或
無事必空書首月以紀時變以明歷數也　注秋取至易也　正
義曰經書冬傳言秋丘明為傳例不虛舉經文獨以秋言此事明
是以秋取冬乃告也冬告者告言冬始取耳故書之於冬若其使
以冬至告言秋取亦當追書於秋八年傳曰冬齊侯使來告成三
國秋成冬告書之於秋明此以冬取告故書於冬也賈服以為長

葛不繫郑者刺不能撫有其邑凡邑为他国所取皆是不已撫
有之何故於此独为悪郑故杜以为上有伐郑囲長葛則長葛郑
邑可知故不言郑也既言秋取々実在秋因其經文在冬遂言冬
乘无備襄十三年傳例曰凡書取言易也知此乘其无備而取之
也杜知長葛不繫郑非大都以名通者以前年云伐郑囲長葛々
々之文繫於郑故也刘炫以大都名通而規杜氏非也　傳注渝
變也更成　正義曰渝變也釈言文變平者變更前悪而後为和
好變即更之義成則平之訓故傳解渝平謂之更成自狐壤以来
与郑不和今日後和故曰更成言更後狐壤以前之好也服虔云
公为郑所獲釈而不結平於是更为約束以結之故曰渝平案傳
公賂尹氏而与之偕歸非郑所釈安得釋而結平也　注翼晉也
大夫　正義曰唐叔始封受懷姓九宗職官五正者謂周成王滅
唐始封唐叔以懷氏一姓九族及是先代五官之長子孫賜之言
五官之長者謂於殷時为五行官長今蘇代竄唐叔故以其家族賜
之耳今云頃文之子嘉父者以頃父旧居職位名号章顯嘉父新为

大夫未甚著見故繫之於父諸繫父內文者義皆同此也
注諸地至放此　正義曰杜言不復記其國者但言某邑而已
下不云國者鄂直云晉別邑及翼侯奔隨注云隨晉地鄭人侵衛
牧注云牧衛邑如此之類皆不言國是也若不知何國之地者則
言國若虞公出奔共池公孫嬰齊卒于貍脤並注云國是也亦有
雖知某國之地注亦云國則隱十一年蘇忿生十二邑注陘云國者
以餘邑皆知所在唯此獨國故也　五月庚申　正義曰案經盟
于艾亦在五月傳略不言月庚申之日須月以統之故別言五月
他皆放此　注告饑至之賢　正義曰王使至魯皆應書經此獨不
書故解之以人情怨之不得自不輸粟空告他人故知已國不足旁
請隣國故曰礼也定五年餽粟于蔡尚書於經此不書者魯以往
歲螟災故已國饑困所輸不多宋鄭輸粟不復告魯故皆不書此
是無經而發故解傳意見隱之賢諸無經之傳皆意有所見悉皆
放此　注周桓至焉依　正義曰桓公是周公黑肩是見桓十
八年傳也幽王娶申女為后生大子宜臼後得襃姒嬖之生子伯

服廢申后逐大子以褒姒為后伯服為大子宜臼奔申申侯乃与犬戎共攻幽王殺幽王於驪山之下於是諸侯乃与申侯共立宜臼是為平王以西都偪戎晉文侯鄭武公夾輔平王東遷洛邑毛詩尚書國語史記皆略有其事　七年注叔姬至故書　正義曰女嫁於他國皆有姪娣与適俱行則所為在適書適不書姪娣叔姬待年之女年滿特行故書其歸魯女嫁於他國之卿皆書之夫人之娣為与卿同其書國是常例賈云書之者刺紀貴叔姬傳无其事是妄說也　滕侯卒　正義曰譜云滕姬姓文王子錯叔繡之後武王封之居滕今沛郡公丘縣是也自叔繡至宣公十七世乃見春秋隱公以下春秋後六世而齊滅之世本云齊景公亡滕案齊景之卒在滕隱之前世本言隱公之後仍有六世為君而云齊景亡滕為謬何甚服虔昭四年注亦云齊景亡滕是不考校而謬言之地理志云沛郡公丘縣故滕國也周文王子錯叔繡所封三十一世為齊所滅　注諸聘至元年　正義曰聘礼使者執圭以致命東帛加璧以致享鄭玄云享獻也既聘又獻所以厚恩惠

也是執玉帛以相存問也玉人職云瑑圭璋璧琮八寸以覜聘注云八寸者據上公之臣案聘禮圭以聘君璋以聘夫人既行聘之後璧以享君琮以享夫人又鄭玄注小行人云使卿大夫覜聘降其君瑞一等則侯伯之臣圭璋璧琮皆六寸子男之臣皆四寸又小行人云圭以馬璋以皮璧以帛琮以錦琥以繡璜以黼鄭玄注云二王之後享天子圭以馬享后璋以皮其餘諸侯享天子璧以帛享后琮以錦子男享大國之君琥以繡享大國夫人璜以黼是玉帛之文也　注戎鳴至西南　正義曰傳例有鐘鼓曰伐此既言伐知其鳴鐘鼓也杜意以皈者以彼隨已而已非因執之辭故云但言以皈非執也杜必知以皈非執者穀梁傳云以皈猶愈乎執也又昭十三年晋人執季孫意如以皈若以皈是執何須別起執文明直言以皈者非執也至如定四年以沈子嘉皈經云殺之哀七年以邾子益來傳云因諸負瑕既有因殺之文容或是執若直言以皈無因殺之事者則非執者也春秋有文同事異此即其類也刘君引沈子邾子云以皈者皆執以規杜氏非其義也

傳凡諸至礼經　正義曰諸侯者公侯伯子男五等之摠号侯訓君也五等之主雖爵命小異而俱是国君故摠称諸侯也諸發凡者皆周公之垂法史書之旧章丘明采合旧語以發明史例雖意是旧典而辞出丘明非全寫旧語同盟称名薨則赴以名是周公之旧典其告終称嗣以下乃是解釋赴意非旧語也傳二十三年又發例曰凡諸侯同盟死則赴以名礼也直言赴名是礼不言継好是礼継好息民是礼之大意非礼之実明是丘明言此以解赴名之意彼云礼也此云謂之礼經其事一也言謂此赴名為礼之常法丘明之意言周公謂之然也謂之礼經雖指此一事諸發凡者莫不尽然以此為例之初故特言之　注此言至於此　正義曰凡例是周公所制其来亦无所出以傳言謂之礼經則是先聖理之非丘明自謂之也史之書策必有旧法一代大典周公所制故知凡例亦是周公所制此言凡例則云謂之礼經下言凡例則云不書于策以此明所謂礼經皆當書策是傳之首至此始開凡例故特顯此二句二句者謂之礼經是一句与不書于策為二句也然則

九年凡雨自三日以往為霖不以為始而遠取十一年云始開凡
例者以九年雖祀當國雨雪之事史策舊文非是赴告國家大事
之例　注朝而至卿寺　正義曰朝於天子獻國之所有亦發陳
財幣於公卿之府寺如今者如晉時諸州年終遣會計之吏獻物於
天子因令以物詣公府卿寺然自漢以來三公所居謂之府九卿
所居謂之寺風俗通曰府聚也公卿牧守府道德之所聚也藏府
私府財貨之所聚也寺司也庭有法度令官所止皆曰寺釈名曰
寺嗣也治事者相嗣續於其內　歃如忘　正義曰歃謂口含血
也當歃血之時如似遺忘物然故注云志不在於歃血也服虔云
如而也臨歃而忘其盟載之辭言不精也盟載之辭在於簡策祝
史讀以告神非歃者自誦之何言忘載辭也且志在心五々文終不
自言已忘泄伯安知其忘而說之　八年　注宛鄭祀東南　正義
曰內卿貶則去族外卿貶則稱人外無去族之理今宛無族傳無
說文故知未賜族也傳言鄭釋泰山之祀使來歸祊知是鄭祀泰
山之邑鄭以桓公之故受邑泰山之下天子祭泰山必從往助祭

使共湯沐焉故公羊謂之湯沐之邑既有此邑因立别廟列炫云言祀泰山之邑者謂泰山之旁有此邑々内有鄭宗廟之祀蓋祀祊武之神　注襄六至以名　正義曰同盟赴名自有成例而引杞桓公者蔡自春秋以来未与魯盟疑与恵公同盟故引杞桓内例杞桓与成公同盟而以名赴襄公傳曰同盟故也則与其父盟得以名赴其子故疑蔡与恵盟故以名赴隱也同盟称名則兩君相知君既知之則国内皆知故彼父雖薨得以名赴彼子以此名赏与彼父對称故也若父与彼盟彼君雖在此子不得以其名赴以此名未与彼君對称故也　注元年至備故　正義曰於例盟以国地則地主与之元年盟于宿知宿与盟也魯宋俱是微人宿君必不親与知宿亦大夫盟也盟禱（蝕）異俱是告神荀偃之禱先称君名知大夫聚盟亦各称君名臣盟既称君名則君薨得以名赴宿君之卒宜以名赴魯今宿男不名自不以名赴非法不得也故引僖二十三年傳例以明之言其赴不以名雖知亦不得書也諸君不親盟而以名赴魯注云大夫盟於某者義皆出此衛冀隆

雖杜云周人以諱事神臣子何得以君之名告神又荀偃禱河一時之事耳非正禮也何得知大夫盟先稱君名乎杜必為此解者以諱事神謂諱神之名以事其神若參祖而諱祖之類山川之神爲於諸侯故尚書武成告名山大川云有道周王發則荀偃禱河自稱君名於理何怪杜云諸例或發於始事或發於後者若七年滕侯卒傳曰凡諸侯同盟於是稱名及桓二年公至自唐凡公行告于宗廟是或發於始事也宣四年凡弒君稱君及僖二十六年凡師已左右之曰以是或發於後也云因宜有所異同者宣四年鄭公子般生弒君嫌般生无罪及宣五年高固來逆叔姬嫌見偪成昏故傳因以明之是也云亦或丘明所得記注本末不已皆備者但杜又自疑以為諸例皆應從始事而發在後發者以記注周公舊凡不繫於始事繫於後事丘明作傳因記注所繫遂以發之如杜此言則周公舊凡於記注之文散在諸事丘明作傳因記注之文發例故或先或後也　注齊侯至周地　正義曰春秋之例國以大小為序外傳鄭語云齊莊僖於是乎小伯此齊侯即僖公也此

盟乎宋衛也齊為會主則齊宜在上今宋在齊上故特解之由宋敬齊侯与衛先遇故齊侯為宋使為會主瓦屋既闕知是周地者以其會于温盟于瓦屋會盟不得相遠温是周地知瓦屋亦周地也　注莒人至来間　正義曰僖二十九年公會王子虎及諸侯之卿盟于翟泉設公不言既卿稱人直言會某人々々傳曰卿不書罪之也在礼卿不會公侯會伯子男可也此莒人乃對會公侯故解之莒是小国卿當稱人非貶辭也微者不嫌已敵公侯故直稱公也　傳注犬丘至両名　正義曰地有両名新旧改易者傳則言実以明之若二名俱存者傳則錯經以見之此犬丘与垂両名俱存故傳不言実叙例曰若一地二名當時並存則直兩文互見黒壤犬丘時来之属是也猶卿大夫名氏互見非例也　注成王至之田　正義曰成王營邑於洛以為居土之中貢賦路均将於洛邑受朝許田近於王城故賜周公許田以為魯國朝宿之邑詩魯頌曰居常与許復周公之宇是周公得許田也　公羊傳曰許田者何魯朝宿之邑也是許田為魯朝宿之邑鄭請易許田而求祀周公故

知後世因在許田之中而立周公別廟焉鄭桓公以周宣王之母
弟故於泰山之下亦受祊田以為湯沐之邑祊邑內亦有鄭先君
別廟此時周室既衰王不巡守鄭以天子不復巡守則泰山之祀
既廢祊無所用故欲以祊易許田近鄭祊田近魯各從本國所近
之宜也魯以許田奉周公之祀易其田則廢其祀恐魯以周公
別廟為疑慮將不許云已廢泰山之祀而欲為魯祀周公言鄭得
許田周公之祀不絕也云已廢泰山之祀者謂天子不復巡守鄭
家已廢此助祭泰山祭祀之事無所祭祀故欲為魯祀周公其實
廢來已久今始云已廢者欲為魯祀周公故云已廢耳方便遜辭
以求於魯也定四年祝佗言康叔之受分物云取於有閻之土以
共王職取於相土之東都以會王之東蒐有閻之土猶魯之許田
也相土之東都猶鄭之祊邑也鄭近京師無假朝宿魯近泰山不
須湯沐各受其一衛以道路並遠故兩皆有之禮記王制曰方伯
為朝天子皆有湯沐之邑於天子之縣內然則朝宿之邑亦名湯
沐但向京師主為朝王從王巡守主為助祭必沐浴隨事立名朝宿

湯沐亦互言之耳異義尤氏說諸侯有大功德乃有朝宿湯沐之邑公羊說以為諸侯皆有朝宿湯沐之邑許慎以公羊為非則杜意亦從許慎也公羊傳曰此魯朝宿之邑也則曷為謂之許田諱取周田也諱取周田則曷為謂之許田繫之許也曷為繫之許近許也杜言近許之田是用公羊為說杜依公羊之傳邑實近許故以許為名刘君更無所馮直云别有許邑邑自名許非由近許國始名為許以規杜氏非其義也　注鍼子至後祖　正義曰先配後祖多有異說賈逵以配為成夫婦也禮齊而未配三月廟見然後配案昏禮親迎之夜衽席相連是士禮不待三月也禹娶塗山四日即去而有啓生亞亦不三月乃配是賈之謬也鄭衆以配為同牢食也先食而後祭祖無敬神之心故曰誣其祖也案昏禮婦既入門即設同牢之饌其間無祭祀之事先祭乃食禮無此文是鄭之妄也鄭玄以祖為軷道之祭也先為配匹而後祖道言未去而行配案傳既言入于鄭乃云先配而後祖寧是未去之事也若未去先配則鍼子在陳說之何須云送女也此三說皆滞故杜

刺楚公子圍告廟之文言鄭忽先逆婦而後告廟故曰先配而後
祖此附忽父見在計告廟以居當是莊公之事而譏忽者楚公子
圍非人臣莫而自布几筵告於莊共之廟不言禀君之命知逆者
雖受父命當自告廟且忽先為配匹而後告祖見其告祖方始譏
之知忽自告祖也或可鄭伯為忽娶妻先逆而後告廟鍼子見而
譏之公子圍告廟者專權自由耳非正也　注言鄭至丙戌
正義曰庚午之後十六日而有丙戌二十一日而辛卯七月有庚
午九月有辛卯其間不容一月是八月不得有丙戌更遥一周則
丙戌去庚午七十七日八月亦不得有丙戌是明丙戌為日誤長
曆推七月丁卯朔四日庚午至二十日是丙戌九月丙寅朔二十六日
辛卯其月二十一日是丙戌八月小丁酉朔十日丙午二十日丙辰二日
戊戌十四日庚戌二十六日壬戌未知丙戌二字孰為誤也不直
云日誤而檢上下者因傳明文故顯言之他皆放此　注因其
妫姓　正義曰陳世家云陳胡公滿者虞帝舜之後也昔舜為庶
人時居于嬀汭其後因為氏姓〻嬀氏武王克殷得嬀滿封之

於陳是舜由嬀汭故陳為嬀姓也案世本帝舜姚姓哀元年傳稱虞思妻少康以二姚是自舜以下猶姓姚也昭八年傳曰及胡公不淫故周賜之姓是胡公始姓嬀耳史記以為胡公之前已姓嬀非也　注報之至曰陳　正義曰胙訓報也有德之人必有美報々之以土謂封之以国名以为之氏諸侯之氏則国名是也周語曰帝嘉禹德賜姓曰姒氏曰有夏胙四岳国賜姓曰姜氏曰有吕与賜姓曰嬀命氏曰陳其事同也姓者生也此为祖令之相生雖下及百世而此姓不改族者属也与其子孫共相連属其旁支別属則各自立氏礼記大傳曰繫之以姓而弗別百世而昏姻不通者周道然也是言子孫當共姓也其上文云庶姓別於上而戚單於下是言子孫當別氏也氏猶家也傳称盟于子皙氏逐瘈狗入於華臣氏如此之類皆謂家為氏々族一也所從言之異耳釋例曰別而称之謂之氏合而言之則曰族例言別合者若宋之華元華喜皆出戴公向魚鱗蕩共出桓公独举其人則云華氏向氏并指其宗則云戴族桓族是其別合之異也記謂之庶姓者以始祖為正姓高

祖為虞姓々々亦氏族之別名也姓則受之於天子族則禀之於
時君天下之廣兆民之衆非君所賜皆有族者人君之賜姓賜族
為此姓此族之始祖耳其不賜者各從父之姓族非復人々賜也
晋語稱黄帝之子二十五人其得姓者十二人天子之子尚不得
姓況餘人哉固當從其父耳黄帝之子兄弟異姓周之子孫皆姓
姬者古今不同質文代革周代尚文欲令子孫相親故不使別姓
其賜姓者亦少唯外姓媯滿之徒耳賜族者有大功德宜世享祀
者方始賜之无大功德任其興衰者則不賜之不賜之者公之同姓
蓋亦自氏祖字其異姓則有旧族可稱不世其禄不須賜也衆仲
以天子得封建諸侯故言胙土命氏拠諸侯言耳其王朝大夫不
封為國君者亦當王賜之族何則春秋之世有尹氏武氏之徒明
亦天子賜之与諸侯之臣義无異也此無駭是卿羽父為之請族
蓋為卿乃賜族大夫以下或不賜也諸侯之臣卿為其極既登極
位理合建家若其父祖微賤此人新升為卿以其位絶等倫其族
不復因故身未被賜无效可稱魯挾鄭宛皆未賜族故單稱名也

或身以才举暫升卿位功德猶薄未足立家則虽为卿竟不賜族
羽父為无駭請族知其皆由時命非例得之也華督生立華氏知其
恐慮不得故早求之也由此而言明有竟无族者魯之翬挾柔
溺名見於經而其後无聞是或不得族也其士會之帑處秦者為
刘氏伍負之子在齊为王孫氏外傳称知果知々伯之將滅自別
其族為輔氏如此之類皆是身自為之非復君賜釈例曰子孫繁
衍枝布葉分始承其本末取其别故其流至於百姓万姓其言自
有百姓万姓未必皆君賜也晋語称炎帝姓姜則伯夷炎帝之後
姜自是其本姓而云賜姓曰姜者黄帝之後别姓非一自以姜姓
賜伯夷更使为一姓之祖耳非後因旧姓也猶后稷别姓姬不是
因黄帝姓也　諸侯至为族　正義曰杜意諸侯以字言賜先人
字为族也为謚因以为族謂賜族虽以先人之字或用先人所
为之謚因将為族以謚為族者衛齊惡宋戴惡之類是也而刘
君乃称以謚為族全無一人妄規杜氏非其義也死後賜族乃是
正法春秋之世亦有非礼生賜族者華督是也釈例曰旧説以為

大夫有功德者則生賜族非也至於鄭祭仲為祭封人陟升為卿
經稱祭仲似生賜族者檢傳既元同華氏之文則祭者是仲之旧
氏也諸侯以字々有二等檀弓曰幼名冠字五十以伯仲周道也
然則二十有加冠之字又有伯仲叔季為長幼之字二者皆可以
為氏矣服虔云公之母弟則以長幼為氏貴適統伯仲叔季是也
庶公子則以配字為氏尊公族展氏臧氏是也案鄭子人者鄭厉
公之弟桓十四年鄭伯使其弟語来盟即其人也而其後為子人
氏不以仲叔為氏則服言公之母弟以長幼為氏其事未必然也
杜以慶父叔牙与莊公異母自然仲叔非母弟族矣其或以二十
之字或以長幼之字蓋出自時君之命也叔肸稱叔不稱孫而三
桓皆稱孫俱氏長幼之字自不同也臧氏稱孫展氏不稱孫俱氏
廿十之字自不同也然則稱孫与不稱孫蓋出其家之意未必由
君賜也以字為族者謂公之曾孫以王父之字為族也諸侯之子
稱公子々々之子稱公孫公子公孫繫公之常言非族也其或賢
貴則亦与族同成十四年叔孫僑如々齊逆女傳曰稱族尊君命也

僑如以夫人婦姜氏至自齊傳曰舍族尊夫人也宣元年公子遂如齊逆女遂以夫人至事与僑如正同其傳直云尊君命尊夫人不言舍族既非氏族則不待君賜自稱之矣至於公孫之子不復得稱公曾孫如无駭之輩直以名行及其死也則賜之族以其王父之字爲族也此无駭是公之曾孫公之曾孫必須有族故挾曾孫爲文言以王父字耳公之曾孫正法死後賜族亦有未死則有族者則叔孫得臣是也公子公孫於身必无賜族之理經書季友仲遂叔肸者皆是以字配名連言之故杜注並云字也其蕩伯姬者公子蕩之妻不可言公子伯姬故繫於夫字言蕩伯姬蕩非當時之氏其傳云立叔孫氏臧僖伯臧哀伯叔孫戴伯之徒皆傳家據後追言之耳其公孟彄世本以爲靈公之子字公孟名彄与季友仲遂相似俱以字配名劉炫不達此旨妄規杜過非也必如劉解生賜族之文證在何處其公之曾孫玄孫以外及異姓有新升爲卿君賜之族蓋以此卿之字即爲此族案世本宋督是戴公之孫好父說之子華父是督之字計督是公孫耳未合賜族

息死後其子乃賜族故杜云督未死而賜族督之妄也沈亦云督
之子方可有族耳 注謂取至時君 正義曰舊官謂若晉之
士氏舊邑若韓魏趙氏非是君賜則不得為族嫌其居官邑不
待公命故云皆稟之時君此謂同姓異姓皆然也服虔止謂異姓
又引宋司城韓魏為證韓與司城非異姓司城又自為氏不以
司城為族也 九年大雨震電 正義曰說文云震劈歷震物
者電陰陽激曜也河圖云陰陽相薄為雷陰激陽為電然則震
是雷之劈歷電是雷光穀梁十五年震夷伯之廟是劈歷破之
雷之甚者為震故何休云震雷也 大雨雪 正義曰說文云雨
水從雲下也然則雨者天上下水之名既見雨從天下自上下者
因即以雨言之雨螽亦稱為雨故下云稱雨雪也平原出水為大
水直言大水平地尺為大雪不直言大雪而云大雨雪者水則從
天入地出地乃為多見其在地之多言其出水之大故不言大雨
水雪則自天而下下即委之於地見其自上而下言其下雪之多
故言大雨雪水則俯視雪則仰觀故立文有異其大雨雹亦與雪

同　傳注此解至經語　正義曰傳發凡以解經若經无霖字則傳无由發故知經稱然則經當如傳言大雨霖以震不當云大雨震電是經脫霖以二字而妄加電也　先者至以逞　正義曰嘗寇速去知戎心逐之逐其去者必有所獲々謂獲鄭人也在前者見逐有所獲不復顧後必務在速進々謂棄其後者獨自先進々而遇覆必速迴奔走後者不救則是无繼續矣无繼則易敗如是乃可以解患服虔云先者見獲言必不往相救各自務進言其貪利也其言見獲者當謂戎被鄭獲也鄭人速去以誘之安得獲戎也在先者已被鄭獲重進者將復為虜各自務進欲何所貪而云貪利也此則不言可解无故以解亂之　注為三至死也　正義曰前後及中三處受敵者前謂第一伏逆其前也後謂祝聃與後伏逐其後也中謂第二伏擊其中也衷戎師者謂戎師在三伏之中殪死也釋詁文也　十一月至戎師　正義曰此即上傳所說擊戎之事史官得其戰狀乃裁約為之辭經之所陳皆是其數既不容經故舉經為文以摠之　十年注公子至七年　正義曰傳稱羽父

先舍齊侯鄭伯是不待公命也貪舍二國之君自求其名時史疾
其專進故貶去公子〻〻義与氏同故以氏言之中丘之舍計君
自親行令齊鄭稱人是使微者往之也於例師出与謀曰及傳稱
盟于鄧為師期公既与謀計當書及今乃言舍明其以翬專行非
鄧之謀釈例曰王命伐宋羽父不臣君以速進而先舍二國自以
為名故貶去其族齊為侯伯鄭伯又為王卿士二君奉王命以討
宋惡羽父之專進故使与微者同伐動而无功故无成敗也案四
年翬固請而行故貶去其氏此直言羽父先舍齊侯鄭伯无固請
之文亦貶之者又公子豫邾人鄭人以不待公命而經不書此翬
亦不待公命而經書者翬於四年傳稱固請明此先舍亦固請也
傳於四年其文已詳故於此而略耳豫舍邾人鄭人本非公命故
不書此則公舍齊鄭于中丘已為師期翬又請公先舍先舍則
是君命故以書之　注齊鄭至宋地　正義曰案傳公舍齊侯
鄭伯于老桃然後公敗宋師則知老桃之舍謀与宋戰彼与公謀
戰而公独敗宋師知齊鄭後期也　注三國至戴城　正義曰案

傳例克邑不用師徒曰取然則取者挍克邑之易今此克得軍師
亦稱取者但取者雖挍克邑之文其克得師衆而易者亦曰取是
以莊十一年注云威力兼備若羅網所掩覆一軍皆見禽制若非
前敵之易何已覆而取之故釋例曰如取如攜然則凡言取者皆
易辭刈君以取之非易而規杜氏非也沈氏亦云今日囲明日取
故知易也公羊傳曰其言伐取之何易也是杜所用之義地理志
云梁国甾縣故戴国應劭曰章帝改曰考城古者甾戴邑相近故
鄭玄詩箋讀傚戴為熾菑是其音大同故漢於戴国立甾縣於晉
屬陳留　傳注尋九至魯地　正義曰九年傳稱會于防謀伐宋
未及伐宋而更為此會為師伐宋之期知是尋防會也釋例曰盟
于鄧盟于犖盟于戚公既在會而不昏盟者以理推之會在盟前
知非後盟也蓋公还告會而不告盟　注會不書日誤　正義曰
六月无戊申者下有辛巳取防亦在六月之内戊申在辛巳之前
三十三日不得共在一月上有五月令別言六月知日誤月不誤長
歷推六月丙辰朔三日戊午五日庚申未知二者孰誤　注労者至

王爵 正義曰聘礼賓至于近郊君使卿朝服用束帛勞覲礼至
于郊王使人皮弁用璧勞周礼司儀曰諸公相為賓主君郊勞皆
不言以饔餼勞案礼饔餼乃是既相見致大礼不應於郊以設之
杜意蓋以熟食曰饔生牲曰餼以勞客於郊必有牲饌故以饔餼
言之非謂大礼之饔餼也勞礼大行人云上公三勞近郊勞一也
遠郊勞二也竟首勞三也侯伯再勞去竟首子男一勞去遠郊凡
近郊勞皆君自行遠郊使卿竟首使大夫掌客又云上公五積皆
眂飧牽侯伯四積子男三積是賓入竟之後有致積之礼積雖是
牽亦或有熟或在郊致積故謂之郊勞沈依聘礼注其郊之遠近
上公遠郊五十里侯伯三十里子男十里近郊各半之 注三国至
通称 正義曰三国之軍在戴城下故鄭伯合囲之不言囲戴者
本意囲三師不囲戴也不言囲三師者今日囲明日取囲之不久
經以取告不以囲告三国經皆称人於例為將卑師少而傳言三
師故辯之師者軍旅之通称 注報入至四日 正義曰九月无戊
寅者經有十月壬午長歷推壬午十月二十九日戊寅在壬午之

前四日耳故九月不得有戊寅上有八月下有冬則誤在日也

十有一年至来朝　正义曰十下言有者于字去十盈則更始以奇從盈數故言有也經備文傳從略故傳不言有桓七年穀伯鄧侯别言来朝此兼言來朝者彼别行礼此同行礼由同時行礼齒長者在先故爭之　注与祺亡昌縣　正义曰与祺曰及宣七年傳例也傳稱舍于郲祺伐許是公与祺也譜云許姜姓与齊同祖堯四嶽伯夷之後也周武王封其苗裔文叔于許今潁川許昌是也靈公徒葉悼公遷夷一名城父又居析一名白羽許男斯処容城自文叔至莊公十一世始見春秋元公子结元年獲麟之歲也當戰國初楚滅之地理志云潁川郡許縣故許國文叔所封二十四世為楚所滅也漢世名許縣至魏武作相改曰許昌　注實弑至諱也　正义曰他君見弑則書弑魯君見弑則書薨公薨例皆地此公又不地故解之言魯史策書所諱也不忍言君之見弑又不忍言其僵尸之処諱而不書故夫子因之傳不言書曰知是舊史諱之也董狐書趙盾弑君仲尼謂之良史不書君弑則是史之不良

夫子不改其文而因之者為人臣者或心実愛君為諱惡也或志在疾惡故章賊名由其跡不同而俱是聖賢兩通其意欲見仁非一涂僖元年傳曰諱國惡礼也以仲尼之善董狐知為史必須直也以丘明之礼諱惡知為史又當諱也釋例曰臣之事君猶子事父微諫見志造膝詭辭執其是而諫其非不必其得蓋匡救將然而將順其已然故有隱諱之義焉至於激節之士則不然南史執簡而累進董狐書法而不隱鬻拳劫君而自刖晏嬰端委而引直聖賢亦録而善之所以廣義訓博大道殷有三仁此之類也是言聖賢兩通之意也鄭伯髡頑楚子麏齊侯陽生之徒俱實見弒而以卒赴魯是他國之臣亦有諱國惡者非獨魯史也

傳注薛魯國薛縣　正義曰譜云薛任姓黃帝之苗裔奚仲封為薛侯今魯國薛縣是也奚仲遷于邳仲虺居薛以為湯左相武王復以其冑為薛侯齊桓霸諸侯黜為伯獻公始与魯同盟小國无記世不可知亦不知為誰所滅地理志云魯國薛縣夏車正奚仲所國後遷于邳湯相仲虺居之　注薛祖至之前　正義曰定元

年傳曰薛之皇祖奚仲居薛以為夏車正是夏所封也　注卜正卜官之長　正義曰周禮春官大卜下大夫二人其下有卜師卜人龜人筮人大卜為之長正訓長也故謂之卜正　注庶姓之姓也　正義曰周禮司儀職云詔王儀南鄉見諸侯土揖庶姓時揖異姓大揖同姓鄭玄云庶姓无親者也異姓昏姻者也是庶姓非同姓也周之至為媵　正義曰賈逵以宗為尊服虔以宗盟為同宗之盟孫毓以為宗伯屬官掌作盟詛之載辭故曰宗盟杜其明解盟之尊卑自有定法不得言尊盟也周禮司盟之官乃是司寇之屬非宗伯也雖服之言得其旨矣而孫毓難服云同宗之盟則無与異姓何論先後若通共同盟則何稱於宗斯不然矣天子之盟諸侯令其共獎王室未有離逖異姓獨与同宗者也但周人貴親先敘同姓以其篤於宗族是故謂之宗盟魯人之為此言見其重宗之義執其宗盟之文即云无与異姓然則公与族燕則異姓為賓後言族燕不得有異姓也孟軻所云說詩者不以辭害意此之謂也異姓為媵者謂王官之伯降臨諸侯以王命而盟者耳其

春秋之世狎主齊盟者則不復先姬姓也踐土之盟其載書云王
若曰晉重魯申是用王命而盟也召陵之會劉子在焉故祝佗引
踐土為比為有王官故也宋之盟楚屈建先於趙武明是大国在
前不先姬姓若姬姓常先則楚不得競也且言周之宗盟是唯周
乃然故釈例曰斥周而言指謂王官之宰臨盟者也其餘雜盟未
必皆然是言餘盟不先姬姓盟則同姓在先朝則各從其爵故鄭
康成注礼記云々朝覲爵同々位若然案覲礼曰諸侯前朝皆受舍
于朝同姓西面北上異姓東面北上鄭玄云々言諸侯明来朝者衆
矣顧其入覲不得並耳分別同姓異姓受之將有先後也若如此
言則似朝覲不以爵者但朝覲実以爵同々位就爵同之中先同
姓後異姓若盟則爵雖不同先同姓也礼記周公朝諸侯于明堂
之位三公中階之前北面東上諸侯之位阼階之東西面北上諸
伯之國西階之西東面北上諸子之国門東北面東上諸男之国門
西北面東上覲礼於方明之壇鄭言諸侯見王之位亦引明堂位為
説是則諸侯摠見皆以爵為班雖不分別同姓異姓其受礼之時

爵同者猶先同姓也其王官之伯臨諸侯之盟雖群后咸在常先同姓故此言宗盟耳取重宗之事以喻己也取譬之事聊舉一边寡人若朝于薛不敢与諸任齒朝於彼国自可下主国之宗諸侯聚盟不肯先盟主之宗也　注薛任姓齒列也　正義曰世本氏姓篇云任姓謝章薛舒呂祝終泉畢過言此十国皆任姓也礼記文王世子曰古者謂年齡齒亦齡也然則齒是年之別名人以年齒相次列以爵位相次列亦名為齒故云齒列也　挾輈以走　正義曰廟内授車未有馬駕故手挾以走輈轅也方言云楚衛謂轅為輈服虔云考叔挾車轅箠馬而走古者兵車一轅服馬夾之若馬已在轅不可復挾且箠馬而走非捷步所及子都豈復乗車逐之　注逵道方九軌也　正義曰冬官考工記匠人営国經涂九軌々車轍謂王城之内道廣並九車也尔雅宫云一達謂之道路二達謂之岐旁三達謂之劇旁四達謂之衢五達謂之康六達謂之莊七達謂之劇驂八達謂之崇期九達謂之逵説尔雅者皆以為四道交出復有旁通故刘炫規過以逵為九道交出也今以為

道方九軌者蓋以九出之道迮俗所希不應城内得有此道以記
有九軌故以逵爲之言並容九軌皆得前達亦是九達之義故李
巡注尔雅亦取並軌之義又涂方九軌天子之制諸侯之國不得
皆有唯鄭城之内獨有其涂故傳於鄭國每言逵也故桓十四年
焚渠門入及大逵莊二十八年衆車入自純門及逵市宣十二年入
自皇門至于逵路刘君以爲國々皆有逵道以規杜氏其義非也
注蝥弧旗名　正義曰周礼諸侯建旂孤卿建旜而左傳鄭有蝥
弧齊有靈姑銔皆諸侯之旗也趙簡子有蜂旗卿之旗也其名爲
時爲之其義不可知也　注弟共至元年　正義曰莊公之弟逃
於四方故知唯是共叔段也説文云餬寄食也以此傳言餬口四方
故以寄食言之昭七年傳云饘於是鬻於是以餬余口釋言云餬
饘也則餬是饘鬻別名今人以薄鬻塗物謂之餬紙餬帛則餬
者以鬻食口之名故云餬其口也　注謁告至曰媾　正義曰謁告
也釋詁文婦之父曰昏釋親文也媾与昏同文故先儒皆以爲重
昏曰媾　注絜齊至之祀　正義曰釋詁云禋祭也孫炎曰禋絜

敬之祭周語曰精意以享禋也是絜齊以享禋之禋享訓獻也言絜清齊敬以酒食獻神也礼諸侯祭山川之在其地者若其受許之士則當祭許山川故知祀禋許山川之祀　注圉邊垂也　正義曰釋詁云圉垂也舍人曰圉邊垂也　注此今至京兆　正義曰地理志云河南郡新鄭縣詩鄭國鄭桓公之子武公所國是知新邑於此禋河南新鄭也且志又云京兆鄭縣周宣王弟鄭桓公邑是知舊鄭在京兆也志又云本周宣王弟友為周司徒食采於宗周畿内是為鄭桓公々々問於史伯曰王室多故何所可以逃死史伯為桓公謀取虢鄶之地令寄帑与賄而虢鄶受之後三年幽王敗桓公死其子武公与平王東遷卒定虢鄶之地然則傳云先君新邑於此謂武公始居此也史記鄭世家称虢鄶自分十邑獻於桓公々々竟國之案鄭語桓公始謀未取之也武公始國非桓公也全滅虢鄶非獻邑也馬遷之言皆謬耳昭十六年傳子產謂韓宣子曰我先君桓公与商人皆出自周以艾殺此地而共処之者謂寄帑与賄之時商人即与俱行身非桓公身至新鄭　注大岳至徙也　正義曰周語

称共工伯鯀二者皆黃炎之後言鯀為黃帝之後共工為炎帝之後炎帝則神農之别号周語又称堯命禹治水共之從孫四岳佐之胙四岳国命為侯伯賜姓曰姜氏曰有呂賈逵云共工也從孫同姓末嗣之孫四岳官名大岳也主四岳之祭焉姜炎帝之姓其後变易至於四岳帝後賜之祖姓以紹炎帝之後以此知大岳是神農之後堯四岳也以其主岳之祀尊之故称大岳許国是其後也胤繼也釈詁文舍人云胤繼世也　礼繼至嗣者也　正義曰經謂紀理之若諸之經営經始也国家非礼不治社稷得礼乃安故礼所以經理国家安定社稷以礼教民則親戚和睦以礼守位則澤及子孫故礼所以次序民人利益後嗣經国家猶諸序之言經夫婦也注百人至謂之　正義曰周礼夏官序制軍之法百人爲卒二十五人為兩此言二十五人為行者以傳先卒後行豰大於大知行之人數少於卒也軍法百人之下唯有二十五人為兩耳又大司馬之属官行司馬是中士軍之属官兩司馬亦中士知周礼之兩即此行是也周礼之行裡軍之行列知此行亦卒之行列也詛者盟之細殺

牲告神令加之殃咎疾射潁考叔者令卒及行閒祝詛之欲使神
殺之也一卒之内已用一豭又更令一行之閒或用雞或用犬重
祝詛之犬雞者或雞或犬非雞犬並用何則盟詛例用一牲不用二也
豭謂豕之牡者尔雅釋獸豕牝曰豝々者是牝知豭者是牡祭祀
例不用牝且宋人謂宋朝為艾豭明以雄猪喻也　注蘇忿至公
也　正義曰成十一年傳曰昔周克商使諸侯撫封蘇忿生以溫
為司寇尚書立政稱周公告太史曰司寇蘇公是其事也　注息國
至息縣　正義曰世本息國姫姓此息侯伐鄭責其不親々知与
鄭同姫姓也莊十四年傳楚文王滅息其初則不知誰之子
何時封也地理志汝南郡有新息縣故息國也應劭云其後東徙
故加新　云若其後東徙苟云故息何以反加新字乎蓋本自他處
徙此也　凡諸至于策　正義曰此傳雖因宋不告敗而發此例
其言諸侯有命非独為被伐之命故注云命者國之大事政令也
謂諸是大事崩卒會盟戰伐克取君臣乖离水火災害經皆他
國之事皆是來告則書不告則否來告則否者或彼以实告改其

告辭而書之或從彼以虛告因其虛言而記之並文褒貶章云善惡
雖復依告者多不必盡皆依告衛獻公之出奔也傳稱孫林父甯
殖出其君名在諸侯之策及其脩經則云衛侯出奔齊如此之類
是改告辭也晉人之敗秦也傳稱潛師夜起以敗秦于令狐秦实
未陳不与晉戰晉人諱背前言妄以戰告及其脩經乃言晉人及
秦人戰于令狐如此之類是因虛言也雖復或因其虛或改其实
終是皈於勸戒得告乃書也不然則否者雖復傳聞行言实知其
事但非故遣來告知亦不書所以慎謬誤辟不審若楚滅六蓼臧
文仲歎而為言魯非不知但無命來告故不書也師出臧否亦如之
者傳因彼兵發例嫌出師伐人不必須告故重明之雖及滅國者
既據侵伐發例又嫌滅國事重不待告命故更明之言不書于策
者明告命大事皆書於國史正策以見仲尼修定之意因正策之文
注臧否至乃書　正義曰不言勝敗而臧否者明其臧否之言
非徒勝敗之理故知是善惡得失摠理有曲直兵有彊弱也狄
伐邢之類非狄邑告也楚滅庸之徒非庸邑告也故知敗克互言

不須兩告乃書也且哀元年傳曰吳入越不書吳不告慶越不告
敗也吳越並言知其不待兩告 注大宰官名 正義曰周礼天
子六卿天官為大宰諸侯則并六為三而兼職焉昭四年傳稱季
孫為司徒叔孫為司馬孟孫為司空則魯之三卿无大宰也羽父
名見於經已是卿矣而復求大宰蓋欲令魯特置此官以榮已耳
以後更无大宰知魯竟不立之 討寪氏有死者 刘炫云羽父
遣賊弑公々非寪氏所弑公在寪氏而死遂誣寪氏弑君欲以正
法誅之君非寪氏所弑故討寪氏之家僅有死者而已言不揔誅
之々 注欲以至其拠 正義曰刘炫云欲以弑君之罪加寪氏
則君非寪氏所弑而復不已以正法誅之正法理滅其族汙其宮
也傳言此者進退无拠進誅寪氏則實非寪氏弑君退舍寪氏
則无弑君之人是其進退无拠也

春秋正義卷第四

卅一万二千五百三十四字

春秋正義卷第五　桓公

國子祭酒上護軍曲阜縣開國子臣孔穎達　等奉
勅撰

正義曰魯世家桓公名允惠公之子隱公之弟仲子所生以桓王九年即位莊王三年薨世本桓公名軌世族譜亦為軌謚法辟土服遠曰桓謚法非一略舉一耳亦不知本以何行而為此謚他皆效此是歲歲在玄枵　元年注嗣子至備矣　正義曰顧命曰乙丑成王崩使齊侯吕伋以二干戈逆子釗于南門之外延入翼室恤宅宗孔安國云明室路寢延之使居憂為天下宗主天子初崩嗣子定位則諸侯亦當然也釋例曰尚書顧命天子在殯之遺制也推此亦足以準諸侯之禮矣是知嗣子位定於初喪孝子緣生以事死歲之首月必朝事宗廟因即改元釋例曰襄二十九年經書春王正月公在楚傳曰釋不朝正于廟也然則諸侯每歲首必有禮於廟今遭喪繼立者每新年正月亦改元正位百官以序故國史因書即位於策以表之此新君之常禮也桓之於隱本無

君臣之義計隱公之死桓公即合改元不假踰年方行即位猶如晋厉彼弑悼公即位改元今桓虽实篡立歸罪寪氏詐言不与贼謀而用常礼自同於遭丧继位者亦既实即其位國史依实書之仲尼因而不改反明公实篡立而自同於常亦足見桓之篡也注公以至所隱　正義曰成會礼於垂既易許田然後盟以結之故先會於假田然後吾盟也言迎之成礼於垂者垂是衛地就以为公迎郑伯於垂知時史之所隱諱者傳不言書曰知非仲尼新意也　傳注魯不至易也　正義曰祊薄於許加之以璧易取許田非假借之也今經乃以璧假為文故傳言為周公祊故解經璧假之言也注又解傳之意周公非鄭之祖魯不宜聽鄭祀周公天子賜魯以許田義當傳之後世不宜易取祊田於此一事犯二不宜以動故史官諱其实不言以祊易許乃稱以璧假田言若進璧於魯以權借許田非久易然所以諱國惡也不言以祊假而言以璧假者此璧实入於魯但諸侯相交有執圭璧致信命之理今言以璧假似若進璧以致辭然故璧猶可言祊則不可言也何則祊許俱

地以地借地易理已章非復得爲隱諱故也　注渝變也　正義曰
釋言文也傳載其盟辭者以易田惡事而盟誓不變改見其終死悔心
所以深惡魯也此時許田已入於鄭而猶頌僖公云居常與許復
周公之宇蓋僖公之時復得之也齊人取讙及闡及其歸也經復
書之自此以後不書鄭人來取許田者此經書假言若暫以借鄭
地仍魯物不得書鄭人取之　凡平原出水爲大水　正義曰洪範云
水曰潤下言雨自上而下浸潤於土陂鄣下地可使水潦停聚平
原高地則不宜有也凡平原出水則爲大水平原出水言水不入
於土而出於地上非湧泉出也　注廣平曰原　正義曰釋地文也
李巡曰謂土地寬博而平正者名之曰原　注鄭伯至繆誤　正義
曰六年傳云魯爲其班後鄭注云魯親班齊饋則亦使大夫戍齊
矣經不書蓋史闕文然則經所不書自有闕文之義注既疑此事
不言闕文而繆誤者師出征伐貴賤皆書經所不書必是文闕若
其事重使人雖賤亦書鄭人來渝平齊人取讙及闡是也今以拜
盟事輕若其使賤則例不合書故杜云若遣使來傳當云鄭人疑

傳繆誤知非實是鄭伯為不見公不書者以魯鄭相親易田結好鄭伯既拜盟而来魯君无容不見故知非實是鄭伯止是鄭人而已 注華父至世祖 正義曰案世本云華父督宋戴公之孫好父說之子孔父嘉生木金父木金父生祁父其子奔魯為防叔防叔生伯夏伯夏生叔梁紇々々々木生仲尼是孔父嘉為孔子六世祖目逆至而豔 正義曰未至則目逆既過則目送俱是目也故以目冠之美者言其形貌美豔者言其顔色好故曰美而豔為二事之辞色美曰豔詩毛傳文也 二年宋督至孔父 正義曰凡言其者是其身之所有君是臣之君故臣弑君則云弑其君臣是君之臣故君殺臣則云殺其大夫子亦君之子故云殺其世子稱國稱人以殺亦言其者人与國並舉一國之辞君与大夫皆是國人所有故亦言其也若兩臣相殺死者非殺者所有則兩書名氏不得言其則王札子殺召伯毛伯是也与夷是督之君言弑其君則可孔父非督之大夫而言及其大夫者与君俱死挻君為文言宋督弑其君挻督為文而上弑其君也言及其大夫孔父挻君為文

而下及其大夫言及与夷之大夫非督之大夫也仇牧荀息其意亦同　注称督至其君　正義曰宣四年傳例曰弑君称君々无道也称臣々之罪也故知称督以弑罪在督也諸言父者皆或是字而春秋之世有齊侯禄父蔡侯考父季孫行父衛孫林父乃皆是名故杜以孔父為名文七年宋人殺其大夫傳曰不称名衆也且言非其罪也不名者非其罪則知称名者皆有罪矣杜既以孔父為名因論為罪之狀内不能治其閨门使妻行於路令華督見之外取怨於民使君數攻戰而国人恨之身死而禍及其君故咎名以罪孔父也釋例曰經書宋督弑其君与夷及其大夫孔父仲尼丘明唯以先後見義无善孔父之文孔父为国政則取怨於民治其家則無閨閫之教身先見殺禍遂及君既无所善仇牧不警而遇賊又死無忠事晉之荀息期欲復言本无大節先儒皆隨加善例又为不安經書臣蒙君弑者有三直是弑死相及即実为文仲尼以督為有无君之心故咎一事而已无他例也是以孔父行无可善咎名罪之也案公羊穀梁及先儒皆以善孔父而書字知

不然者案宋人殺其大夫司馬傳稱握節以死故書其官又宋人殺其大夫傳以為死罪不吝名今孔父之死傳无善事故杜氏之意以父為名言若齊侯祿父宋公茲父之等父既是名孔則為氏猶仇牧荀息被殺書名氏蓋孔父先世以孔為氏故傳云督攻孔氏也婦人之出禮必鄣蔽其面孔父妻行令人見其色美是不已治其閨門又殤公之好攻戰孔父須伏死而爭乃從君之非是取怨於百姓事由孔父遂禍及其君似公子比劫立加弒君之罪杜君積累其惡故以書名責之劉君不達此言妄為規過非也

注隱十至所黜　正義曰杞則夷禮傳無發之此不發傳非為夷禮自是以下滕常稱子故疑為時王所黜於時周桓王也東周雖則微弱猶為天下宗主尚得命邾為諸侯明亦黜滕爲子爵

注成平至宋地　正義曰成平釋詁文也宣十五年傳晉侯治兵于稷治兵欲以禦秦明其不必晉竟故以稷為河東之稷山此欲平宋故以稷為宋地　注宋以至十月　正義曰禮記明堂位稱魯君季夏六月以禘禮祀周公於大廟文十三年公羊傳曰周

公称大廟故知大廟周公廟也始欲平宋乱故會于稷終會宋罪而受其賂故淂失備書之始書成宋乱終書取郜鼎是其備書之也郑衆服虔皆以成宋乱为成就宋乱故以此言正之長歴此年四月庚午朔其月无戊申五月己亥朔十日淂戊申是有日而无月也　注潁川召鄧城　正義曰賈服以鄧为国言蔡郑會於鄧之国都釋例以此潁川鄧城为蔡地其鄧国則義陽鄧縣是也以鄧是小国去蔡路遠蔡郑不宜遠會其都且蔡郑懼楚始为此會何当反求近楚小国而与之結援故知非鄧国也　注傳例至策勲　正義曰釋例曰凡盟有一百五公行一百七十六書至者八十二其不書至者九十四皆不告廟也隱公之不告謙也餘公之不告慢於礼也是言不告不書之意也知隱不書至为謙者以隱是讓位賢君必不慢於宗廟假使惰慢宗廟止可時或失礼不應終隱之身竟不書至知其以讓之故労非所憚勲无可紀不敢自同於正君書労策勲故不告至也　傳君子至其君　正義曰諸傳言君子者或当時賢者或指斥仲尼或据出丘明之意而託

諸賢者期於明理而已不復曲為義例唯河陽之狩趙盾之弒泄
冶之罪危疑之理須取聖證故特稱仲尼以明之其餘皆託諸君
子々々者言其可以居上位子下民有德之美稱也此言先書弒
君則是仲尼新意不言仲尼而言君子者欲見君子之人意皆然
非獨仲尼也督有無君之心而先書弒君者君人執柄臣人畏威
每事稟命而行不敢妄相殺害督乃專殺孔父而取其妻非有忌
君之心全無敬上之意不臣之迹在心已久非為公怒始興毒害
若先書孔父後書弒君便似既殺孔父始有惡心今先書弒君後
書孔父見其先有輕君之心以著不義之極故也注經稱至妄也
正義曰傳言為賂故立華氏解經以成宋亂之言也成宋亂者欲
殺賊臣定宋國今乃受貨賂立華氏非是平辭之狀而傳以解經
故注申通其義以成宋亂者是四國為會之本謀及其既會違背
前謀非徒不討宋督乃更為立華氏宋亂實不平而經書平宋亂
者蓋以魯君受賂立華氏貪貨縱賊為惡之甚時史惡其指斥不
可言四國為會縱賊取財故遠言為會之本意言會于稷欲以平

宋乱也傳以經文不実解其諱之所由所諱者諱其受賂立華
氏故也為周公祊故文与此同故以彰相明然案為周公祊故々
字在下而向上結之此亦應云為賂立華氏故也何以此文故字
乃在立華氏之上為賂之下者以周公祊故其文約少得以故字
在下摠而結之此則文句長緩不可摠而結之先舉為賂惡重所
以云為賂故也然後始言立華氏備詳其事令定本有故字檢晉
宋古本往々无故字者妄也襄三十年諸侯之卿會于澶淵謀歸
宋財既而无歸晉曰宋災故尤之也此君成宋亂知非說受賂尤
四國者澶淵之會貶卿稱人是尤之文此則具序君爵辭无貶責
非尤過之狀知為諱故而本其會意從其平文也文十七年晉會
諸侯于扈欲以平宋之乱既而不討受賂而還其事与此正同而
經書諸侯會于扈傳曰書曰諸侯無功也此亦无功不言諸侯會
于稷而歷序諸國者扈之會晉為伯會諸侯以討乱乃受賂而還
猶如僖十四年諸侯城緣陵齊桓為伯城而不終故貶稱諸侯此
則齊陳鄭自相平乱故不加貶文知不為公諱不貶諸侯者以狀

泉之諱唯没公文其餘皆貶此若必諱唯須没公而已何須不貶諸国宣四年公及齊侯平莒及鄭成平同義而彼言平此言成者史官非一置辞不同猶暨之与及更无他義所謂史有文質不必改也文十三年傳稱衛侯鄭伯請平于晋公皆成之是知成平義无異也　注殤公至公世　正義曰服虔云与夷隱四年即位一戰伐鄭圍其東門再戰取其禾皆在隱四年三戰取邾田四戰邾鄭入其郛五戰伐鄭圍長葛皆在隱五年六戰鄭伯以王命伐宋在隱九年七戰公敗宋師于菅八戰宋衛入鄭九戰宋人蔡人衛人伐戴十戰伐宋鄭伯入宋皆在隱十年十一戰鄭伯以虢師大敗宋師在隱十一年是皆在隱公世也　注郜國至郜城　正義曰穀梁傳曰郜鼎者郜之所為也孔子曰名從主人故曰郜大鼎也公羊傳曰器從名地從主人其意言器從本主之名地從後屬主人是知郜国所造故繫名於郜刘炫難杜注郜国濟陰成武縣東南有北郜城郜宋邑濟陰成武縣東南有郜城俱是成武縣東南相去不遠何得所為郜国所爲宋邑刘以南郜北郜並宋邑

别有郜国以規杜氏知不然者以祊田許国相去非遥則郜国
郜邑何妨相近且杜言有者皆是疑辞何得執杜之疑以規其過
如列所解郜国竟在何処　君人至子孫　正義曰君人謂与
人為君也昭德謂昭明善德使德益章聞也塞違謂閉塞違邪
使違命止息也德者得也謂内得於心外得於物在心為德施
之為行德是行之未發者也而德在於心不可聞見故聖王設
法以外物表之儉与度数文物声明皆是昭德之事故傳毎事
皆言昭是昭其德也自不敢易紀律以上言昭德耳都无塞違
之事自滅德立違以下言違德之事德之与違義不並立德明
則違絶故昭德之下言塞違々立則德滅故立違之上言滅德立
違謂建立違命之臣知塞違謂遏絶違命之人也国家之敗
謂邦国喪亡知猶懼或失之謂恐失国家此諫辞有首尾故理互
相見　注以茅至之称　正義曰冬官考工記有葺屋瓦屋則
屋之覆蓋或草或瓦傳言清廟茅屋其屋必用茅也且用茅覆
屋更无他文明堂位曰山節藻棁復廟重檐刮楹達郷反坫出尊

崇坫康圭疏屏天子之廟飾也其飾備物尽文不應以茅為覆得
有茅者杜云以茅飾屋著儉也以茅飾之而已非謂多用其茅揔
為覆蓋猶童子垂髦及蔽膝之屬示其存古耳白虎通曰王者所
以立宗廟何緣生以事死敬亡若存故以宗廟而事之此孝子之
心也宗者尊也廟者貌也象先祖之尊貌然則象尊之貌享祭之
所蔽其舍宇簡其出入其处肃然清静故称清廟清廟者宗廟
之大称詩頌清廟者祀文王之歌故鄭玄以文王解之言天德清
明文王象焉故称清廟此則廣指諸廟非独文王故以清静解
之　注大路至結草　正義曰路訓大也君之所在以大為号門
曰路門寢曰路寢車曰路車故人君之車通以路為名也周礼巾
車掌王之五路鄭玄云王在焉曰路彼解天子之車故云王在耳
其實諸侯之車亦称為路大路〻之最大者巾車五路玉路為大
故杜以玉路為大路巾車云玉路鍚樊纓十有再就建大常十有
二斿以祀故云祀天車也越席結蒲為席置於玉路之中以茵藉
示其儉也經傳言大路者多矣注者皆觀文為説尚書顧命陳列

器物有大輅綴輅先輅次輅孔安国以為玉金象以飾車以其徧
陳猪路故以周礼次之僖二十八年王賜晋文公以大輅之服定
四年祝佗言先王分魯衛晋以大路注皆以為金路以同礼金路
同姓以封玉路不可以賜故知皆金路也襄十九年王賜鄭子蟜
以大路二十四年王賜叔孫豹以大路二注皆云大路天子所賜
車之揔名以周礼孤乗夏篆卿乗夏縵釋例以所賜穆叔子蟜當
是革木二路故杜以大路為賜車之揔名服虔云大路木路杜
不然者以大路越席猶如清廟茅屋清廟之華以茅飾屋示儉
玉路之美以越席示質若大路是木則与越席各為一物豈清廟与
茅屋又為別乎故杜以大路為玉路於玉路而施越席是方可以示
儉故沈氏云玉路雖文亦以越席示儉而刘君横生異義以大路
為木路妄規杜氏非也　注大羹至五味　正義曰郊特牲云大羹
不和貴其質也儀礼士虞特牲皆設大羹湆鄭玄云大羹湆煮肉汁
也不和貴其質設之所以敬尸也是祭祀之礼有大羹也大羹者大古
初食肉者煮之而已未有五味之齊祭神設之所以敬而不忘本也

記言大羹不知故知不致者不致五味々々即洪範所云酸苦辛鹹甘也　注黍稷至精鑿　正義曰釋艸云粢稷舍人曰粢一名稷々粟也郭璞云今江東人呼粟為粢士虞記云明齊郑云今文曰明粢々稷也然則粢是稷之别名但稷是諸穀之長粢亦諸穀揔名周礼小宗伯辨六粢之名物郑云六粢謂黍稷稻梁麦苽是諸穀皆名粢也祭祀用穀黍稷為多故云黍稷曰粢飯謂之食傳云粢食不鑿謂以黍稷為飯不使细也九章筭術粟率五十鑿二十四言粟五斗為米二斗四升是則米之精鑿　注衮畫至持薄

正義曰畫衣謂畫龍於衣祭服玄衣纁裳故称玄衮是玄衣而畫以衮龍衮之言卷也謂龍首卷然玉藻曰龍卷以祭知謂龍首卷也尚書益稷云帝曰予欲觀古人之象日月星辰山龍華蟲作會宗彝藻火粉米黼黻絺繡言觀古人之象謂觀衣服所象日月以下黼黻十二物皆衣服之所有也華蟲以上言作會宗彝以下言絺繡則二者虽在於服而施之不同冬官考工記畫繢与繡布采異次知在衣則畫之在裳則刺之故郑玄礼注及诗箋皆云衣繢

而裳繡以此知衮是畫文故云衮畫衣也衮衣以下章數鄭玄注司服云有虞氏十二章自日月而下至周而日月星辰畫於旌旗又登龍於山登火於宗彝冕服自九章而下如鄭此言九章者龍一山二華蟲三火四宗彝五在衣藻六粉米七黼八黻九在裳鷩冕者去龍去山自華蟲而下七章華蟲一火二宗彝三在衣餘四章在裳毳冕者去華蟲去火五章自宗彝而下宗彝一藻二粉米三在衣餘二章在裳希冕者去宗彝去藻三章自粉米而下粉米一在衣餘二章在裳玄冕者其衣无畫裳上刺黻而已杜昭二十五年數九文不取宗彝則與鄭異也冠者首服之大名冕者冠中之別号故云冕冠也世本云黃帝作冕宋仲子云冕冠之有旒者礼文殘缺形制難詳周礼弁師掌王之五冕皆玄冕朱裏止言玄朱而已不言所用之物論語云麻冕礼也蓋以木為幹而用布衣之上玄下朱取天地之色其長短廣狹則經傳无文阮諶三礼圖漢礼器制度云冕制皆長尺六寸廣八寸天子以下皆同沈引董巴輿服志云廣七寸長尺二寸應劭漢官儀云廣七寸長八寸沈又云廣八寸長尺六寸者天子之冕廣七寸長尺二寸

者諸侯之冕廣七寸長八寸者大夫之冕但古礼殘缺未知孰是故備載焉司馬彪漢書輿服志云孝明帝永平二年初詔有司采周官礼記尚書之文制冕皆前圓後方朱裏玄上前垂四寸後垂三寸天子白玉珠十二旒三公諸侯青玉珠七旒卿大夫黑玉珠五旒皆有前无後此則漢法耳古礼鄭玄注弁師云天子袞冕以五采繅前後各十二旒々有五采玉十有二鷩冕前後九旒毳冕前後七旒希冕前後五旒玄冕前後三旒々皆五采玉十有二上公袞冕三采繅前後九旒々有三采玉九侯伯鷩冕三采繅前後七旒々有三采玉七子男毳冕三采繅前後五旒々有三采玉五孤卿以下皆二采繅二采玉其旒及玉各依命數耳禮之冕者冕俛也以其後高前下有俛俯之形故因名焉蓋以在上位者失於驕矜欲令位弥高而志弥下故制此服令貴者下賤也韍韠制同而名異鄭玄詩箋云芾大古蔽膝之象也冕服謂之芾其他服謂之韠以韋為之故云韍韋韠也詩云赤芾在服則芾是當股之衣故云以蔽膝也鄭玄易緯乾鑿度注云古者田漁而食因衣

其皮先知蔽前後知蔽後々王易之以布帛而独存其蔽前者重
古道而不忘本也是説蔽韠之元由也易下繫辞曰包犧氏之王
天下也作為網罟以佃以漁則田漁而食伏犠時也礼運説上古
之時云昔者先王食鳥獸之肉衣其羽皮是田漁而食因衣其皮
也又曰後聖有作治其麻絲以為布帛易繫辞曰黄帝尭舜垂
衣裳而天下治然則易之布帛自黄帝始也垂衣裳服布帛初
必始於黄帝其存蔽膝之象未知始自何代也礼記明堂位云有
虞氏服韍言舜始作韍也等祭服而異其名耳未必此時始存象
也冕服謂之蔽者易云朱紱方来利用享祀知他服謂之韠者案
士冠礼士服皮弁玄端皆服韠是他服謂之韠以冕為主非冕謂
之他此欲以两服相形故謂蔽為韋韠蔽之与韠祭服他服之
異名耳其體制則同玉藻説玄端服之韠云韠君朱大夫素士爵
韋蒙首言韠句未言韋明皆以韋為之凡韠皆象裳色言君朱大
夫素則等卑之韠直色別而已无他飾也其蔽則有文飾耳明堂
位曰有虞氏服韍夏后氏山殷火周龍章鄭玄云韍冕服之韠也

舜始作之以為祭服禹湯至周增以畫文後王弥飾也山取其仁
可仰也火取其明也龍取其變化也天子備焉諸侯火而下卿大
夫山士韎韋而已是說韍之飾也玉藻曰韠下廣二尺上廣一尺
長三尺其頸五寸肩革帶博二寸鄭玄云頸五寸亦謂廣也頸中
央肩兩角皆上接革帶以繫之肩与革帶廣同是説韠之制也
記傳更无韍制皆是韠義明其制与韠同經傳作韍或作韍或作
芾音義同也徐廣車服儀制曰古者韍如今蔽膝戰國連兵以韍
非兵飾去之漢明帝復制韍天子赤皮蔽膝蔽膝古韍也然則漢
世蔽膝猶用赤皮魏晉以来用絳紗為之是其古今異也以其用
絲故字或有為紱者天子之笏以玉為之故云珽玉笏也管子云
天子執玉笏以朝日是有玉笏之文也礼之有笏者玉藻云凡有
指畫於君前用笏造受命於君前則書於笏釈名曰笏忽也君有
命則書其上備忽忘也或曰　可以簿疏物也徐廣車服儀制曰
古者賤皆執笏即今手板也然則笏与簿手板之異名耳蜀志称
秦密見大守以簿擊頰則漢魏以来皆執手板故云若今吏之持

簿玉藻云笏畢用也因飾焉言貴賤尽皆用笏因飾以示為卑其
上文云笏天子以球玉諸侯以象大夫以魚須文竹士竹本象可
也鄭玄云球美玉也文猶飾也大夫士飾竹以為笏不敢与君並
用純物是其為卑異也大夫与士笏俱用竹大夫以魚須飾之士
以象骨為飾不敢純用一物所以下人君也用物既殊体制亦異
玉藻云天子搢珽方正於天下也諸侯荼前詘後直讓於天子也
大夫前詘後詘无所不讓也鄭玄以為挺之珽〻之言珽然无所屈
前後皆方正也荼挺舒懦所畏在前也圜殺其首屈於天子也大
夫上有天子下有己君故首末皆圜前後皆讓是其形制異也其
長則諸侯以下与天子又異珽一名大圭周礼典瑞云王晉大圭
以朝日是也冬官考工記大圭長三尺天子服之是天子之珽長
三尺也玉藻云笏度二尺有六寸短於天子蓋諸侯以下度亦皆
然也　注帶革至履舄　正義曰下句鞶是紳帶知此帶為革帶
玉藻革帶博二寸鄭玄云凡佩繫於革帶白虎通云男子有鞶革
者示有金革之事然則示有革事故用革為帶為佩也昭十二年

傳云裳下之飾也經傳通例皆上衣下裳故云衣下曰裳幅与行
縢今古之異名故云若今行縢箋云邪幅在下毛傳曰幅偪也所
以自偪束也鄭箋云邪幅如今行縢也偪束其脛自足至膝故訓
緘也然則行而緘足故名行縢邪纏束之故名邪幅舄者屨之
小別鄭玄周礼屨人注云複下曰舄禪下曰屨然則舄之与屨下
有禪複爲異屨是揔名故云舄複屨禪其複下也鄭玄又云天子
諸侯吉事皆舄赤舄者冕服之舄白舄者皮弁之舄黑舄者玄端
之舄其士皆著屨纁屨者爵弁之屨白屨者皮弁之屨黑屨者
玄端之屨其卿大夫服冕者亦赤舄餘服則屨其王后褘衣玄舄
揄狄青舄闕狄赤舄鞠衣黃屨展衣白屨褖衣黑屨其諸侯夫人
及卿大夫之妻合衣狄者皆舄其餘皆屨其舄之飾用對方之色
赤舄黑飾是也屨之飾用比方白屨黑飾是也 注衡維至上覆
正義曰此四物者皆冠之飾也周礼追師掌王后之首服追衡笄
鄭司農云衡維持冠者鄭玄云祭服有衡垂于副之兩旁當耳其
下以紞縣瑱彼婦人首服有衡則男子首服亦然冠由此以得支

立故云維持冠者追者治玉之名王后之衡以玉為之故師掌焉
弁師掌王之五冕弁及冕皆用玉笄則天子之衡亦用玉其諸侯
以下衡之所用則未聞紞者縣瑱之繩垂於冠之兩旁故云冠之垂者
魯語敬姜曰王后親織玄紞則紞必織線為之若今之絛繩鄭玄詩
箋云充耳謂所以縣瑱者或名為紞織之人君五色臣則三色是
也絛必雜色而魯語獨言玄者以玄是天色故特言之非謂純玄
紘纓皆以組為之所以結冠於人首也纓用兩組屬之於兩
旁結之於頷下垂其餘也紘用一組從下屈而上屬之於兩旁垂
其餘也紘纓同類以之相形故云紘纓從下而上者弁師掌王之
五冕皆玉笄朱紘祭義稱諸侯冕而青紘士冠禮稱緇布冠青
組纓皮弁笄爵弁笄緇組纓鄭玄云有笄者屈組為紘垂為飾無
笄者纓而結其絛以其有笄者用紘力少故從下而上屬之無笄
者用纓力多故從上而下結之冕弁皆有笄故用紘緇布冠無笄
故用纓也魯語稱公侯夫人織紘綖知紘亦織而為之士冠禮言
組纓組紘知天子諸侯之紘亦用組也綖冠上覆者冕以木為幹

以玄布衣其上理之綖論語尚書皆云麻冕知其當用布也弁師掌王之五冕皆玄冕知其色用玄也孔安国論語注言績麻三十升布以為冕即是綖也鄭玄玉藻注云延冕上覆也此云冠上覆者冠冕通名故此注衡及綖皆以冠言之其實悉冕飾也　注尊卑各有制度　正義曰此上十二物者皆是明其制度哀伯恐及則言无次弟也鄭玄覲礼注云上公衮无升竜天子有升竜有降竜是衮有度也冕則公自衮以下侯伯自鷩以下是冕有度也黻則諸侯火以下卿大夫山是黻有度也珽則玉象不同長短亦異是珽有度也衮冕鷩冕裳四章毳冕希冕裳二章是裳有度也鄭玄屨人注云王吉服舄有三等赤舄為上冕服之舄下有白舄黑舄王后祭服舄有三等玄舄為上褘衣之舄下有青舄赤舄是舄有度也紞則人君五色臣則三色是紞有度也天子朱紘諸侯青紘是紘有度也其帶幅衡綖則無以言之傳言昭其度也明其尊卑各有制度　注藻率至下飾　正義曰鄭玄覲礼注云繅所以藉玉以韋衣木廣袤各如其玉之大小典瑞注云

繅有五采文所以薦玉木為中榦用韋衣而畫之此言以韋為之
指木上之韋其實木為榦也礼之言繅皆有玉共文大行人謂之
繅藉曲礼單称藉故知所以藉玉也大行人云公執桓圭九寸繅
藉九寸知大小各如其玉也大行人注云繅藉以五采韋衣板
若奠玉則以藉之是由有奠之時須有繅以之藉玉故小大如玉
耳典瑞職曰玉執鎮圭繅藉五采五就以朝日公執桓圭侯執信
非執躬圭繅皆三采三就子執穀璧男執蒲璧繅皆二采再
就以朝覲宗遇會同于王是王五采公侯伯三采子男二采也凡
言五采者皆禋玄黄朱白蒼三采朱白蒼二采朱緑就成也五
就禋五帀每一帀為就也礼之言藻其文虽多典瑞大行人聘礼
覲礼皆單言繅或云繅藉未有言繅率者故服虔以藻為畫藻率
為刷巾杜以藻率為一物者以拭物之巾无名率者服言礼有
刷巾亦无所出且哀伯禋之昭数固應礼之大者寧当举拭物之
巾与藻藉為数故知藻率正是藻之複名藻得称為藻藉何以
不可名為藻率也玉藻説帯之制曰士練带率下辟凡带有率无

箴功鄭玄云士以下皆禪不合而繂積如今作幧頭為之也然則禪而不合縷繂其邊裨之為率此以韋衣木蓋亦繂積其邊故稱率也鄭司農典瑞注讀繅為藻率之藻似亦藻率共為藻也詩曰鞞琫容刀故知鞞鞛佩刀削之飾也少儀云刀授穎削授拊削是刀之類故與刀連言之鞞鞛二名明飾有上下先鞞後鞛故知鞞為上飾鞛為下飾劉君以毛詩傳下曰鞞上曰琫而規杜氏但鞞鞛或上或下俱是無正文不可以規杜過也　注鞶紳至帶

正義曰易訟卦上九或錫之鞶帶知鞶即帶也以帶束要垂其餘也為飾謂之紳上帶為革帶故云鞶紳帶所以別上帶也玉藻說帶云大夫大帶是一名大帶也詩毛傳云厲帶之垂者故用毛說以為厲大帶之垂者也大帶之垂者名之為紳而復名為厲者紳是帶之名厲是垂之貌詩稱垂帶而厲是厲為垂貌也玉藻稱天子素帶朱裏終辟諸侯素帶不朱裏大夫玄華辟垂帶皆博四寸士帶博二寸再繚四寸緇辟下垂賈服等說鞶厲皆與杜同唯鄭玄獨異禮記內則注以鞶為小囊讀厲如裂繻之列衣言

鞶囊必列衣繒緣之以為飾案礼記稱男鞶革女鞶絲鞶革是帶之
别稱遂以鞶革為帶名言其帶革帶絲耳鞶非囊之号也礼記又
云婦事舅姑施鞶袠鞶袠是囊之别名今人謂裹書之物為袠言其施鞶
帶施囊耳其鞶亦非囊也若以鞶為小囊則袠囊是何器若袠亦
是囊則不應帶二囊矣以此知鞶革即是紳帶為得其實斿是旒
之垂者旆之别名九旗雖各有名而旌旗為之揔号故云旌旗之
斿案巾車王建大常十有二斿又大行人云上公九斿侯伯七斿
子男五斿其孤卿建旜大夫士建物其斿各如其命数其鳥旟
則七斿熊旗則六斿龜旐則四斿故考工記云鳥旟七斿以象鶉
火熊旗六斿以象伐龜旐四斿以象營室是也鄭司農巾車注
云礼家説曰纓當胷以削革為之鄭玄云纓今馬鞅是纓在馬膺
前也服虔云纓如索帬今乗輿大駕有之然則漢魏以来大駕之
馬膺有索帬是纓之遺象故云如索帬也案巾車玉路樊纓十有
再就鄭玄注云樊及纓皆以五采罽飾之金路樊纓九就象路樊
纓七就革路條纓五就鄭玄云其樊及纓以條絲飾之木路翦樊

鵠纓鄭玄云以淺黑飾韋為樊鵠色飾韋為纓不言就數飾與革路同　注旌旗各有數　正義曰藻有五采三采之異是藻率有數也毛詩傳說容刀之飾云天子玉琫而珧珌諸侯盪琫而璆珌是鞞鞛有數也玉藻云紳長制士三尺有司二尺有五寸又大夫以上帶廣四寸士廣二寸是鞶厲有數也玉路十二斿金路九斿是游有數也玉路纓十有二就金路纓九就是纓有數也數之與大同々小異度謂限制數謂多少言其旌旗有節數也　注火畫至相戾　正義曰考工記々畫繢之事云火以圜鄭司農云為圜形似火鄭玄云形如半環然又曰水以龍鄭玄云龍水物畫水者并畫龍是衣有畫火畫龍也白與黑謂之黼黑與青謂之黻考工記文也其言形若斧兩己相戾相傳為說孔安國虞書傳亦云黼若斧形黻為兩己相背是其舊說然也周世袞冕九章傳唯言火龍黼黻四章者略以明義故文不具舉衣之所畫龍先於火今火先於龍知其言不以次也　注車服至虛設　正義曰考工記云畫繢之事雜五色東青南赤西白北黑天玄地黃是其比

象天地四方也比象有六而言五者玄在赤黑之間非別色也
昭二十五年傳云九文六采言采色有六故注以天地四方六事
當之五行之色爲五色加天色則爲六故五色六采互相見也服
其物者以示物不虛設必有所象其物皆象五色故以五色明之
注錫在至鳴也　正義曰鄭玄巾車注云錫馬面當盧刻金爲之
所謂鏤錫也詩箋云眉上曰錫刻金飾之今當盧也然則錫在眉
上玄在馬額也詩稱輶車鸞鑣知鸞在鑣也鑣在馬口兩旁衡
在服馬頸上鸞和亦鈴也以其處異故異名耳爾雅釋天說旌旗
有鈴曰旂李巡曰以鈴置旐端是鈴在旂也錫在馬額鈴在旂
先儒更無異說其鸞和所在則舊說不同毛詩傳曰在軾曰和在
鑣曰鸞韓詩內傳曰鸞在衡和在軾前鄭玄經解注取韓詩爲
說秦詩箋云置鸞於鑣異於乘車也其意言乘車之鸞在衡
田車之鸞在鑣及商頌烈祖之箋又云鸞在鑣是疑不能定故
兩從之也案考工記輪崇車廣衡長參如一則衡之所容唯兩服馬
耳詩辭每言八鸞當謂馬有二鸞々若在衡々唯兩馬安得置八

鸞乎以此知鸞必在鑣鸞既在鑣則和當在衡經傳不言和數未知和有幾也四者皆以金為之故動則皆有鳴聲也　注三辰至之明　正義曰春官神士掌三辰之法鄭玄亦以為日月星也謂之辰辰時也日以照晝月以照夜星則運行於天昏明遞帀而正所以示民早晚民得取為時節故三者皆為辰也三辰是天之光明照臨天下故畫於旌旗象天之明也九旗之物唯日月為常不言畫星者蓋大常之上又畫星也穆天子傳稱天子葬盛姬建日月七星蓋畫北斗七星也案司常交龍為旂熊虎為旗不畫斗而云三辰旂旗者旂旗是九旗之總名可以統大常故舉以為言也　注九鼎至郟鄏　正義曰按宣三年傳知九鼎是殷家所受夏九鼎也戰國策稱齊救周求九鼎顏率謂齊王曰昔周伐殷而取九鼎一鼎九萬人挽之九鼎八十一萬人挽之挽鼎人數或是虛言要知其鼎有九故稱九鼎也知武王遷九鼎於洛邑欲以為都者鼎者帝王所重相傳以為寶器戎衣大定之日自可遷置西周乃徙九鼎處于洛邑故本意欲以為都又以尚書洛誥說

周公營洛邑則知武王但有迁意周公乃卒營之地理志云河南縣故郟鄏地也武王遷九鼎周公致大平營以為都是為王城至平王居之言即今河南城者晉時猶以為河南縣成王定鼎處三年傳文　注蓋伯夷之屬　正義曰史記伯夷列傳曰伯夷叔齊孤竹君之二子也讓國俱逃歸周及至西伯卒武王東伐紂伯夷叔齊叩馬諫曰父死不葬爰及干戈可謂孝乎以臣伐君可謂仁乎左右欲兵之大公曰此義人也扶而去之武王既平殷夷齊恥之不食周粟隱於首陽山采薇而食之作歌曰登彼西山兮爰采薇矣以暴易暴兮不知其非矣檢吾傳之說非武王者唯此人故知是伯夷之屬　注內史至於魯　正義曰周禮春官內史中大夫是周大夫官也積善之家必有餘慶易文言文也　注楚國亡會稽　正義曰地理志云南郡江陵縣故楚郢都楚文王自丹陽徙此世本云楚鬻熊居丹陽武王徙郢宋仲子云丹陽在南郡枝江縣今南郡江陵縣北有郢城史記稱文王徙都于郢地理志依史記為說此時當楚之武王也譜云楚之芊姓顓頊之後也其後

有鬻熊事周文王早卒成王封其曾孫熊繹於楚以子男之田居丹陽今南郡枝江是也熊達始稱武王々々十九年曾隱公之元年也武王居郢今江陵是也昭王徙鄀惠王八年獲麟之歲也惠王二十一年春秋之傳終矣惠王五十七年卒自惠王以下十一世二百九年而秦滅之楚世家稱武王使隨人請王室尊吾号王弗聽還報楚々王怒乃自立為楚武王是楚之武王始僭号稱王也劉炫云号為武々非謚也　冬公至礼也　正義曰凡公行者或朝或會或盟或伐皆是也孝子之事親也出必告反必面事死如事生故出必告廟反必告至不言告禰廟而言告宗廟者諸廟皆告非獨禰也礼記曾子問曰諸侯適天子必告于祖奠于禰命祝史告于宗廟諸侯相見必告于禰命祝史告于五廟反必親告于祖禰乃命祝史告至于前所告者由此而言諸侯朝天子則親告祖禰命祝史告餘廟朝隣国則親告禰祝史告餘廟其路遠者亦親告祖故於其反也言告于祖禰明出時亦告祖也出時不言祖者鄭玄云道近或可以不親告祖明道遠者亦親告祖矣雖

親与不親而諸廟皆告故揔言告于宗廟也曾子問曰凡告用制
幣反亦如之則出入皆以幣告也但出則告而遂行反則告訖又
飲至故行言告廟反言飲至以見至有飲而行无飲也飲至者嘉
其行至故因在廟中飲酒為楽也襄十三年傳曰公至自晉孟獻
子書労于廟礼也書労策勲其事一也舍爵乃策勲々々當在
廟知飲至亦在廟也彼公至自晉朝還告廟也此公至自唐盟
還廟也十六年公至自伐鄭傳曰以飲至之礼伐还告廟也三
者傳皆言礼知朝會盟伐告廟礼同傳所以反覆凡例也朝還告
至而献子書労則策勲者非唯討伐之勲雖常事有以安国寧民
或亦書功于廟也公行告至必以嘉會昭告祖祢有功則舍爵策
勲无功則告事而已无不告也反行必告而春秋公行一百七十
六書至者唯八十二耳其餘不書者穀例曰凡公之行不書至
者九十有四皆不告廟也隱公之不告謙也餘公之不告慢於礼
也慢於礼者舉大例言耳其中亦應有心実非慢而不宜告者若
行有恥辱不足為栄則克躬罪已不以告廟非為慢於礼也若事

実可恥而不以為恥反行告廟則史亦書之宣五年傳曰公如齊高固使齊侯止公請叔姬焉夏公至自齊書過也釋例曰執止之辱厭焉毀列所以累其先君而辱其社稷固當克躬罪己不以嘉礼自終宣公如齊既已見止連昏於隣国之臣而行飲至之礼故傳曰昏過也是不應告而告故書之以示過也釋例又曰桓公之喪至自齊此則死還告廟而昏至者也莊公違礼如齊觀社用飲至之礼此則失礼之昏至者也宣公黒壤之會以賂免諱不昏盟而後昏至亦諱不以見止告廟也襄公至自晋此則栄還而書至者也昭公至自齊居于鄆此則宜告而昏至者也諸昏至皆告廟啓反或即実而言或有所諱辟傳於伐見飲至之礼於宣見昏過之説於朝見昏労于廟挙此三者以包其他行也僖十六年公會諸侯于淮未歸而取項齊人以為討而止公十七年秋声姜以公故會齊侯于卞公始得歸而昏公至自會是諱其見止而以會告廟啓傳曰猶有諸侯之事焉且諱之是諱止而以會告也諸侯盟者必在會後皆昏公至自會不言公至自盟者以盟是因會而為之初

必以令徵衆公行以令告廟故還以令告至雖并以盟告亦不云至自盟為行時不以盟告故也僖二十八年公會諸侯于溫遂圍許經書公至自圍許襄十年公會諸侯于柤遂滅偪陽經書公至自會二文不同釋例曰諸若此類事勢相接或以始致或以終致蓋時史之異耳无他義也定十二年公至自圍成行不出竟而亦告廟者釋例曰陪臣執命大都偶國仲由建墮三都之計而成人不從故公親伐之雖不越竟動衆興兵大其事故出入皆告于廟也　注爵飲至功也　正義曰韓詩說一升曰爵々盡也足也二升曰觚々寡也飲當寡少三升曰觶々適也飲當自適四升曰角々觸也飲不自適觸罪過也五升曰散々訕也飲不自節為人謗訕也揔名曰爵其實曰觴々餉也然則飲酒之器其名有五而揔称為爵案燕礼爵用觚觶此飲至之爵不過用觚觶而已為人君者賞不踰月欲民速覩為善之利故舍爵即書勞於策言速紀有功也　千畝之戰　正義曰案周本紀宣王三十九年王与姜戎戰于千畝取此戰事以為子名也　夫名至生亂　正義曰出口為名合宜為義人之出言使合於事

宜故云名以制義杖義而行所以生出礼法故云義以出礼夜礼而行
所以体成政教故云礼以体政以礼為政以正下民故云政以正
民今晉侯名子不得其宜礼教无所從出政不以礼則民各有心
故為始兆乱也　注穆侯託諷諫　正義曰大子与桓叔並同
戰為名而所附意異仇取於戰相仇怨成師取已成師衆緣名來
義則大子多怨仇而成師有徒衆穆侯本立此名未必先生此意
但寵愛少子於時已著師服知桓叔將盛故推出此理因解其名
以為諷諫欲使之強幹弱枝耳人臣規諫若无端緒憑何致言以
申己志非謂人之立名必將有驗而何休謂左氏後有興亡由立
名善惡引名穆名棄為膏肓以難左氏非也　注靖侯至傳相
正義曰案晉世家靖侯生僖侯々々生獻侯々々生穆侯々々生
桓叔靖侯是桓叔之高祖也史傳稱祖皆云祖父故謂高祖為高
祖父非高祖之父也特云靖侯之孫則知傳意言其得貴寵公孫
為傳相也時人之後遂為欒氏蓋其父字欒　注側室至一官
正義曰礼記文王世子云公若有出疆之政庶子守公宮正室守

大廟鄭玄云正室適子也正室是適子故知側室是衆子言其在適子之旁側也文十二年傳曰趙有側室曰穿是卿得立此官也卿之家臣其數多矣獨言立此一官者其餘諸官是連於國臨時選用異姓皆得為之其側室一官必用同族是卿適所及唯知宗事故特言之案世族譜趙穿是夙之庶孫於趙盾為從父昆弟而為盾側室然選其宗之庶者而為之未必立卿之親弟　注適子及輔貳　正義曰礼有大宗小宗天子諸侯之庶子謂之別子及異姓受族為後世之始祖者世適承嗣百世不遷謂之大宗為父後者諸弟宗之五世則遷謂之小宗五世遷者謂高祖以下喪服未絶其繼高祖之適則緦服之内共宗之其繼曽祖之適則小功之内共宗之繼祖繼禰所宗及亦然故鄭玄喪服小記注云小宗有四或繼高祖或繼曽祖或繼祖或繼禰皆至五世則遷以緦服既窮不相宗敬故跳即遞遷也礼記大傳曰有百世不遷之宗有五世則遷之宗百世不遷者別子之後也宗其繼別子之所自出者百世不遷者也宗其繼高祖者五世則遷者也是言大宗小宗

之别也大夫身是適子为小宗故其次者为貳宗以相輔助為副
貳亦立之为此官也杜知此大宗而云小宗者以其大夫不必皆
是大宗拠为小宗者多故杜言之也若大夫身为大宗亦止得立
貳宗官耳礼記拠公族為説故言别子为祖主説諸侯庶子耳其
实異姓受族亦为始祖其继者亦是大宗但記文不及之耳沈云
適子为小宗謂是大夫之身为小宗次者为貳宗謂大夫庶子貳
宗与側室为例皆是官名与五宗别　注諸侯至服者　正義曰
周公斥大九州廣土万里制为九服邦畿方千里其外每五百里
謂之一服侯甸男采衛要六服为中国夷鎮蕃三服为夷狄大司
馬謂之九畿言其有期限也大行人謂之九服言其服事王也如
其数計甸服内畔尚去京師千里晋距王城不容此数而得在甸
服者周礼設法耳土地之形不可方平如圖未必每服皆如其数
也地理志云初雒邑与宗周通封畿東西长南北短々長相覆為
千里是王畿不正方也志又云東都方六百里半之为三百里外
有侯服五百里為八百里計晋都在大原去洛邑近八百里也畿

既不方服必美改故晉在甸服也

計一万三千三百七十五字

春秋正義卷第五

春秋正義卷第六　　桓公

國子祭酒上護軍曲阜縣開國子臣孔　穎達　等奉
勅撰

三年注經之首至嬴縣　正義曰桓公元年二年十年十八年凡四年於春有王九年春无王无月其餘十三年雖春有月悉皆无王穀梁傳曰桓无王其曰王何也謹始也其曰无王何也桓弟弑兄臣弑君天子不能定諸侯不能救百姓不能去以為无王之道遂可以至焉爾元年有王所以治桓也二年有王正與夷之卒也十年有王正終生之卒也十八年書王范甯注云此年書王以王法終治桓之事先儒多用穀梁之說賈逵云不書王弑君易祊田成宋亂無王也元年治桓二年治督十年正曹伯十八年終始治桓杜以正是王正歷從王出故以為王者班歷史乃書王明此歷天王之所班也其或廢法違常失不班歷則諸侯之史不得書王言此十三年无王皆王不班歷故也劉炫規過云然天王失不班歷經不書王乃是國之大事何得傳无異文又昭二十三年以後王室

有子朝之亂經皆。王合豈是王室猶已班歷又襄二十七年再失閏
杜云魯之司歷頓置兩閏又哀十三年十二月螽杜云季孫雖聞
仲尼之言而不正歷如杜所歷既天王所班魯人何得擅改又子
朝奔楚其年王室方定王位猶且未定諸侯不知所奉復有何
人尚已班歷昭二十三年秋乃書天王居于狄泉則其春未有
王矣時未有王歷无所出何故其年亦書王也若春秋之歷必
是天王所班則周之錯失不關於魯魯人雖或知之无由輒得改
正襄二十七年傳稱司歷過再失閏者是周司歷也魯司歷也
而杜釋例云魯之司歷始覺其謬頓置兩閏以應天正若歷為王
班甯一論王命寧敢專置閏月改易歲年哀十二年十二月螽
仲尼曰火猶西流司歷過也杜於釋例又云季孫雖聞此言猶
不即改明年復螽於是始悟十四年春乃置閏欲以補正時歷
既言歷為王班又稱魯人輒改改之不憚於王亦復何須王歷杜
之此言自相矛楯以此說難得而通又案春秋經之闕文甚多其
事非一卄如夫人有氏无姜有姜无氏及大雨霖麕咎如隕之

歎也此无王者正是闕文耳今刪定知此不書王班是經之闕文
必以為失不班歷者杜之所拠雖无明文若必闕文止應一處兩
事而已不應一公之內十四年並闕王字杜以周礼有頒告朔于
邦國都鄙以有成文故為此說但齊桓晉文以前翼戴天子王室
雖微猶已班歷訖靈王景王以後王室卑微歷或諸侯所為亦遙
稟天子正朔所以有子朝之亂經仍稱王不責人所不得也猶如
大夫之卒公疾在外雖不與小斂亦同書日之限然則司歷之過
魯史所改拠而言有何可責列君不尋此旨橫生異同以規杜
過恐非其義也　注既盡訖不見　正義曰食既者謂日光盡也
故云既盡也月體无光待日照而光生半照即為弦全照乃成望
〻為日光所照反得奪月光者歷家之說當日之衝有大如日者
謂之闇虛闇虛當月則月必滅光故為月食張衡靈憲曰當日
之衝光常不合是謂闇虛在星則星微遇月則月食是言日奪
月光故月食也若是日奪月光則應每望常食而望亦有不食者
由其道度異也日月異道有時而交〻則相犯故日月遞食交在

望前朔則日食望則月食交在望後望則月食後月朔則日食交正在朔則日食既前後望不食交正在望則月食既前後朔不食大率一百七十三日有餘而道始一交非交則不相侵犯故朔望不常有食也道不正交則日斜照月故月光更盛道若正交則日衝當月故月光即滅譬言如火斜照水日斜照鏡則水鏡之光旁照他物若使鏡正當日水正當火則水鏡之光不能為照日之奪月亦猶是也日月同會道度相交月揜日光故日食日奪月光故月食言月食是日光所衝日食是月體所映故日食常在朔月食常在望也食有上下者行有高下裏月在日南從南入食南下北高則食起於下月在日北從北入食則食發於高是其行有高下故食不同也故異義云月高則其食虧於上月下則其食虧於下也日月之體大小正同相揜密者二體相近正映其形故光得溢出而中食也相揜疏者二體相遠月近而日遠自人望之則月之所映者廣故月光不復能見而日食既也日食者實是月映之也但日之所在則月體不見聖人不

言月采食日而云有物食之以自食為文闕於所不見也　注礼
君之卿逆　正義曰天子蕃无与敵不自親逆使卿逆而上公臨
之諸侯則親逆有故得使卿八年祭公逆王后于紀傳曰礼也是尚
使人天子不親逆也襄十五年傳曰官師從單靖公逆王后于齊
卿不行非礼也是知天子之礼當使卿逆而上公臨之也礼記哀
公問曰冕而親迎不已重乎孔子對曰合二姓之好以繼先聖之
後以為天地宗廟社稷之主君何謂已重乎此對哀公指言魯事
是諸侯正礼當親逆也莊二十四年公如齊逆女丘明不為之傳
以其得礼故也文四年逆婦姜于齊傳曰卿不行非礼也以卿不
行為非礼知君有故得使卿逆也　有年　正義曰年訓為稔
謂歲為年者取其歲穀一熟之義故禾稼既收農功畢入以其
歲豐於常故史書有年於策此書有年宣十六年書大有年
穀梁傳曰五穀皆熟為有年五穀大熟為大有年杜取穀梁為說
其義亦當然也周礼疾醫以五穀養病鄭玄云五穀麻黍稷麥
豆即月令五時所食穀也賈逵以桓惡而有年豐異之也言有非

其所宜有案昭元年傳曰國乱道而年穀和熟天贊之也是言歲豐爲佐助之非妖異之物也君行既悪澤不下流遇有豐年輙以為異是則无道之世唯宜有大饑不宜有豐年非上天祐民之本意也且言有不宜有傳无其說釋例曰刘賈許因有年大有年之經有鸜鵒来巢書所无之傳以為經諸言有皆不宜有之辞也從經螟螽不昬有傳發於魯之无鸜鵒不以有字為例也經書十有一年十有一月不可謂不宜有此年不宜有此月也螟螽俱是非常之灾亦不可謂其宜有也　傳注武公至之右　正義曰武公莊伯子韓万莊伯弟世本云文也周礼戎僕掌馭戎車戎右掌戎車之兵革使故知御為戎僕右是戎車之右也　注汾隰汾水边　正義曰釋例曰汾水出大原故汾陽縣東南至晋陽縣西南經西河平陽至河東汾陽縣入河尔雅釋地云下溼曰隰知汾隰汾水边也　注驂騑馬　正義曰說文云騑驂旁馬是騑驂為一也初駕馬者以二馬夾轅而已又駕一馬与兩服為參故謂之驂又駕一馬乃謂之駟故說文云驂駕三

馬也駟一乘也兩服為主以漸參之兩旁二馬遂名為驂故揔舉
一乘則謂之駟指其騑馬則謂之驂詩称兩驂如舞二馬皆称驂
礼記称説驂而賻之一馬亦称驂是本其初參以為名也驂馬
在衡外挽靷每結於木由頸不當衡故也名騑者以驂馬有騑々
之容故少儀云騑々翼々是也　注公不至礼也　正義曰此成昏
禮聘文姜也詩刺魯桓公不能禁制文姜云取妻如之何匪媒不
得既曰得止曷又極止言桓公以媒得文姜此云不由媒者公親
會齊侯必無媒也詩舉正法以刺上傳據實事以解經故不同耳
注昏礼至其義　正義曰公子遂逆女傳言尊君命是時君之
命也此言脩先君之好是称先君為辭也翬遂俱是逆女傳文各
言其一是互舉其義昏礼納采辭曰某有先人之礼使某也請納
采其納徵辭曰某有先人之礼使某也請納徵是男家辭也主人
醴賓辭曰子為事故至於某之室某有先人之礼請醴從者是
女家辭也彼士礼也故称先人若諸侯則称先君以此知其言必
称先君以為礼辭　凡公至逆之　正義曰昏以相敵為耦先以敵

国为文然後於大国小国辨其所異姊妹於敵国猶上卿送之於
大国則上卿必矣且姊妹礼於先君不以所嫡輕重虽則小国亦
使上卿送也於小国則上大夫送之文姜公子之下謂送公子亦
送姊妹也周礼序官唯有中大夫无上大夫也礼記王制曰諸侯
之上大夫卿鄭玄云上大夫曰卿則上大夫即卿也又无上大夫
矣而此云上大夫者諸侯之制三卿五大夫五人之中又復分為
上下成三年傳曰次国之上卿當大国之中々當其下々當其上
大夫小国之上卿當大国之下卿中當其上大夫下當其下大夫
是分大夫為上下也　注古者至釋之　正義曰經書來聘傳言
致夫人是行聘礼而致之也故知使大夫隨加聘問得所以存謙
敬序殷勤也其意言不堪事宗廟則欲以之歸也成九年季孫行
父如宋致女与此事同而文異故辨之云在魯而出則曰致女在
他国而来則總曰聘是詳内略外之文傳嫌其不同故以致夫人
釋之　注為明至北縣　正義曰地理志云馮翊臨晋縣芮鄉故
芮国也河東郡河北縣詩魏国也世本芮魏皆姬姓尚書顧命成

王將崩有芮伯為卿士名謚不見魏之初封不知何人閔元年晉獻公滅魏芮則不知誰滅之　四年注冬獵至書地　正義曰冬〻獵曰狩尓雅釋天文也易比卦九五王用三驅失前禽鄭玄云王者習兵於蒐狩驅禽而射之三則已法軍礼也失前禽者謂禽在前来者不逆而射之旁去又不射唯背走者順而射之不中則已是其所以失之用兵之法亦如之降者不殺奔者不禦皆為敵不敵已加以仁恩養威之道是說三驅之事也狩獵之礼唯有三驅故知行三驅之正礼得田獵之常時故傳曰書時礼也善其得時明礼皆无違矣周之春正月建子即是夏之仲冬也周礼大司馬中冬教大閲遂以狩田是田狩從夏時也釋例曰三王異正朔而夏數為得天雖在周代於言時舉事皆據夏正故公以春狩而傳曰書時礼也隱五年公矢魚于棠傳曰言遠地也僖廿八年天王狩于河陽傳曰言非其地也舉地名者皆言其非地故知此即非国内之狩地故書地也若国内狩地大野是也　哀十四年傳曰西狩於大野經不書大野明其得常地故不書耳

由此而言則狩于禚蒐于紅凡比蒲昌間皆非常地故書地也田
狩之地須有常者古者民多地狹唯在山澤之間乃有不殖之地
故天子諸侯必於其封内択隙地而為之依三十三年傳曰鄭之
有原圃猶秦之有具囿也是其諸国各有常狩之処違其常処
則犯害居民故書地以譏之　注宰官至放此　正義曰周礼天
官有大宰小宰々夫知宰是官也傳言父在故名知伯糾是名
自然渠為氏矣周礼大宰卿小宰中大夫宰夫下大夫未知伯
糾是何宰也貶之乃書名則於法當書字但中下大夫例皆
書字則此宰高下猶未可量故注直言王官之宰不指小宰
々夫慎疑故也詩称濟々多士書戒无曠庶官為政有三擇人
為急王官之宰当以才授位今其父居官而使子攝職是王者
授悔爵位遺人則可故書名以譏之糾之出聘実由於王而貶糾
者王不應授糾々不應受使二者俱有其咎貶糾亦所以責王
如宰咺之比也春秋編年之書四時畢具乃得為年此无秋冬
知是史闕文也旧史先闕故仲尼因之膏肓何休以為左氏牢

渠伯糾父在故名仍叔之子何以不名又仍叔之子以為父在称
子伯糾父在何以不称子鄭箴之云仍叔之子者譏其幼弱故略
言子不名之至於伯糾邑堪聘享又私覿又不失子道故名且字
也鄭氏所箴与杜同云伯糾名且字非杜義傳注郎非至合礼
正義曰春秋之世狩獵多矣見於經者无數事冝良由得時
得地則常事不書故也以獲麟在於大野得地則不書其地知地
時並得則例皆不書此書公狩于郎必是有所譏刺所刺之意在
於失常地也但傳於棠与河陽已云言非其地則非地之責於理
已見而此狩得時恐并時亦刺駮书合礼而非礼自明故注申其
意言郎非狩地唯時合礼以時合礼　地非礼也公羊傳曰常事
不書此何以書譏何譏尔遠也公羊說諸侯遊戲不得已郊故有
遠近之言左氏无此義要言遠者亦是譏其失常地也　五年注
未同盟而書　正義曰僖二十三年傳例曰赴以名則亦書之檢
經傳魯未与陳盟而書鮑名知其來赴以名故也隱八年蔡侯考
父卒注云蓋春秋前与惠公盟故赴以名案史記年表隱之元年

是陳桓公之二十三年則桓十亦得与惠公盟而云未同盟者以蔡侯之卒去惠尚近故疑与惠公盟此去惠公年月已遠且自隱公以来陳魯未嘗交好於惠公之世亦似无盟故以未同盟解之也以長歷推之知甲戌己丑別月而赴者並言正月故兩書其曰而共言正月若其各以月赴亦應兩書其月但此異年之事設令兩以月赴則當於四年云十二月甲戌陳侯鮑卒五年正月己丑陳侯鮑卒　注外相至故告　正義曰傳言朝經言如知々即朝也下文州公如曹与此相對故云外相朝皆言如也魯出朝聘例言如独言外朝者經有公朝王所以不尽云公如故独云外也朝聘而謂之如者亦雅釈詁云如往也朝者兩君相見揖讓兩楹之間聘者使卿通問隣国執圭以致君命擬以礼而為言也魯之君臣出適他国始行即告於策未知成礼以否經每有在塗乃復是礼未必成故直云如言其往彼国耳不果必成朝聘也公朝王所則朝訖乃書故指朝言之此齊郑朝紀亦應朝訖乃告但略外故言如耳外相朝例不書而此独告

者傳言欲以襄紀々人知之明其懼而告魯故書也　注仍叔之子出聘　正義曰天子大夫例皆書字仍氏叔字知是天子大夫也公羊穀梁皆以仍叔之子為父老代父從政左氏直云弱也言其幼弱不言父在則是代父嗣位非父在也伯糾身未居官攝行父事故稱名以貶之此子亦已嗣位而未堪從政故繫父以說之說王使童子出聘也蘇氏用公羊穀梁之義以為父老求聘非父設義或當然　注蚣蝑至故書　正義曰釋蟲云蛗螽蚣蝑楊雄方言云舂黍謂之蚣蝑陸機毛詩疏云幽州人謂之舂箕々々即舂黍蝗類也長而青股鳴者或謂似蝗而小班黑其股狀如瑇瑁又五月中以兩股相切作聲聞十數步爾雅又有蠜螽土螽樊光云皆蚣蝑之屬然則螽之種類多故言屬以包之傳稱凡物不為災不書知此為災故書　州公如曹　正義曰周禮公之地封疆方五百里侯四百里伯三百里子男二百里男一百里隱五年公羊傳曰天子三公稱公王者之後稱公其餘大國稱侯小國稱伯子男然則三公之外爵稱公者唯二王之後

杞与宋耳此州公及僖五年晋人執虞公並是小国而得称公者鄭玄王制注以為殷地三等百里七十里五十里武王克殷虽制五等之爵而因殷三等之地及周公制礼大国五百里小国百里所因殷之諸侯亦以功黜陟之其不滿者皆益之地為百里焉是以周世有爵尊而国小爵卑而国大者言爵尊国小蓋指此州公虞公也案虞是克商始封非為殷之餘国鄭玄之言不可通於此矣杜之所解亦无明言唯世族譜云虞姬姓武王克商封虞仲之庶孫以為虞仲之後処中国為西吴後世理之虞公服虔云春秋前以黜陟之法進爵為公未知孰是或可嘗為三公之官若虢公之属故称公也以甚其文故備言之列炫難服云周法二王之後乃得称公虽復周公大公之勲有桓晋文之霸位止通侯未升上等州有何功得近公爵若其爵得称公土亦應廣安得爵為上公地仍小国若地被兼黜爵亦宜減安得地既削小爵尚為崇此則理之不通也　注不書至陶縣　正義曰如者朝也以朝出国不得

書奔外朝不書以國尋向魯故書其本也世本州國姜姓曹國伯爵譜云曹姬姓文王子叔振鐸之後也武王封之陶丘今濟陰定陶縣是也桓公三十五年魯隱公之元年也伯陽立十五年魯哀公之八年而宋滅曹地理志云濟陰郡定陶縣詩曹國是也　傳公疾病　正義曰鄭玄論語注云病謂疾益困也　注奪不使知王政　正義曰隱三年傳稱王貳于虢謂欲分政於虢不復專任鄭伯也及平王崩周人將畀虢公政即周鄭交惡未得與之八年傳曰虢公忌父始作卿士于周於是始與之政共鄭伯爲王政矣九年傳曰鄭伯爲王左卿士然則虢公爲右卿士與鄭伯夾輔王也此年王奪鄭伯政全奪與虢不使鄭伯復知王政故鄭伯積恨不復朝王　注曼伯檀伯　正義曰十五年傳曰鄭伯因櫟人殺檀伯昭十一年傳曰鄭京櫟實殺曼伯知一人也　注司馬至陳法　正義曰史記稱齊景公之時有田穰苴善用兵景公尊之位爲大司馬六國時齊威王用兵行威大放穰苴之法而使大夫追論古者司馬兵法而

附穰苴其中凡一百五十篇其曰司馬法車戰二十五乘為偏是彼文也五人為伍周礼司馬序官文也　注旝旃至号令

正義曰旝之為旃事无所出說者相傳為然成二年傳張侯曰師之耳目在吾旗鼓進退從之是在軍之士視將旗以進退也今命二拒令旝動而鼓望旗之動鼓以進兵明旝是可觀之物又旝字從於旌旗之類故知旝為旃也周礼司常通帛為旜故云通帛為之禮通用一絳帛无畫飾也鄭玄云凡旌旗有軍衆者畫異物无者帛而已鄉遂大夫或載旜或載物衆屬軍吏無所將如鄭之意則將不得建旃而此軍得有旃者僖二十八年傳曰城濮之戰晉中軍風于澤亡大旆之左旃是知戰必有旃故以旝為旃也鄭氏之言自禮治兵之時出軍所建不廢戰陳之上猶自用旃指麾令時為軍猶以旌麾号令故云蓋今大將之麾執以為号令也賈逵以旝為發石一曰飛石引范蠡兵法作飛石之事以證之說文亦云建大木置石其上發以機以追敵与賈同也案范蠡兵法雖有飛石之事不言名為旝也發石

非旝旗之比說文載之於部而以飛石解之為不類矣且三軍之
衆人多路遠發石之動何以可見而使二拒準之為擊鼓候也
注以旝說為長故從之　注祭足至非也　正義曰隱元年
傳稱祭仲上云祭仲足此云祭足十一年傳云祭封人仲足此人
雖名字互見而不知孰字孰名公羊以仲為字左氏先儒亦以為
字但春秋之例諸侯之卿嘉之乃書字十一年經書祭仲而事
無可嘉注意以仲為名故云名仲字仲足釋例曰伯仲叔季固
人字之常然古今亦有以為名者而公羊守株專謂祭氏以仲
為字既謂之字無辭以善之因託以行權人臣而善其行權逐
君是亂人倫壞大教也說左氏者知其不可更云鄭人嘉之以
字告故書字此為因有告命之例欲以苟免未是春秋之實也
寧渠伯糾蕭叔大以皆以伯叔為名則仲亦名也傳文曰祭仲
足或偏稱仲或偏稱足蓋名仲字足也是辨其名仲之意也凡
傳所記事必有意存畧此丁寧說鄭言其志在苟免知其意言
王封之非也　注仍叔之未秋　正義曰此子來聘雖不言聘意

蓋為將伐鄭而遣告魯也經在伐鄭之上傳在伐鄭之下明其必
有深意故注者原之以為童子將命无速反之心久留在魯故經
書夏聘傳釋之於末秋説其夏至而秋末反也下句更言
秋大雩則秋末為末注云末秋者上有秋王以諸侯伐鄭此仍
叔之文在秋事之末故云末秋也下文更云秋者自為啟蟄天時
更別言秋　注十二至凡事　正義曰上既言秋王以諸侯伐鄭
而此復言秋故解之方發雩祭之例須辨雩祭之月欲顯言天
時以指怠慢之意故重言秋異於凡事凡事則不須每事重舉
時也襄二十六年重言秋者彼注自釈中間有初不言秋則嫌
楚客已在他年　注言凡至南郊　正義曰下三句謂雩嘗烝也
雩是祭天嘗烝祭宗廟此无祭地而言祭地者因天連言地耳
周礼天神曰祀地祇曰祭人鬼曰享對則別為三名散則揔為一
号礼諸侯不得祭天魯以周公之故得郊祀上帝故雩亦祀帝各
傳皆不言魯得祭地蓋不祭地也魯不祭地而注言天地者以發
凡言例每因魯史經文然凡之所論揔包天子及諸國則凡公

婦女於天子諸卿皆行及王曰小童之例是也此凡祀亦揔包
天子及諸國則有祭地之文故杜連言之釋例云凡祀舉郊雩烝
嘗則天神地祇人鬼之祭皆通其他群祀不録可知也礿祠及地
祇經無其事故不備言亦約文以相包也礿祠之祭過則亦各但
無過時者故經不書耳又小正曰正月啓蟄其傳曰言始發蟄也
故漢氏之始以啓蟄為正月中雨水為二月節及大初以後更改
氣名以雨水為正月中驚蟄為二月節以迄于今踵而不改今歷
正月雨水中四月小滿中八月秋分中十月小雪中注皆以此四
句為建寅建巳建酉建亥之月則啓蟄當国雨水竜見當小滿
始殺當秋分閉蟄當小雪晉世之歷亦以雨水為正月中而獲例
云歷法正月節立春啓蟄為中氣者因傳有啓蟄之文故遠取
漢初氣名欲令傳与歷合其餘三者不可強同其名虽則不同
其法理亦不異故釋例云案歷法有啓蟄驚蟄而無竜見始殺
閉蟄比古人所名不同然其法推不得有異傳曰火伏而後蟄者
畢此禮十月始蟄也記十一月則遂閉之猶二月之驚蟄既啓之

後遂驚而走出始蟄之後又閉閉塞也是言啓蟄為正月中閉蟄為十月中也注以閉蟄為十月而釋例云十一月遂閉之者以正月半蟄蟲啓戶二月初則驚而走出十月半蟄蟲始閉十一月初則遂閉之傳稱四者皆舉中氣言其至此中氣則卜此祭次月初氣仍是祭限次月中氣乃為過時既以閉蟄為建亥之月又言十一月則遂閉之破見閉蟄以後冬至以前皆得烝祭也故釋例云孟獻子曰啓蟄而郊郊而後耕耕謂春分也言得啓蟄當卜郊不應過春分也春分以前皆得郊則冬至以前皆得烝也釋例又曰僖公襄公夏四月卜郊但譏其非所宜卜而不譏其四月不可郊也以建卯之月猶可郊知建子之月猶可烝也正由節卻月亦未涉後月中氣故耳傳本不舉月為限而舉候以言者釋例曰凡十二月而節氣有二十四共通三百六十六日分為四時間之以閏月故節未必恒在其月初而中氣亦不得恒在其月之半是以傳舉天宿氣節為文而不以月為正也土功作者不必月日故亦言竜見而畢務戒事也火見而致用

水昏正而栽日至而畢此其大準也是言凡候天時皆不以
月為其節有參差故也若周礼不舉天象故以月為正大
司馬職曰中夏獻禽以享礿中冬獻禽以享烝言四時之祭
不得後仲月非禮孟月不得祭也釈例曰周礼祭宗廟以四
仲蓋言其下限也下限至於仲月則上限起於孟月烝起建
亥之月則嘗起建申之月此言始殺而嘗謂建酉之月亦是
下限也若仲是下限則周之正月得為烝祭春社之例得常
不書而八年書正月烝者釋例云經書正月烝得仲月之時
也其夏五月復烝此為過烝若但書夏五月烝則唯可知其
非時故先發正月之烝而継書五月烝以示非時并明再烝
瀆也然仲月雖不過時而月節有前有卻若使節前月卻
即為非礼此秋大雩是建午之月耳而傳言不時明涉其
中氣故說之釈例云竜星之体畢見謂立夏之月得此月則當
卜祀過涉次節則以過而書故秋雩書不時此涉周之立秋
節也言涉立秋節者謂涉立秋之月中氣節也過涉次節

亦禋中節非初節也若始涉初節則不譏之矣如此傳注必是建寅之月方始郊天周之孟春未得郊也礼記明堂位曰魯君孟春乘大輅載弧韣以祀帝於郊季夏六月以禘礼祀周公於大廟季夏周之六月即孟春是周之正月矣又雜記云孟獻子曰正月日至可以有事於上帝七月日至可以有事於祖七月而禘獻子為之如彼記文則魯郊以周之孟春而傳言啓蟄而郊者礼記後人所録其言或中或否未必所言皆是正礼襄七年傳孟獻子曰啓蟄而郊礼記左傳俱稱獻子而記言日至傳言啓蟄一人兩說必有謬者若七月而禘獻子為之時應有七月禘矣烝嘗已則昏禘過亦應書何以獻子之時不書七月禘也是知獻子本無此言不得云礼記是而左傳非也明堂位言正月郊者蓋春秋之末魯稍僭侈見天子冬至祭天便以正月祀帝記者不察其本遂禋正月為常明堂位後世之書其末章云魯君臣未嘗相弒也礼樂刑法政俗未嘗相變也春秋之世三君見弒髽而弔士有誄俗變多矣尚云無之

此言既誣則郊亦難信以此知記言孟春非正礼也鄭玄注書
多用讖緯言天神有六地祇有二天有天皇大帝又有五方之
帝地有崐崘之山神又有神州之神大司樂冬至祭於圜丘者
祭天皇大帝北辰之星也月令四時迎氣於四郊所祭者叅主
德之帝大微宮中五帝坐星也春秋緯文耀鉤云大微宮有
五帝坐星蒼帝其名曰靈威仰赤帝曰赤熛怒黄帝曰含樞紐
白帝曰白招拒黒帝曰汁光紀五德之帝迭此也其及正郊
天祭其所感之帝焉周人木德祭灵威仰也魯无冬至之
祭唯祭灵威仰耳唯鄭玄立此為義而先儒悉不然故王肅作
聖證論引群書以證之言郊則圜丘々々即郊天體唯一安得
有六天也晉武帝王肅之外孫也泰始之初定南北郊祭一地
一天用王肅之義杜君身処晉朝共遵王説集解釋例都不言
有二天然則杜意天子冬至所祭魯人啓蟄而郊猶是一天
但異時祭耳此注直云祀天南郊不言灵威仰明与鄭異
也劉炫云夏正郊天后稷配也冬至祭天圜丘以帝嚳配也

注龍見至膏雨　正義曰天官東方之星盡爲蒼龍之宿見謂合昏見也雩之言遠也遠爲百穀祈膏雨遠者豫爲秋收言意深遠也穀之種類多故詩每言百穀舉成數也雨之潤物若脂膏然故謂甘雨爲膏雨襄十九年傳曰百穀之仰膏雨是也傳直言雩而經書大雩者賈逵云言大別山川之雩蓋以諸侯雩山川魯得雩上帝故稱大月令云大雩帝用盛樂是雩帝稱大雩也此龍見而雩當在建巳之月而月令祀於仲夏章者鄭玄云雩之正當以四月凡周之秋五月之中而旱亦脩雩祀而求雨因著正雩於此月失之矣杜君以爲月令秦法非是周典穎子嚴以龍見即是五月釋例曰月令之昏出自呂不韋其意欲爲秦制非古典也穎氏因之以爲龍見五月々々之時龍星已過於見此爲強牽天宿以附會呂不韋之月令非所擬而擬既以不安且又自違左氏傳稱秋大雩書不時此秋即穎氏之五月而忘其不時之文而欲以雩祭是言月令不得與傳合也鄭玄禮注云雩之言吁也言吁嗟哭

注以求雨也郊雩俱是祈穀何獨雩爲吁嗟旱而脩雩言吁嗟
可矣四月常雩於時未旱何當已吁嗟也賈服以雩爲遠故杜
辯之也　注建酉至宗廟　正義曰嘗者薦於宗廟以嘗新
爲名知必待嘉穀孰乃爲之也詩稱八月其穫々刈嘉穀在於
八月知始殺爲建酉之月陰氣始殺也釋例引詩蒹葭蒼々白
露爲霜以證始殺百草也月令孟秋白露降秋霜始降然則
七月有白露八月露結九月乃成霜時寒有漸歲事稍成八月
嘉穀孰所薦之物備故以建酉之月薦嘗於宗廟案月令
孟秋農乃登穀天子嘗新先薦寢廟則似七月穀孰矣七
月當嘗祭而云建酉之月乃嘗祭者以上下準之始殺嘗祭
實起於建申之月今云建酉者言其下限然杜獨於嘗祭舉下
限者以秋物初孰孝子之祭必待新物故特舉下限而言之哀
十三年子服景伯謂吳大宰曰魯將以十月嘗祭之驗也何
上帝先公季辛而畢彼雖恐吳之辭亦是八月嘗祭之驗也何
則於時會吳在叓公至在秋景伯言然之時秋之初也若嘗在

建申當言九月不應遠指十月知十月是嘗祭之常期周之十月是建酉之月也建酉是下限耳若節前月卻孟秋物成亦可以孟秋嘗祭故釋例云周礼四仲月言其下限若建申得嘗何以釋例又云始殺而嘗謂建酉之月蒹葭蒼〻白露為霜又以始殺唯建酉之月者以賈服始殺唯據孟秋不通建酉之月故釋例破賈服而為此言也先此則不可十四年八月乙亥嘗乃是建未之月故注云先其時亦過也　注建亥至備矣　正義曰傳稱火伏而後蟄者畢周礼季秋內火則火以季秋入而孟冬伏是蟲以孟冬蟄故知閉蟄是建亥之月也王制云昆蟲未蟄不以火田鄭玄云昆明也明蟲者得陽而生得陰而藏陰陽即寒溫也祭統注云昆蟲謂溫生寒死之蟲也是蟄蟲謂之昆蟲也月令仲春云蟄蟲咸動啓戶始出〻言啓戶故蟄言閉戶尔雅釋詁云烝衆也知万物皆成可薦者衆故名此祭為烝　卜日至慢也　正義曰祭必當卜〻有吉否不吉則當改卜次旬故不可期以一日卜不過三故限以一月

過涉次月之節則書之以譏其慢　六年大閲　正義曰公狩于郎公狩于禚皆書公大蒐大閲不書公者周礼雖四時教戰而遂以田獵但蒐閲車馬未必皆因田獵々々從禽未必皆閲車馬何則怠慢之主外作禽荒豈待教戰方始獵也公及齊人狩于禚乃与隣国共獵必非自教民戰以矢魚于棠非教戰之事主爲遊戲而作言公則狩于郎禚亦主遊戲故特書公也大蒐大閲国之々々常礼公身雖在非爲遊戲如此之類例不書公定十四年大蒐于比蒲邾子來會公々身在蒐而經不書公知其法所不書以其国當大事非公私欲故也且比蒲昌閒皆舉蒐地此不言地者蓋在国簡閲未必田獵昭十八年鄭人簡兵大蒐在於城内此亦當在城内　注齊爲衛車馬　正義曰大閲之礼在於仲冬今農時閲兵必有所爲傳不言其意故注者原之於時四隣与魯无怨又竟无征伐之処諸侯戍齊經所不見而傳說鄭忽如事於大閲之上及十年鄭与齊衛來戰于郎知此大閲是懼鄭忽而畏齊人故以非時簡車

馬也　注佗立至二年　正義曰殺陳佗傳无文不言無
傳者以傳説此事在莊二十二年不是全無其事故不言
無傳　注桓公至生也　正義曰適妻長子於法當為大
子故以大子之礼舉之由舉以正礼故史書於策古人之立大
子其礼雖則無文蓋亦待其長大特加礼命如今之臨軒策
拜始生之時未得即為大子也以其備用正礼故書其生
未得命故不言大子也杜云十二公唯子同是適夫人之
長子又云文公哀公其母並无明文未知其母是適以否蓋
其父未為君之前已生縱令是適亦不書也釋例云擬公衡之
年成公又非穆姜所生杜此注云子同是適夫人之長子
備用大子之礼故史書之然則雖適夫人之長子不用大子
之礼亦不書也　傳注隨国至隨縣　正義曰世本
隨国姬姓不知始封為誰隨以此年見傳僖二十年經書楚
人伐隨自是以後遂為楚之私屬不与諸侯會同至定四
年吳入郢昭王奔隨隨人免之卒復楚国楚人德之使列諸国哀

年隨侯見經甚婞不知為誰所賊　以為至甚君　正義曰言
此計今雖益以為在後圖謀也言季梁之諫不過一見後年少
師得其君心君將必用其計若用少師則此謀必合故請示弱
以希日之利　天方授楚　正義曰楚之先君熊繹始封於楚
在蠻夷之間食子男之地至此君始驕盛敢服隣國似有天
助故云天方授楚之　臣聞至可也　正義曰臣聞小國之能敵
大國也必小國得道大國淫辟如是乃得為敵也其意言隨未
有道而楚未為淫辟隨不能敵楚也既言隨未有道更說為
道之事道猶道路行不失正名之曰道施於人君則治民事神
使之得所乃可稱為道矣故云所謂道者忠於民而信於
神也此覆說忠信之義於文中心為忠言中心愛物也人言為
信謂言不虛妄也在上位者思利於民欲民之安飽是其忠也
祝官史官正其言辭不欺誑鬼神是其信也今隨國民皆飢餒
而君快情欲是不思利民是不忠也祝史詐稱功德以祭鬼神是
不正言辭是不信也無忠無信不可謂道小而無道何以敵大君

欲敵之臣不知其可也欲君以下楚之也　注牲牛至日盛　正
戔曰諸侯祭用大牢祭以三牲為主知牲為三牲牛羊豕也周礼
牧人掌共祭祀之牲牷祭用純色故知牷禋純色完全言毛体全
具也曲礼曰豚曰腯肥々腯共文知腯亦肥也重言肥腯者古人自有
複語耳服虔云牛羊曰肥豕曰腯案礼記豚亦称肥非独牛羊也粢
是黍稷之别名亦為諸穀之揔号祭之用米黍稷為多故云
黍稷曰粢々是穀之体也盛禋盛於器故云在器曰盛對曰夫民
至於難　正戔曰鬼神之情依人而行故云夫民神之主也
以民和乃神說故聖王先成其民而後致力於神言養民使成
就然後致孝享由是告神之辭各有成百姓之意祭之所用有
牲有食有酒耳聖人文飾辭戔為立嘉名以告神季梁舉其
告辭解其告意故奉牲以告神曰博碩肥腯者非謂所祭来
牲廣大肥充而已乃言民之畜産尽肥充皆所以得博碩肥
腯者由四種之禋故又申說四種之事四謂者第一禋民力
普徧安存故致第二畜之碩大滋息民力普存所以致之者由

民無勞役養畜以時故六畜碩大蕃多滋息民内普存又
致其三不有疾病疥癬所以然者由民力普存身無疾苦
故所養六畜飲食以理埽刷依法故皮毛身体無疥癬疾病
民力普存又致其四備腯咸有所以然者由民力普存人皆非
条種養畜群牲備有也奉盛以告神曰絜粢豐盛者非
謂所祭之食絜淨豐多而已乃言民和食足豐多也言
豐絜者謂其春夏秋三時農之要節爲政不害於民得使盡
力耕耘自事生産故百姓和而年歳豐也奉酒醴以告神曰嘉
粟旨酒者非謂所祭之酒粟善味美而已乃言百姓之情上
下皆善美也言嘉者謂其國内上下群臣及民皆有善德
而無違上之心若民心不和則酒食腥穢由上下皆善故酒
食馨香非言酒食馨香無腥臊臭穢乃謂民德馨香無
讒慝邪惡也所謂馨香總上三者由是王者將祝神心先和民
志故務其三時使農無廢業脩其五教使家道協和親其九
族使内外無怨然後致其絜敬之祀於神明矣於是民俗大和

而神降之福故動則有成戰甚不克今民各有心或欲張主或
欲叛君不得為其違上之心而鬼神乏主百姓飢餒民力彫竭
不得為年歲豐也民既不和則神心不説君雖獨豐其何福
之有神所不福民所不与以此敵大必喪其師君且脩政撫其
民人而親兄弟之国以為外援如是則庶幾可以免於禍
難也告牲肥碩言民畜多告粢豐絜言民食多告酒嘉
旨不言民酒多而言民德善者酒之与食俱以米粟為之於歲
已言年豐故於酒變言嘉德重明民和、之意　注雖告所闕
　正義曰劉炫云杜以博碩肥腯揔牲体而言季梁推此出
理嫌其不実故云其実皆由兼此四裡又民力普存謂畜之
形貌而季梁以之解情又申之民力適完則得生養六畜故六
畜既大而滋息也博碩言其形状大蕃滋言其生乳多碩凡
蕃滋皆複語也瘯蠡畜之小病故以為疥癬之疾也不疾
者猶言不患此病也　注嘉善至敬也　正義曰嘉善釋詁文
也杜訓栗為謹敬言善敬為酒案詩実穎実栗与田事相連

故栗為穗貌此栗与嘉善音論相對故栗為謹敬之心耶論語
云使民戰栗与此相似列炫以栗為穗貌而規杜過於理恐非
注父義至子孝　正義曰父母於子並為慈但父主教訓母主撫養
々々在於恩愛故以慈為名教訓愛而加教故以義為稱義者
宜也教之義方使得其宜弟之於兄亦宜為友但兄弟相於乃
有長幼尊卑故分出其弟使之為共言敬其兄而友愛　注禮
絜至族者也　正義曰釋詁云禮敬也故以禮為絜敬十一年注
云絜齊以享禮之禮意亦与此同也漢世儒者說九族有二異
義今礼戴尚書歐陽說九族乃異姓有屬者父族四五屬之内
為一族父女昆弟適人者与其子為一族己女昆弟適人者与其
子為一族己之子々適人者与其子為一族母族三母之父姓為一族
母之母姓為一族母女昆弟適人者与其子為一族妻族二妻之
父姓為一族妻之母姓為一族古尚書說九族者從高祖至玄孫
凡九皆同姓謹案礼緦麻三月以上恩之所及礼為妻父母有服
明在九族中九族不得但施於同姓鄭駁云玄之聞也婦人皈

宗女子虽適人字猶繫姓明不得与父兄為異族其子則然昏
礼請期辭曰唯是三族之不虞欲及今三族未有不億度之事
而迎婦也如此所云三族不當有異姓〻〻其服皆緦礼雜
記下緦麻之服不禁嫁女取婦是為異姓不在族中明矣周
礼小宗伯掌三族之別名喪服小記說服之義曰親〻以三
為五以五為九以此言之知高祖迄玄孫昭然察矣是鄭說
古尚書說以九族為高祖至玄孫也此注所云猶是礼戴歐陽
等說以鄭玄駮云女子不得与父兄為異族故簡去其母唯取
其子以服重者為先耳其意亦不異也不從古学与鄭說者以
言親其九族猪刺不親九族必以九族者疏遠恩情已薄故
刺其不親而美其〻親耳高祖至父已之所稟承也子至玄孫
已之所生育也人之於此誰或不親而美其〻親也猪刺棄
其九族豈復上遺父母下棄子孫哉若言棄其九族謂棄
其出高祖出曾祖者然則豈亦棄其出曾孫出玄孫者乎又
鄭玄為昏必三十而娶則人年九十始有曾孫其高祖玄孫

无相及之理則是族終其九安得九族而親之三族九族々名雖同而三九數異引三族以難九族為不相値矣若縁三及九則三九不異設使高祖喪玄孫死亦應不得為昏禮何不言九族之不虞也以此知九族皆外親有服而異族者也　注班次至闕文

正義曰劉炫云在戍受饋而使魯為班明魯人在矣襄五年戍陳書經此戍蓋亦宜書今不書經疑史闕文以史策本闕仲尼不得書之十年說此云北戎病齊諸侯救之或可魯亦往救但傳其受之驗魯必不救不須解之　注大牢至適也

正義曰大牢々之大者三牲牛羊豕具為大牢儀禮少牢饋食之禮以羊豕為少牢以牲多少稱大少也詩公劉曰執豕于牢周禮充人掌繫祭祀之牲牷祀五帝則繫于牢芻之三月是牢者養牲之處故因以為名鄭玄詩箋云繫養曰牢是其義也禮記内則曰国君世子生告于君接以大牢文在三日負子之上則三日之内接之矣記云凡接子擇日鄭玄雖三月之内必選其吉焉是三月之下擇日接之為子接母故祀稱

接子此傳舉之々下即云接以大牢亦以接子爲文其實接母
故云以礼接夫人重適也鄭玄云接讀爲捷々勝也謂食其母
使補虚強氣也此言以礼接之則与鄭異也内則又云接
子庶人特豚士特豕大夫少牢國君世子大牢其非冢子則
皆降一等　注礼世至乳母　正義曰四方以上皆内則文也
内則又云卜士之妻大夫之妾使食子食禋乳也故以乳母
言之鄭玄云桑弧蓬矢本大古也天地四方男子所有事也
士妻大夫之妾禋時自有子者定本直云射四方無天地案
礼云桑弧蓬矢六今无天地誤也賈逵云桑者木中之衆蓬
者草中之亂取其長大統衆而治亂　注世子至之婦
正義曰乃降以上皆内則文也鄭玄云子升自西階則人君見
世子於路寢也見妾子就側室凡子生皆就側室以其生於側
室見於路寢故從外而升階也襄二年葬齊姜傳曰齊侯使諸
姜宗婦來送葬諸姜是同姓之女知宗婦是同宗之婦也
公与夫人共命之故使宗婦侍夫人　注若文至名發　正義

曰周本紀称大見季歷生昌有聖瑞乃言曰我世當有興者其在
昌乎則是大王見其有瑞度其當興故名之曰昌欲令昌盛周
也其度德命發則先以言之服虔云禮若大王度德命文王曰
昌文王命武王曰發似其有旧說也旧說以為文王見武王之
生以為必發兵誅暴故名曰發　注若孔丘　正義曰
孔子世家云叔梁紇与顏氏禱於尼丘得孔子々々生而首上圩
頂故因名曰丘字仲尼是其象尼丘也　注若伯至曰鯉　正義曰家
語本姓篇云孔子年十九娶於宋并官氏一歲而生伯魚々々生
魯昭公以鯉魚賜孔子々々榮君之賜因名子曰鯉字伯魚　式
注不言昭公賜而云人有饋之者如家語則伯魚之生當昭公
九年昭公庸君孔子尚少未必已為重聖人礼其生子取其意
而遺其人疑其非昭公故　注國君至名也　正義曰下云以國則
廢名以國不可易須廢名不諱若以他國為名則不須自廢名
也且春秋之世晉侯周衛侯鄭陳侯吳衛侯晉之徒皆以他國
為名以此知不以國者禮國君之子不得自以本國為名不以山

川者亦謂國內之山川下云以山川則廢主謂廢國內之所主
祭也若他國山川則非其主不須廢也此雖因公之問而對以
此法曲禮亦云名子者不以國不以日月不以隱疾不以山川
則諸言不以者臣民亦不得以也此注以其言國故特云國君
子耳其實雖非國君之子亦不得以國為名其言廢名廢禮
之徒唯謂國君之子若使臣民之名國家不為之廢也然則
臣民之名亦不以山川而孔子魯人尼丘魯山得以丘為名
者蓋以其有象故特以彰命非常例也　注隱痛至祥也
正義曰鄭玄云隱疾衣中之疾也謂若黑臀黑肱矣疾在外
者雖不得言尚可指擿此則無時可辟俗語云隱疾難為醫案
周語單襄公曰吾聞成公之生也其母夢神規其臀以黑
曰使有晉國故命之曰黑臀此與叔虞季友復何以異而云
不得名也且黑臀黑肱本非疾病以證隱疾非其彰矣彊稱
如有隱憂是隱為痛也以痛疾為名則不祥之甚故以為辟
不祥　注畜牲六畜　正義曰尒雅釋畜於馬牛羊豕狗雞之

下懸曰六畜故鄭衆服虔皆以六畜為馬牛羊豕犬雞礼牧人掌牧六牲鄭玄亦以馬牛等六者為之然則畜牲一物養之則為畜共用則為牲故并以六畜解六牲　注幣玉帛　正義曰周礼小行人合六幣圭以馬璋以皮璧以帛琮以錦琥以繡璜以黼然則幣玉帛者謂此圭璋璧琮帛錦繡黼之屬也以幣々々為玉帛則器者非徒玉器服虔以為俎豆罍彝犠象之屬皆不可以為名也　周人至諱之　正義曰自殷以往未有諱法諱始於周々人為神之故為之諱名以此諱法敬事明神故言周人以諱事神子生三月為之立名終久必將諱之故須豫有所辟為下諸廢張本也終將諱之謂死後乃諱之　注君父至斥言　正義曰君父之名固非臣子所斥謂　君父生存之時臣子不得斥其名也礼稱父前子名君前臣名鄭玄云對至尊無大小皆相名是對父則弟可以名兄對君則子可以名父非此則不可也文十四年傳曰齊公子元不順懿公之為政也終不曰公曰夫巳氏注云猶言某甲是斥君名也彼以不順

故斥其名知平常不斥君也成十六年傳曰欒書將載晉侯
鍼曰書退國有大任焉得專之注云在君前故子名其父彼以
對君故名其父知平常不斥父也雖不斥其名猶未是為諱
曲禮曰卒哭乃諱鄭玄云敬鬼神之名也諱辟也生者不相辟
名衛侯名惡大夫有石惡君臣同名春秋不非是其未為之
諱故得與君同名但言及於君則不斥君名耳既言生已不斥
死後為之加諱欲表為諱之節故言然以形之禮既卒哭以
木鐸徇曰舍故而諱新自寢門至於庫門皆禮記檀弓文也
既引其文更解其意謂舍親盡之祖而諱新死者也親盡謂高
祖之父服絕廟毀而親情盡也卒哭之後則以鬼神事之故
言以諱事神又解終將諱之所諱世數自父上至高祖皆不敢
斥言此謂天子諸侯禮也曲禮曰逮事父母則諱王父母不逮
事父母則不諱王父母鄭玄云此謂庶人適士以上廟事祖雖
不逮事父母猶諱祖以其立廟事之死容不為之諱也天子諸侯
立親廟四故高祖以下皆為諱親盡乃舍之既言以諱事神則

是神名必諱文王名昌武王名發詩雝禘大祖祭文王之廟也
其經曰克昌厥後周公制礼臨人有昌本之菹七月之詩周公
所作經曰一之日觱發烝民詩曰四方爰發皆不以為諱而得
言之者古人諱者臨時言語有所辟耳至於制作經典則直言
不諱曲礼曰詩書不諱臨文不諱是為詩為書不辟諱也由
作詩不諱故祭得歌之尚書牧誓云今予發武成云周王發武
王称名告衆史官録而不諱知於法不當諱也金縢云元孫
某独諱者成王啓金縢之書親自讀之諱其父名口改為某既讀
之後史官始録依王所讀遂即云某武成牧誓則宜諸衆
人宣訖即録故因而不改也古者諱名不諱字礼以王父字
為氏明其不得諱也屈原云朕皇考曰伯庸是不諱之驗也
注国不至廢名　正義曰国名受之天子不可輒易若以国為
名終卒之後則廢名不諱若未卒之前誤以本国為名則改
其所名晋之先君唐叔封唐燮父称晋若国不可易而晋得改
者蓋王命使改之　注改其山川之名　正義曰廢主謂廢其

所主山川之名不廢其所主之条知者漢文帝諱恒改北嶽為常山諱名不廢嶽是也劉炫云廢主謂廢其所主山川不復更得共祀故須改其山川之名魯改二山是其事也　廢祀廢礼　正義曰祀以牲為主无牲則祀廢器幣以行礼器少則礼闕祀虽用器少一器而祀不廢且諸礼皆用器幣故以廢礼揔之　注二山至名山　正義曰晉語云范獻子聘於魯問具敖之山魯人以其鄉對獻子曰不為具敖乎對曰先君獻武之諱也是其以鄉名山也礼称舍故而諱新親尽不復更諱計獻子聘魯在昭公之世獻武文諱久已舍矣而尚以鄉對者當諱之時改其山号諱虽已舍山不復名故依本改名以其鄉對猶司徒司空虽歷世多而不復故名也然獻子言之不為失礼而出名其二諱以自尤者礼入国而問禁入門而問諱獻子入魯不問故以之為慙耳　注物類也謂同日　正義曰魯世家云桓公六年夫人生子与桓公同日故名之曰同是知同物為同日也言物類者辨此以為類命也

春秋正義　七之九

三

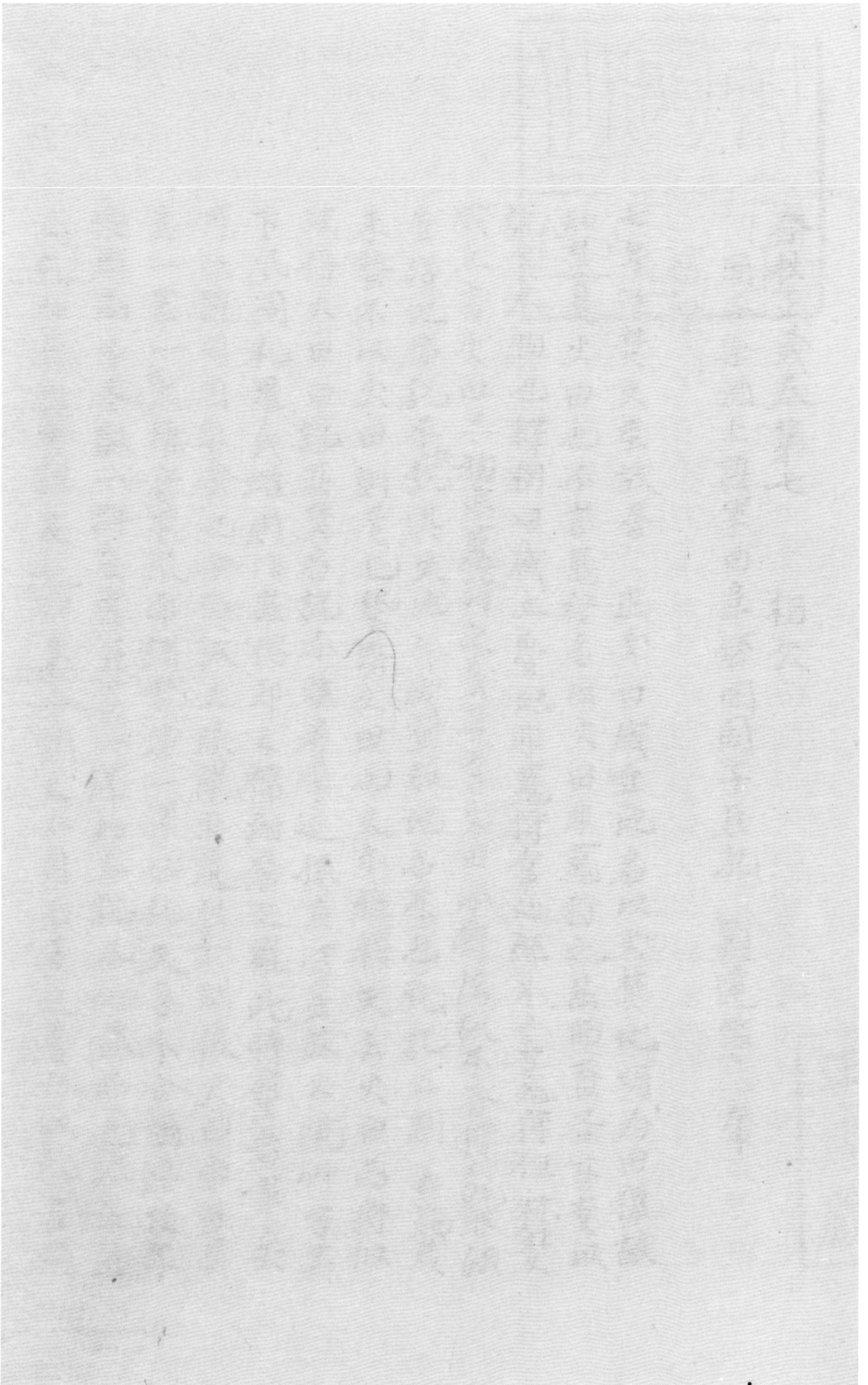

春秋正義卷第七　桓公

國子祭酒上護軍曲阜縣開國子臣孔　穎達等奉

勅撰

七年注焚火至故書　正義曰咸丘地名以火焚地明為田獵故知焚是火田也不言蒐狩者以火田非蒐狩之法而直書其焚以譏其尽物也釋例曰咸丘魯地非蒐狩常処經不言蒐狩但稱焚咸丘言火田尽物非蒐狩之義是言火田非狩法故不書狩々既非法雖得地亦譏不復譏其失地々咸丘知地亦非也礼記王制云昆蟲未蟄不以火田則是已蟄得火田也又尒雅釋天云火田為狩似法得火田而譏其焚者譏尒雅者李巡孫炎皆云放火燒艸守其下風周礼羅氏蜡則作羅襦鄭云襦細密之羅此時蟄者畢矣可以羅罔圍取禽也今俗放火張羅其遺教然則彼火田者直焚其一叢一聚羅守下風非謂焚其一澤也礼天子不合圍諸侯不掩群尚不尽取一群豈容并焚一澤知其譏尽物故書也沈氏以周礼仲春火弊謂夏之仲春今周之二月乃夏之季冬故譏其尽

物義亦通也　傳注　陋至書夏　正義曰傳直云賤之不言賤意以穀鄧是南方諸侯近楚小国明以辟陋小国故賤之也賤之者以其朝礼不足故書名也曲礼云諸侯不生名今生書其名欲比之附庸但実非附庸故仍書其爵介葛盧言来不言朝全不㠯行朝礼此則行朝礼但礼不足耳傳在春經在夏經書実朝之日故春来至夏乃書之也本鄧為曼姓莊十六年楚文王滅之穀則不知何姓是誰滅之服注云穀鄧密迩於楚不親仁善隣以自固卒為楚所滅无同好之救桓又有弑賢兄之悪故賤而名之衛冀隆難杜云傳曰要結外援好事隣国以衛社稷又云服於有礼社稷之衛穀鄧在南地屬衛岳以越棄彊楚之遠朝悪人卒至滅亡故書名以賤之杜駁論先儒自謂一準丘明之傳今辟陋之語傳本无文杜何以書名此杜義不通秦道静釋云杞桓公来朝用夷礼故曰子杞文公来盟傳云賤之明賤其行夷礼也然則穀鄧二君地接荊蛮来朝書名明是賤其辟陋也此則傳有理例故杜拠而言

之若必魯桓悪人不合朝聘何以伯糾来聘譏其父在仍叔之子譏其幼弱又魯班斉饋春秋所善美魯桓之有礼責三国之来伐而言遠朝悪人非其辞也　注盟向至鄭成　正義曰此盟向之邑必有主拠之言求成于鄭是主求成也隠十一年王以与鄭傳称王不㠯有然則鄭雖得之亦不㠯有故今始求成既而背之是背鄭帰王故王迁于郟若主不敢王則王无由得迁之也　八年春正月己卯烝　正義曰衛氏難杜云上五年閉蟄而烝謂十月此正月烝則是過時而烝春秋有一貶而起二事者若武氏子来求賻一責天王求賻二責魯之不共此正月烝一責過時二責見瀆何為不可而云非為過時者秦氏釋云案周礼四時之祭皆用四仲之月此正月則夏之仲冬何為不得烝而云過时也又傳无過时之文明知直為再烝而瀆也　注祭公至略輕　正義曰隠元年云祭伯今而称公知其為天子三公公羊亦云祭公者何天子之三公也従周向紀不由魯国縱令因使過魯自當假道而去不須言来也凡言遂者因上事生下事之辞既書其来又言遂遂是先来見魯君然後向

紀知王使魯主昏故祭公來受魯命而往迎也凡昏姻皆賓主
敵体相對行礼天子嫁女於諸侯使諸侯為主令与夫家為礼天
子聘后於諸侯亦使諸侯為主令与后家為礼嫁女則送女於魯令
魯嫁女与人迎后則令魯為主使魯遣使往逆故祭公受魯命也
嫁王女者王姬至魯而後至夫家其王后昏后不來至魯者以王
姬至魯待夫家之逆以為礼故須至魯后則王命已成於魯故
叏故即以京師於逆称王后挙其得王之命后礼已成於以称季
姜申父母之為言子為不知於父母従父母之家而嫁帰於王
挍父母之家為文故於帰申父母之為也公不独以必有卿
従卿不書挙重略輕也知非卿不以者以傳云礼也釋例曰靈襄
十五年刘夏逆王后于齊傳曰卿不行非礼也知祭公如紀時
亦有卿々不各挙重略輕猶鞌邲之戰唯書郤克林父此天子
使公卿之文是杜約彼文知公行必卿従也異義公羊說天子
至庶人皆親迎左氏說王者至尊无敵体之義不親迎鄭玄駁
之曰文王親迎於渭濱即天子親迎也天子虽尊其於后則夫

婦也夫婦判合礼同一体所謂无敵豈施於此哉礼記哀公問曰
冕而親迎不已重乎孔子對曰合二姓之好以継先聖之後以為天
地宗廟社稷之主君何謂已重乎此言継先聖之後為天地之主
非天子則誰乎是鄭以天子當親迎也此注之意猶以為天子不
親迎者以此時祭公迎后傳言礼也劉夏逆后説卿不行皆不説
王不親行明是王不當親也文王之迎大姒身為公子迎在殷世
未可擬此以為天子礼也孔子之對哀公自論魯国之法曾周公
之後得郊祀上帝故以先聖天地為言耳其意非説天子礼也且
鄭玄注礼自以先聖為周公及駁異義則以為天子二三其德自
先定矣　傳漢淮之間　正義曰漢淮二水名漢淮之間漢北淮
南禹貢云嶓冢道漾東流為漢又東為滄浪之水過三澨至
于大別南入于江孔安国云泉始出山為漾水東南流為沔水
至漢中東行為漢水釋例曰漢一名沔水出武都沮縣東經漢中
魏興至南陽東南經襄陽至江夏安陸縣入江禹貢又云導淮自
桐柏東会于泗沂東入于海釋例曰淮出義陽平氏縣桐柏山東

北經 汝陰淮南譙國沛國下邳至廣陵縣入海也 九年注季姜
王之尊 正義曰時當桓王故云桓王后也公羊傳曰其稱紀季
姜何自我言紀父母之於子雖爲天王后猶曰吾季姜是申父母之
尊也公羊又曰京師者何天子之居也京者何大也師者何衆也
天子之居必以衆大之辭言之 注曹伯至來朝 正義曰朝禮當
君自親行不應使大子也當享而大子歎明年而曹伯卒知其有
疾故使大子來朝也大子不合稱朝攝行父事故言朝也諸經稱
世子及衛世叔申經作世字傳皆爲大然則古者世之与大字義
通也 傳注韓服至州縣 正義曰以巴所使故言巴行人々々
謂使人也地理志巴郡故巴國江州是其治下縣也昭十三年楚共
王与巴姬埋璧則巴國姬姓也此年見傳文十六年与秦楚滅庸
以後不見蓋楚滅之 三遂巴師不克 正義曰三遂巴師謂鄧師
遂巴師也不克謂楚巴不能克鄧故鬬廉設權以誘之 注梁國
至國名 正義曰地理志云馮翊夏陽縣故少梁也是梁在夏陽
也僖十七年傳曰惠公之在梁也梁伯妻之梁嬴孕過期既以國

配嬴則梁為嬴姓芮荀賈皆姬姓僖十九年秦人滅梁荀賈
不知誰滅之晉大夫有荀氏賈氏蓋晉滅之以賜大夫注諸侯
至上卿　正義曰繼子男以上皆周礼典命職文也鄭玄云誓猶
命也言誓者明天子既命以為之嗣樹子不易也釋例曰周礼諸侯
之適子誓於天子則下其君礼一等未誓則以皮帛繼子男此謂
公侯伯子男之世子出會朝聘之儀也誓者告於天子正以為世子
受天子報命者也未誓謂在国正之而未告天子者也曹之世子
未誓而来故賓之以上卿謂比於諸侯之上卿繼子男之末命数
相準故也是言曹大子由未誓之故賓之以上卿謂以賓客待之
同上卿之礼也卿礼殯饔積膳之數掌客聘礼略有其事傳　不
言未誓知曹大子必未誓者若誓則下其君一等而已侯伯之子
當如子男不得徒以上卿之礼待之也釋例揔論世子故言比於
諸侯之上卿此指說曹国故令明辨之云各如其国之上卿僖二
十九年傳曰在礼卿不會公侯會伯子男可也昭二十三年傳曰
列国之卿當小国之君固周制也然則小国之君乃當大国之卿

小国之世子必不得過大国之卿故知各如其国之上卿耳何休膏肓以为左氏以人子安处父位尤非衰世救失之宜於义左氏为短郑箴云必如所言父有老耄罷病孰當理其政預王事也蘇云誓於天子下君一等未誓繼子男並是降下其君寧是安居父位。非歎所也　正义曰服虔云古之为享食所以觀威儀省福禍无喪而戚憂必讎焉今大子臨樂而歎是父將死而兆先見也　十年注改侵至有辭　正义曰周礼大司馬以九伐之法正邦国賊賢害民則伐之負固不服則侵之然則侵伐者師旅討罪之名也魯以周礼为班則魯有礼矣三国伐有礼是討有辭矣春秋善魯之用周班不使三国得伐之故改侵伐而否来戰言若三国自来戰而魯人不与戰也釋例曰齊侯衛侯鄭伯来戰于郎夫子善魯人之秉周班惡三国之伐有礼故正王爵以表同制去侵伐以見无罪此聖人之所以扶獎王室敦崇大教故詭常例以特見之見其义也　傳注魏仲至大夫　正义曰周礼每卿之下皆有大夫傳言讚其大夫知是屬己之大夫非魏大夫者若魏国大夫魏仲道

加罪无为譏之加王且其若是魏人不得以王師伐魏故也
注虞國至陽縣　正義曰譜云虞姬姓也周大夫王之子大伯之
弟仲雍是为虞仲嗣大伯之後武王克商封虞仲之庶孫以为虞
仲之後処中国为西吴後世謂之虞公僖五年晉滅之地理志
河東大陽縣周武王封大伯後於此是为虞公志言大伯後
者以仲雍嗣大伯故也　注虞叔虞公之弟　正義曰祭叔既
为祭公之弟知虞叔亦是虞公之弟　匹夫无罪　正義曰士
大夫以上則有妾媵庶人唯夫妻相匹其名既定雖單亦通故
昏傳通謂之匹夫匹婦也　注鄭主至周礼　正義曰傳言
先昏齊衛則齊衛不合先書當先書鄭也春秋之例主兵
者先書此則鄭人主兵鄭宜在先而先序齊衛者王爵齊
衛为侯尊於鄭伯故以王爵尊卑为序也不依主兵之例而以
王爵序者魯班諸侯之戍以王爵为次鄭忽負功懷怨致有此
師故特改常例還以王爵次之見魯猶秉周礼故也　十一
年注祭氏至詳之　正義曰莊二十五年陳侯使女叔來聘傳

曰嘉之故不名是諸侯之歸嘉之乃不名則於法當書名祭仲行死可嘉知仲非其字故云祭氏仲名也祭仲鄭卿而至宋見執必是行至宋也行使被執例稱行人此獨云執鄭行人而不稱行人者聽宋迫脅以逐出其君罪之故不稱行人昭八年楚人執陳行人干徵師殺之傳曰罪不在行人也以罪不在則稱行人知祭仲罪在其身故去行人也釋例曰祭仲之如宋非會非聘與於見誘而以行人應命不能死節挾僞以篡其君故經不稱行人以罪之是說罪仲之意襄十一年楚人執鄭行人良霄傳曰書曰行人言使人也是變例也傳稱誘祭仲而執之則本非行人故經不言杜必知以行人應命罪之故不稱行人者祭仲若不至宋人何得執之既往至宋即是因事而行亦既因事而行便爲使人之例杜以傳文稱誘故序其本意言非聘非會聽宋迫脅故不稱行人罪之經與齊人執鄭詹文亦何異劉君以祭仲是字鄭人嘉之妄規杜氏就如劉言既云罪其逐君何以嘉而稱字杜以蕭叔字故知祭仲

是名仲既書名為罪則不称行人是其貶責刘云祭仲本非行人宋
知有何所执 注突厉至言郑 正義曰成十八年傳例曰諸侯
納之曰歸知此為宋所納故曰歸也突實公子而不称公子傳无褒
貶之例知從告者之辭告言不言公子故不称也十五年許叔入
于許十七年蔡季歸于蔡皆以字繫國突不繫鄭者以文連祭仲
祭仲之上已有鄭字蒙上鄭文故下言鄭也以宋人執仲納突乃是
一事連書故突得蒙上文其鄭忽奔衛則鄭人別告故不連上文
注忽昭至名赴 正義曰依九年傳曰宋桓公卒未葬而襄公會
諸侯故曰子里克殺奚齊于次書曰殺其君之子未葬也彼以未葬
故繫父知既葬則成君此莊公既葬則忽成君矣宜書鄭伯出
奔今書忽之名知鄭人賤之以名赴也其賤之意說在忽之復
歸 注柔魯至地闕 正義曰以柔不称族与无駭相對是无族
可称知其未賜族也亦以蔡叔无善可嘉知叔是名叔亦无族
蓋亦未賜族也 傳注宋不書經闕 正義曰丘明作傳本以
解經々傳不同皆傳是其實今傳有宋而經无宋知是經之闕

文宋为大国傳处郑下是史文旧闕傳先举經之所有乃以闕者
实之故後言宋耳非謂盟之序列宋在下也服虔以为不書
宋〻後盟宋若後盟〻本无宋傳不得言會衛郑宋为此盟也
傳之上下例不虛举經文举此盟者为經闕宋故也　注邑亦
国也　正義曰書云啟宅洛邑傳每云敝邑是也　注君謂屈瑕
也　正義曰礼坊記云礼君不称天大夫不称君恐民之惑也然
則大夫不得称君此謂屈瑕为君者楚僭王号縣尹称公故呼卿
为君大夫正法當呼为王昭元年傳醫和謂趙文子曰主相
晉国是其事也祁盈之臣謂祁盈为君伯有之臣謂伯有为公
是家臣称其主耳　鄭有虞心　正義曰鄭人曰虞四邑之至
眞其与己合势有虞度外援之心而又自恃近城故无闘志
注商紂至夷人　正義曰古文尚書泰誓曰受有億兆夷人
离心离德子有乱臣十人同心同德昭二十四年傳引之云亦
有离德已与本小殊此注攺予为武王又倒其先後者便文耳
虽言傳曰非傳本文刘炫云欲以證商周之不敵故先少而後多

非便文　注祭仲至應命　正義曰傳言誘而執之則祭仲被誘
如宋在宋見執々不在命知非命也被誘而往知非聘也直為見
誘而以行人應彼宋命也行人謂行往宋耳劉炫云杜欲成不称
行人之義故以行人言之　十二年注厲公至従赴　正義曰躍為
厲公世本文也莊二十二年傳曰陳厲公蔡出也故蔡人殺五父而
立之五父即佗六年殺佗而厲公立也陳世家以佗与五父為二
人言蔡人為佗殺五父及桓公太子免而立佗是為厲公立七年
大子免之三弟躍林杵臼共殺厲公而躍立是為利公々々立五
月卒林立是為莊公案傳五父佗一人而世家以為二人案經蔡
人殺佗桓公卒之明年不得為佗立七年也佗以六年見殺躍以此
年始卒不得為躍立五月也既以佗為厲公又妄称躍為利公世
本々无利公皆是馬迁妄説束皙言馬迁分一人以為兩人以无
為有謂此事也壬辰是七月二十三日上有七月書於八月之
下如此數者注皆釋之日誤今云従赴者以其終不可通蓋欲兩
觧故也以五年正月甲戌己丑陳侯鮑卒甲戌非正月之日而以正

月起文傳言再赴是兆以正月也彼以十二月之日爲正月赴魯
知赴者或有以前月之日從後月而赴故因此以示別意　注重
書至以名　正義曰春秋之中唯此重書日其餘亦應有一日兩
書各書日名但更無其日不可復知計赴告之体本應皆以日
告史官書策復應各書其日但他国之告或有詳略魯史記注
多違旧章致使日与不日無復定準及其仲尼書經不以日月襃
貶或略或詳非此所急故日月詳略皆依旧文此重書丙戌非
是例以旧史所重故因史成文耳　注既書至爲文　正義
曰春秋之例戰不言伐以其伐可知故略其文也伐者討有罪之
辭言戰又言伐者皆是罪彼所伐之国此既書伐宋又重書戰者以
見宋之無信言以鍾鼓責其罪而伐之彼不服罪而反与我戰所
以深責之也莊二十八年齊人伐衛衛人及齊人戰此文亦當如
彼宜云及宋人戰今直言戰于宋者尤其無信故以独戰爲文皆
陳曰戰戰是敵辭不言及宋戰不使宋得敵也十年郎之戰我有
礼彼無礼齊鄭無辭以罪我不令我与彼敵彼自独戰爲文此戰

我有信而宋无信我有辞以責宋不使宋敵敵我自独戦為文
郎戦我有辞故言戦不言伐此戦宋无辞故言伐不言与宋戦二者
虽文皆独戦而義存彼此俱是善悪有殊不得相敵故也　傳
注城下至深恥　正義曰宣十五年楚之囲宋傳称華元裡子反曰
敝邑易子而食析骸以爨虽然城下之盟有以国斃不能從也寧
以国斃不肯從城下之盟是其深恥也必為深恥者諸侯當好交
四隣以衛社稷相時而動量力而行令乃構怨彊敵兵臨城下力
屈勢沮求服受盟是其不知之甚將為隣国所笑故深恥之
注彭水至魏縣　正義曰釋例云彭水出新城昌魏縣東北至
南郷筑陽縣入漢　注羅熊至備也　正義曰羅熊姓世本文
也説文云諜軍中反間也謂詐為敵国之人入其軍中伺候間隙
以反報其主故此訓諜為伺而兵昏謂之反間也巡備也謂巡遶
備刂之　十三年公會至敗績　正義曰傳称宋多責賂於鄭故
以紀魯及斉与宋衛燕戦然則此戦之興本由宋鄭相怨虽後各
連同好角以宋鄭為主其序紀在鄭上宋処斉下者若魯人不

与而隣国自行則以主兵為先若与魯同行魯史所記則當以
魯為主不得復先主兵亦既不先主兵即以大小為序故紀先鄭也
宋使齊為主猶隱四年州吁伐鄭使宋為主故齊先宋此以公
在會故不以主兵為先為卑為序故紀在鄭先若然莊二十六年
會宋人齊人伐徐杜云宋主兵故序齊上彼魯亦在而先主兵者
彼是魯之微人所會之国又少此則公自在會及所戰之国歷序
人多故不与彼同也戰称將敗称師是史策之常法也史所以然
者師是將之所帥戰則舉將為重敗則群師盡崩固當舉師言
敗若其敗还書將則是將身獨敗无以見師之大崩故戰則称將
敗則称師言其衆師盡敗非独將身敗也此燕人謂將也楚子傷
目故称楚子敗績此若云燕人敗績則是燕將身傷以此不得不
称師敗唯莊二十八年衛人敗績違常文耳注大崩至礼也
正義曰言史異辞者決莊二十八年衛人及齊人戰衛人敗績也
此敗称師而彼敗称人是史異辞也史非一人之辞自異非襃貶之
例也此二者於理則師是而人非但不以為義故命合從其本耳杜

以既葬為成君虽則踰年猶待葬訖故以惠公為非礼釈例曰父
虽未葬喪服在身踰年則於其国内即位称君伐鄭之役宋公衛
侯是也春秋書魯事皆踰年即位称公不可曠年无君則知他国
亦同然擬父未葬於其国内虽得伸其為若以接隣国則違礼失
制也是言先君未葬則不得称爵成君以接隣国也杜言違礼失
制礼制亦无明文案文八年八月天王崩九年春毛伯来求金傳
曰不書王命未葬也彼以踰年未葬不得称王命使是其礼制未
可以此知接隣国則違礼制也　傳大夫至行也　正義曰大夫
伯比言濟衆者其非益衆之理也其此伯比之意當理君宜抚慰
小人士卒以言信也教訓諸司長率以令德而威懼莫敖以刑罰
也莫敖狃於蒲騷之役狃貫也貫於蒲騷之得勝遂恃勝以為
常將自用其心不受規諫必輕小羅国以為无巳君若不以言辞
刑罰鎮重抚慰之莫敖其將不設備乎夫謂伯比々々之意固當
謂君教訓衆民而好以言辞鎮抚之召軍之諸司而勸勉之以善
德見莫敖而告之道天之意不借貸慢易之人不使慢易之人

得勝言其必須敬懼也其意當如此年若其不然此伯比豈不知
楚師之登行也而更請益師乎　注狃忕也　正義曰說文云狃
狎也忕習也郭璞云貫忕也今俗語皆然則狃忕皆貫習之義以
貫得勝則輕易前敵將自用其意不復持重　注鄖水至入漢　正
義曰釋例曰鄖水出新城沶鄉縣東南經襄陽至宜城縣入漢
注公後至之地　正義曰兩敵將戰必豫期戰地公未見紀鄭紀
鄭已與齊宋先設戰期公不及設期唯及其戰故言戰而不書所
戰之地言此地非公所期故不書也釋例曰桓十三年戰不書所々
者期戰所在之地也公會戰而後其期猶及諸侯共其成敗故備書
諸國而不書地成十六年傳曰戰之日齊國佐至於師此其類也
然則諸戰書日者日即是月計此經當云二月己巳公會紀侯鄭
伯今退己巳於鄭伯之下者春秋之例公之出會例多以月要
盟戰敗例多以日故己巳之文在公會紀侯鄭伯之下十二年十
二月及鄭師伐宋丁未戰于宋亦其類也服虔云下日者公至而
後定戰日地亦與日當同對設期公既不及期地非得及期日也

刘炫云公舍紀郑告廟而行始行即合舍也其戰之日則戰罷乃
告廟史官虽連并其文而存其本旨已已是戰日故下日以附戰
十四年注御廩至六年　正義曰傳称御廩災乙亥嘗不害
也明嘗之所用是御廩之所藏也礼記祭義云天子為藉千畝諸
侯百畝躬秉耒以事天地山川社稷先古敬之至也穀梁傳曰天
子親耕以共粢盛王后親蠶以共祭服国非无良農工女也以為
人之所尽事其祖祢不若以已所自親者也月令季秋乃命冢宰
藏帝藉之收於神倉郑玄云重粢盛之委也帝藉所耕千畝也藏
祭祀之穀故為神倉以此諸文知御廩藏公所親耕以奉粢盛之
倉也廩即倉之別名周礼廩人為倉人之長其職曰大祭祀則共
其接盛郑玄云接讀為扱々以授舂人大祭祀之穀藉田之收藏
於神倉者不以給小用是公所親耕之粟擬共祭祀藏於倉廩故
謂之御廩災其屋而不損其穀故曰昏不害也　注先其至示法
正義曰八月建未々是始殺故云先其時亦過也周礼大宰祀五
帝前期十日帥執事而卜日遂戒享先王亦如之郑玄云十日容

散七日致齊三日壬申在乙亥之前三日是致齊之初日也既已戒日致齊御廩雖災苟其不害嘉穀有穀可以共祭祀則祭不應廢故書以示法也若害穀則當廢不可苟用他穀故也先時亦過々則當書但書過已有成例故傳指言不害故沈氏云杜以先時亦過々則當書傳何以專言不害此丘明之意若非先時有災不害亦書若非御廩有災先時亦書進退明例也服虔云魯以壬申被災至乙亥而嘗不以災害為恐故衛難杜云若救之則息不害嘉穀則傳當有救火之文若如宋災傳舉救火今直言不害明知不以災為害杜必為不害嘉穀者秦氏答云傳所以不載救火者傳以指釋經文略舉其要所以不載救火至於宋鄭之災彼由簡牘備載詳略不等不可相難也　傳注熟曰饔生曰餼　正義曰周礼外内饔皆掌割亨之事亨人給外内饔之爨亨煑饔者煑肉之名知熟曰饔哀二十四年傳稱晋人餼臧石牛以生牛賜之知生曰餼又聘礼致饔餼五年飪一牢腥二牢餼二牢飪是熟肉腥是生肉知餼是未殺鄭玄以為生牲曰餼雖瓠葉箋云腥曰餼欲以

牽為牽行故餼為已殺非定解也定解猶以生為餼傳諸言餼者
皆致生物於賓也　十五年注突既至三年　正義曰凡諸侯出奔
皆被逐而出非自出也旧史書臣以逐君仲尼脩春秋責其不已
自固皆以自奔為文以故此注逐突之惡言其罪之々意釈例曰諸
侯奔亡皆迫逐而苟免非自出也傳稱衛孫林父甯殖出其君名在
諸侯之策此以臣名赴告之文也仲尼之經更没逐者主名以自奔為
文責其不已自安自固所犯非徒所逐之臣也言其所犯処多非徒
逐者独惡君不已君故臣亦不臣々之逐君其罪已著没其臣名独
見君罪言罪不純在其臣故也衛獻公出奔不名鄭伯突及北燕
伯款蔡侯朱〔宋イ〕等皆書名者從彼告辭故釈例曰衛赴不以名而燕赴
以名隨赴而書之義在彼不在此也言責其不已自安自固自奔
即是身罪名与不名不復著義故從告也昭三年傳曰書曰北燕伯
款出奔罪之也是變例也　注忽実至八年　正義曰成八年
年傳曰復其位曰復歸忽本既居君位然後出奔故今還以復位
之例為文也經言復歸明是復位之例注言此者以忽之出奔不

称郑伯既言世子又非君号非君而称复既嫌其不是复位故明之礼父在称世子忽父之丧于今五年世子非所当称故迹其称之意邓曼所生立为世子是有母氏之宠也宗卿谓同姓之卿祭仲之女曰雍姬则祭仲姬姓是同宗卿也救齐败戎是有功也而守介节谓守琐琐犹介介之节不娶齐女也经书郑忽出奔不称郑伯是降名以赴也今称世子复归是逆以大子之礼也逆以大子之礼者以突是庶子无道出奔更欲择君莫踰于忽以本是世子故迎之使还为是世子所以得归郑以世子名告不以尝为君告时史因其告辞书曰世子实复本位书曰复既而忽之为君不已自固始于见逐终于见杀三公子更立为君乱郑国者实忽之由释例与此注尽同其末云故仲尼因以示义言因旧史之文即称世子示郑人本有不以为君之义忽于隐公之世每称公子六年称大子则救齐之时已立为大子故也　注许叔至逆例　正义曰入者自外之辞本其所自之处言其自许东偏而入于许国非从外国入也郑庄公以十一年卒许叔今始入者盖郑突篡使其复忽既

得位親仁善隣存許以德許人冀其為已之援故此年始得入也
小白陽生入皆称名此叔称字故云許人嘉之以字告也杜知是字
者以蔡季歸於蔡季子来歸亦以名字故知之也杜以傳例云凡
去其國〻逆而立之曰入嫌此亦為國逆之例釈例曰諸在例外称
入直是自外入内記事常辞義无所取賈氏虽夫人姜氏之入
皆以為例由先儒以為國逆故言許叔本不去國非國逆之正例
國逆正例挹去國而来許叔本非去國故云非國逆例其實許始
復國許叔得逆上下文歡同心迎逆指其實叓有國逆之理故
於釈例云許叔有國逆之文但非國逆正例耳刘君不達此旨妄
規杜失非也　注三人至東北　正義曰三國俱称人合行礼知其
爲卑同也以郳子来得王命知牟葛之等是附庸郳犂来〻朝
附庸君名此若君自親来則亦應称名若遣臣来聘又不得称
朝曹伯使世子射姑来朝是世子有称朝之義知此三人皆附庸
世子攝行文叓而来朝也諸侯之卿称名大夫降称人是人之於
名例差一等若附庸其君應称名故其子降称人釈例曰王之世子

不名諸侯世子則名會王世子于首止曹世子射姑來朝是也附庸世子稱人郳人牟人葛人來朝是也是言世子稱謂之等級也地理志泰山郡牟縣故牟國也陳留郡寧陵縣應劭曰故葛伯國然則於晉屬異國也　注先行會禮　正義曰知非不與謀言會者以言于襄故知此行會禮也若不言地直言會則是不與謀例也召陵會杜注云於召陵先行會禮與此同也　十六年春既而復至　正義曰宣七年傳例云與謀曰及不與謀曰會此春既謀之例當言及今春會者魯諱與諸侯聚議納不正之人故從不與謀之文釋例曰魯既春會于曹以謀伐鄭反遂與師而更從不與謀之文者厲公篡大子忽之位謀而納之非正故諱之從不與謀之例是其義也諸侯之序以大小為次班序譜稱自隱至莊十四年四十三歲征伐盟會者凡十六國時无霸主會同不并无有成序其間蔡與衛凡七會六在衛上唯此處在陳下故以為蓋後至也　注傳曰至月別　正義曰杜以城向與下同月故檢叔弓如滕經傳之異如滕與葬同月知此城向與出奔同月但本

事既異各隨本而昏之下有月而此无月耳其実同是十一月也
但十一月水星昏猶未正故後推校歴数此年月却節前水星可
在十一月而正又方者未至之辞故以室之方中而方欲向中而実
未正中十一月可以興土功昏時非傳誤也刘炫規過以為案周語
云辰角見而雨畢天根見而水涸駟見而隕霜火見而清風戒寒
故先王之教曰雨畢而除道水涸而成梁隕霜而冬裘具清風至
而脩城郭故夏令曰九月除道十月成梁營室之中土功其始先儒
以為建戌之中霜始降房星見霜降之後冬風至而心星見鄭
玄云辰角見謂九月本天根見謂九月末天根謂氐星是也自然
火見是建亥之月又春秋城楚丘是正月而杜引詩云杜之方中
未正中也定星豈正月未正中乎拠此諸文則火見土功必在建
亥之月則建戌之月必无土功之理而杜以為建戌之月得城向
者非也今以為周語之文單子見陳不除道故說為此言故所挙
時節並在早月也月令孟冬天子始裘單子云隕霜而冬裘具是九
月已裘是其早也且周語之文拠尋常節気九月而除道十月而

興土功杜以此年閏在六月則建戌之月二十一日巳得建亥節氣是十月節氣在九月之中土功之事何為不可諸侯城楚丘自在正月衛人初作宮室必在其節杜云定星方欲正中於理何失刘君廣引周語之文以規杜々以月却節前何須致難　傳注夷姜至曰烝　正義曰晉獻公烝於齊姜惠公烝於賈君皆是淫父之妾知此亦父妾故云庶母也成二年傳稱楚莊王以夏姬予連尹襄老々々死其子黑要烝焉淫母而謂之烝知烝是上淫蓋訓烝為進言自進与之淫也世本云初宣公愛夷姜烝淫而謂之夫人馬遷謬耳　注左右至為号　正義曰公子伝无左右明其因母為号公羊稱諸侯取一国則二国往媵之以有二媵故分為左右說公羊者言右媵貴於左媵義或當然此左右公子蓋宣公之兄弟也　載其旌　正義曰代之而載其旌蓋旌有志識故也世家云与太子白旄而告盗曰見白旄者殺之或當以白旄為旌但馬迁演此文而为之說其辞至鄙未必其言可信也　十七年注稱侯蓋謬誤　正義曰五等諸侯卒則各舉其爵葬

则举謚称公礼之常也此无貶責而独称侯故云蓋謬誤也釈例
曰卒而外赴者皆王爵而称名慎死考終不敢違大典也昏葬者
皆從主人私称客主之人敬各有本謙敬各得其所而後二国之礼
成也葬蔡桓侯独不称公刘賈許曰桓卒而季帰无臣子之辞也
蔡侯无子以弟兼位群臣无廢主社稷不乏祀故傳称蔡人嘉之
非貶所也杞伯称子傳为三發蔡侯有貶傳亦宜説史昏謬誤疑
在阙文是其疑之意也　傳疆埸至不虞　正義曰疆埸謂界
畔也至此易主故名曰埸典封疆者不得已往侵人无使人来侵
已謹慎守其一家之所有以備不意度之事　注日官至歴数
正義曰周礼大史掌正歳年以序事頒告朔于邦国然則天子掌
歴者謂大史也大史下大夫非卿故不在六卿之数傳言居卿則
是為之若卿故知非卿而位從卿故言居卿也乎（平イ）歴数者謂当年作
歴数平其遲速而頒於邦国也晦朔弦望交會有期日月五星行道有
度歴而数之故曰歴数也　君子至悪矣　正義曰弑君者人臣
之極悪也昭公悪其人々々果行大悪是昭公知所悪矣言昭公悪之不

妄也韓子以為君子言知所惡者非多其知之明而嫌其心不斷也曰知之若是其明也而不如早誅焉以及於死故言知所惡以見其无權也昭公知其惡而不已的其誅致使渠弥含憎懼死以徼幸故昭公不免於殺戒人君使彊於斷也　注公子達魯大夫　正義曰知非鄭人者若是鄭人當在君子之前言之傳先載君子之議後陳子達之言是達閔其言而評之与臧文仲閔蓼六之滅其事相類故知是魯人也　十八年公与至如齊　正義曰僖十一年公及夫人會齊侯于陽穀彼言及此不言及者公羊傳曰公何以不言及夫人々々外也言夫人淫於齊侯而疏外公故不言及也穀梁傳曰不言及夫人何也以夫人之伉不稱數也言夫人驕伉不可及故舍而不數也杜无明解但載申繻之言説公男女相瀆蓋以相褻瀆之故果致大禍時史詋其男女无別故不書及也　注公本至曰遂正義曰據傳文知其嚮會之時即与夫人俱行至於濼水之上不言及夫人會者夫人從公行耳其會之時夫人不与既會乃相隨嚮齊故如齊之上始書夫人公自因會而行故言遂耳傳言女有家

男有室　正義曰沈氏云卿大夫稱家〻者内外之大名户内曰室但男子一家之主職主内外故曰家婦人主閨内之事故爲室也劉炫云釋宫云宫謂之室〻謂之家則家之与室義无以異欲見男女之別故以室屬之其實室家同也　注上車至殺之　正義曰莊元年公羊傳曰夫人譖公於齊侯〻〻怒与之飲酒於其出焉使公子彭生送之於其乘焉搚幹而殺之何休云搚折聲也齊世家云襄公使力士彭生抱上魯君車因摺殺魯桓公下車則死矣搚　摺拉音義同也　注車裂曰轘　正義曰襄二十二年傳稱轘觀起於四竟又曰轘觀起車裂是其事也周禮滌狼氏誓僕右曰殺誓馭曰車轘然則周法有此刑也

春秋正義卷第七

計一万五百五十九字

春秋正義卷第八　莊公

國子祭酒上護軍曲阜縣開國子臣孔穎達等奉

勅撰

正義曰魯世家云莊公名同桓公之子文姜所生即桓六年子同生者也以莊王四年即位謚法勝敵克壯曰莊是歲々在鶉火

元年王正月　正義曰此月无事而空書月者莊雖不即君位而亦改元朝廟与民更始史書其事見此月公宜即位而父弒母出不忍即位故空書其文閔僖亦然　注夫人至而去　正義曰夫人孫意傳文不明故云魯人責之蓋責其許公於齊侯而使公見殺故慙懼而出奔也公羊傳曰孫者何孫猶孫也內諱奔謂之孫穀梁傳曰孫之爲言猶孫也諱奔也杜用彼爲說昔帝堯孫位以讓虞舜故假彼美言而爲之名猶孫讓而去釋例曰使若不爲臣子所逐自孫位而去者　注單伯至不敵　正義曰檢經上下公卿書爵大夫書字單伯書爵故爲卿也單者天子畿內地名人君賜臣以邑令采取賦稅謂之采地禮運曰諸侯有國以處其子孫

大夫有采以处其子孫是謂食邑為采地單氏世仕王朝此及文公之世皆云單伯成公以下常称單子知伯子皆爵也此時称伯後降為子耳又解不称王使之意王於時將遣魯主昏必先有命豈得未嘗命魯徑送女来故知主已命魯為主魯已兼受王命單伯送女付魯而已不復重宣王命故不称使也十一年王姬不云送使送者為送者微也以姬繫王不称女字以王為尊故繫之於王且以別於内女内女則以字配姓謂之伯姬是也公羊傳曰使我主之昏為使我主之天子嫁女乎諸侯必使諸侯同姓者主之諸侯嫁女于大夫必使大夫同姓者主之所以然者昏之行礼必賓主相敵天子於諸侯々々於大夫不親昏者尊卑不敵故也二王之後虽王所賓客亦崇先代而已不得即与王敵嫁於二王之後亦使諸侯主之秦漢以来使三公主之呼為公主 注公在至於外

正義曰穀梁傳曰築之外変之正也仇讎之人非所以接昏姻也衰麻非所以接弁冕也其意言公与斉為讎又身有重服不得与斉侯為礼故築于外也左氏先儒亦用此為説杜案傳文称

請以彭生除之齊人雖為殺彭生心實讎齊但不敢逆王命故以諒闇為辭故築館于外杜謂諸侯之喪既葬則衰麻除矣不得以喪服為言也若讎不除服未釋則諸侯之國同姓多矣天王不應強使魯侯冒斬衰接父讎與之行吉禮也以此益明杜諒闇之言為得其實從以昏姻吉禮行事在廟公在諒闇之內處齊侯尚來親迎不可使以全吉之禮接賓於廟又讎除服釋不敢逆王命辭主昏故築舍於外使齊侯從外迎之　注榮叔至之比　正義曰公羊傳曰錫者何賜也命者何加我服也又詩唐風無衣之篇晉人為其君請命於天子之使以無衣為辭則王賜諸侯當有服也傳稱王賜晉惠公命受玉惰則王賜又有玉也但賜諸侯以玉者欲使執而朝覲所以合瑞今追命桓公若追命衛襄之比止應褒稱其德賜之策否或當有服以表尊卑不復合瑞未必有玉也釋例曰天子錫命其詳未聞諸侯或即位而見錫或歷年乃加錫或已薨而追錫魯桓薨後見錫則亦衛襄之比也魯文即位見錫則亦晉惠之比也魯成八年齊靈二十三年乃見錫隨恩所加得失

存乎其事言存乎其事者觀其錫之早晚知恩之厚薄觀其人之善惡知賢之得失故傳不復顯言其是非也杜於追命衛襄之下注云命如今之哀策魏晉以来唯天子崩乃有哀策將葬於是遣奠讀之陳大行功德叙臣子哀情非此類也人臣之喪不作哀策良臣既卒或贈之以官褒德叙哀載之於策將葬賜其家以告柩如今哀策蓋此謂也　注不昏逆公不与接　正義曰成九年伯姬歸于宋杜云宋不使卿逆非禮以逆者非卿故不昏此云公不与接者杜意以公不昏故也不与接魚卿亦不昏也所以知者十一年齊侯来逆共姬而經不昏故也又嫡伯姬于宋魯与宋无故此時有故知不与接也春秋之例送女不昏者取更我而厚之此單伯書者為送至於魯不至於齊故也　注齊欲至訾城　正義曰齊人遷此三邑非三邑之人自遷也故知齊欲滅紀故徙其三邑之民而取其地也蘇氏云直取其地不取其民故云遷不云取不言所注之処者志在去之而已非欲安存其人故与宋人遷宿文同其文異於邢遷也釋例曰邢遷于夷儀則以自遷為文宿宋人

迁宿斉人迁陽則以宋斉為文各從彼此所迁之実記注之常
辞亦非例也郱在東莞言郡部在朱虚不言郡者欲例土地名朱
虚亦属東莞使之蒙上郡　傳注文姜至告廟　正義曰不称即
位為文姜出故也則即位之月文姜未还故知荘公以父弑母出
不忍行其即位之礼也經書三月夫人孫于斉則是夫人来而復
去故知文姜於是感公意而还也三月以来經傳皆无夫人还更
故解之还不書不告廟釋例曰文姜之身終始七如斉再如莒皆
以淫行書行而不書反則元年之还亦不告廟推此可知也公羊
傳曰夫人固在斉矣其言孫于斉何念母也正月以存君念母以
首事穀梁傳曰接練時録母之変始人之也其意言文姜往年如
斉至此年三月猶尚不反三月練祭念及其母乃書其出奔非三
月始從魯去也左氏先儒皆用此説杜不然者史之所書擬実而
録未有虚書其事者也夫人若遂不还則孫已久矣何故至是三
月始言孫于斉乎公若念及於母自可迎使来帰何以反書其孫
豈荘公召命史官使書其母孫乎又礼三年之喪期月而練梢公

以往年四月薨至今年三月未得一期何故已得為練而去接練録変存君念母也若以經无还文即言当斉不反則自是以後亦无还文二年夫人会斉侯于禚豈復自斉会之哉以此知三月始從魯去也　注姜氏至示義　正義曰文姜終始皆称姜氏唯此一文独異故傳觧其意云不称姜氏絶不為親言於夫人之義宜与斉絶不復為親也姜氏者斉之姓也礼婦人在家則天父出嫁則天夫為夫斬衰三年為兄大功九月今兄殺己夫於文姜之義宜与斉絶姜意不与斉絶而復奔之故於其奔也特去姜氏去姜氏者若言夫人不是斉女不姓姜氏以示應絶之義應絶不絶所以刺文姜也傳言礼者為夫絶兄礼之意也公羊傳曰夫人何以不称姜氏貶曷為貶与弑公也其与弑公奈何夫人譖公於斉侯公曰同非吾子斉侯之子也斉侯怒使公子彭生搚幹而殺之穀梁傳亦云不言氏姓貶之也左氏先儒取二傳為説言傳称絶不為親礼也謂荘公絶母不復以之為親為父絶母得礼為父之義故曰礼也杜不然者釈例曰文姜与公如斉以淫見譴懼而婦詐

於襄公々々殺公而委罪於彭生弑公之謀姜所不与疑懼而自
留於斉荘公感其不反以厥即位之礼故姜氏自斉而还魯々人
探情以責之故後出奔夫子以為姜氏罪不与弑於荘公之義当
以母淫於斉而絶其斉親内全母子之道故経不称姜氏傳曰絶
不為親礼也明絶之於斉也文姜称夫人明母義存也哀姜外淫
故孫称姜氏明義異也觀此解之意夫人宜与斉絶釋例之文言
荘公宜与斉絶者夫人猶尚宜絶荘公固宜絶矣先儒謂荘公宜
与母絶杜意荘公宜与斉絶故偏擬荘公為文所以排旧説耳其
実夫人及公倶当与斉絶也　注斉疆至之変　正義曰傳不直
言礼而云為外礼者築之是常未足褒美正為築之于外是應変
之礼故解其意斉疆魯弱又委罪彭生魯既不能讎斉雖内実深
讎外若无怨既不敢辞王命又不欲見斉侯因其喪制未闋故異
其礼為之於外是其得礼之変也糸息為闋則闋訓為息也未闋
言其未息也王姫之館必築之者公羊傳曰主王姫者必為之改
築於路寝則不可小寝則嫌群公子之舎則以卑矣其道必為

之改築者也穀梁傳曰於廟則已尊於寢則已卑為之築節矣鄭箴膏肓云宮廟朝廷各有定処无所館天子之女故宜築于宮外是言須築之意也但杜意若其内不恨有喪制不須築於城之外耳此言外者謂城之外說公羊穀梁者亦以為城外然王姬来嫁必須築館所以十一年王姬不築館者或因其旧館或築而不昏也　二年注於餘至庶兄　正義曰公羊穀梁皆以於餘丘為邾之別邑左氏无傳正以春秋上（之旨）下未有伐人之邑而不繫国者此无（所）繫故知是国釈例注闕不知其処蓋近魯小国也莊公時年十五者以桓六年生至此二年為十五莊二十七年公羊傳曰公子慶父公子牙公子友皆莊公之母弟也左氏先儒用此為説杜以不然故明之釈例曰經書公子慶父伐於餘丘而公羊以為莊公母弟計其年歳既未足統軍又无晋悼王孫備幼知之文此蓋公羊之妄而先儒曾不覺悟取以為左氏義今推案傳之上下羽父之弑隠公皆諮謀於桓公則桓公已成人也傳曰生桓公而恵公薨指明仲子唯有此男非謂生在薨年也桓以

成人而弑隱即位乃娶於齊自應有長庶故氏曰孟此明證也公疾問後於叔牙々称慶父材疑同母也傳称季友文姜之愛子与公同生故以死奉般情義相推考之杜氏有若符契是杜明其異母之意也氏曰孟氏傳文實然而經称仲孫杜无明釈八年傳称仲慶父其举謚称之則謂之共仲蓋慶父虽為庶長而以仲為字其後子孫以字為氏是以經書仲孫時人以其庶長称孟故傳称孟孫其以謚配字而謂之共仲猶臧僖伯管敬仲之類也列炫云蓋慶父自称仲欲同於正適言已少次莊公為三家之長故以莊公為伯而自称仲春秋之例皆傳言實而經須其意經称尚時之史書其自称之辞其人自称仲孫不得不書為仲傳序已適之事举其时人之語時人呼為孟氏不得不以孟録論語云孟孫問孝於我是时人呼云孟氏也楚公子棄疾弑君取国改名為居經書楚子居卒是從其自称也　注魯為至内女　正義曰他国夫人之卒例皆不書唯魯女為諸侯之妻書其卒耳王姬非是内女亦書其卒為比之内女故也檀弓曰齊告王姬之喪

魯莊公為之大功或曰由魯嫁故為之服姊妹之服是其比内女也
注再與桓同盟也 正義曰桓十一年盟于折十二年于穀丘是之再也三年
注溺魯至去氏 正義曰隱四年翬會宋公陳侯蔡人衛人伐鄭傳
曰羽父請以師會之公弗許固請而行故書曰翬帥師疾之也彼不
稱公子傳言疾之今溺亦不稱公子傳亦言疾之知其事與翬同
疾其專命而行故去氏也公子非氏貶與氏同故言氏也 注季紀至
貴之 正義曰公羊傳曰紀季者何紀侯之弟也何以不名賢也何賢
乎紀季請後五廟以存姑姊妹穀梁傳曰酅紀之邑也入于齊者以
酅事齊也杜取彼為説知季是紀侯之弟以酅邑入齊為附庸之
君附庸齊國也諸侯之卿例當書名善其能自存立故書字貴之
也釋例曰齊侯鄭伯詐朝于紀欲以襲之紀人大懼而謀難於魯
請王命以求成于齊公告不能齊遂偪之迮其三邑國有旦夕之
危而不能自入為附庸故分季以酅使請事于齊大去之後季為
附庸先祀不廢社稷有奉季之力也故書字不書名書入不書叛
也判分也傳曰始分為紀侯大去張本也劉賈謂紀季以酅奔齊

不言叛不言專鄭也傳稱紀侯不言下齊以与紀季々非叛也紀亡之後叔姬歸于酅明為附庸猶得專酅故可歸也是杜旲説貴之意也以叔姬歸酅知酅為附庸々々之君雖无爵命而分地建国南面之主得立宗廟守祭祀僖二十一年傳曰任宿須句顓臾皆風姓也實司大皞与有濟之祀論語云夫顓臾昔者先王以為東蒙主須句顓臾皆附庸也得祀所出之祖主其竟内山川明得祀先君奉社稷　注滑鄭至廛次　正義曰此解略而釈例詳釈例曰凡師一宿為舍再宿為信過信為次此周公之典以詳録師出入行止遲速因為之名也兵事尚速老師費財不可以久故春秋告命三日以上必記其次舍之与信不告者輕辟不以告也兵未有所加所次則告之以示遲速公次于滑師次于郎是也既告兵所加則不告其所次以事為宜非廛次諸久兵而不告次是也既告兵所加而又告次者義有取於次遂伐楚次于陘盟于牡丘遂次于匡是也所記或次在事前次以成事也或次在事後事成而次也皆隨事實无義例也杜言既告兵所加則不告其

次者或伐或戰曠日持久其間必有三日之次既書戰伐則不書次雖次在事前次在事後皆不書也既書兵所加而又書次者義有取於次齊侯伐楚々強齊欲綏之以德故不速進而次于陘盟于牡丘本為救徐各使大夫救徐次匡以為之援義取於次故書兵所加而又書其次次在事前謂僖元年齊師宋師曹師次于聶北救邢也次在事後謂襄二十三年叔孫豹帥師救晉次于雍榆也聶北之下公羊傳曰曷為先々言次而後言救君也雍榆之下公羊傳曰曷為言救而後言次先通君命也左氏先儒取彼為說言齊桓君也進止自由故先次後救叔孫臣也先通君命竟救後次杜以傳无此言故改正其謬言此二事或次以成事或事成而次皆隨事實先後而書之无義例也先儒又言書次者皆善之辭釋例曰叔孫救晉次于雍榆傳曰礼者善其宗助盟主非以次為礼也齊桓次于聶北救邢亦以存邢具其器用師人无私見善不在次也而賈氏皆即以為善次々之与否自是臨時用兵之宜非礼之所素制也言非素制者非礼家制此名以為善号

也沈氏云將會鄭伯非軍旅而昏次者古者君行師從卿行旅從故亦從師行之例也　傳注為經至君臣　正義曰舍者軍行一日止而舍息也信者住經再宿得相信問也穀梁傳曰次止也則次亦止舍之名過信以上雖多日亦為次不復别立名也通君臣者公次于滑君也叔孫豹次于雍榆臣也但是師行皆從此例君將不言師師故止云公次亦師次也非師之次則不在此例釋例説賈氏云若魯公次乾侯之比非為用師不應在例而復例之亦為濫也　四年注享食至魯地　正義曰鄭玄儀礼注云饗謂亨大牢以飲賓則享是飲酒大礼与會小别而以享為會者言夫人与齊侯會而設享礼故昏享齊侯也定十年夾谷之會傳称齊侯將享公孔丘拒之乃不果享是享者兩君相見之礼二年穀梁傳曰婦人不言會言會非正也饗甚矣是享非夫人所當用也礼不合用而夫人用之故直昏以見其失也定本享會作享食注隱二至敵体　正義曰穀梁傳曰外夫人不卒此其言卒同（何）也吾女也適諸侯則尊同以吾為之變卒之也為之變者為之服也

礼諸侯絶期尊同則為之変服々大功九月恩成於敵体故書其卒適大夫則略之釋例曰内女唯諸侯夫人卒乃書恩成於敵体其非適諸侯則略之以服制相準也生書其来而死不録其卒従外大夫之比也注以国至之辞　正義曰傳称紀侯不能下斉以与紀季是往年公酅与之紀国猶在今則全以紀国与之故云以国与季釈例曰紀侯力弱慮窮自以列国不忍屈臣於斉使季以酅求安而脱身外寓季果為附庸社稷有奉故不言滅不見迫逐故不言奔大去者不反之辞蓋時史即実而言仲尼弗改故傳不言故書々日也是説大去之意也滅人国者皆毀其宗廟遷其社稷紀季雖降為附庸得自立廟社而其国不滅也諸侯之奔皆被逐而出此則不見迫逐故不言奔時史謂之大去仲尼以為得理故因而用之十二年叔姬帰于酅則紀季雖全得紀国亦不移就紀都紀之宗廟社稷皆遷之於酅秉祀如本故為不滅雖去国祚不滅其実為斉所呑紀之器物財賄亦應為斉所得成二年傳称紀甗玉磬同之以紀得非滅紀所得也季既入臣於斉縦使斉不自取必應以

之為賂假令季以賂齊亦是滅紀所得也　注紀季至葬之　正義
曰紀侯由齊大去則是齊為紀讎而葬其夫人故解其意云々雖為齊
侯所葬亦由魯會往會之故吾釈例曰紀侯大去其國令弟納邑附
齊々侯嘉而愍之恩及伯姬々々魯女故以來告大夫會葬故吾
齊侯葬紀伯姬也不吾謚者亡国之婦夫妻皆降莫与之謚而賈
許方以諸侯禮說又失之也　傳注尸陳至為陳　正義曰尸陳也
釈詁文荊即楚之舊邑故云荊亦楚也楚之本小国地狭民少雖時
復出師未自為法式今始言荊尸則武王初為此楚国陳兵之法
名曰荊尸使後人用之宣十二年傳稱荊尸而舉是遂行之也揚
雄以尓雅釋古今之語作吾擬之采異方之語謂之方言方言云
戟謂之孑郭璞云取名於鉤孑也戟是擊刺之兵有上刺之刃又
有下鉤之刃故以鉤孑為名也始云授師孑焉是注前未以此器
授師故云然則楚始於此參用戟為陳言參用之者參雜用之陳
之所用專用戟　注樠木々名　正義曰此字之音或為曼或為
朗若以萠為邑名作曼以兩為邑名作朗字体雖定故兩為之音杜

直云木名不知(木)何所似(木有似)榆者俗呼為朗榆蓋為朗也　注時祕至行成　正义曰除道謂除治新路故知更開直道梁溠為作梁於溠故為橋也釋例曰義陽厥縣西有溠水源出縣北從縣西東南至隨縣入鄖水杜以溠解溠蓋邑相近而字轉耳　且請至發喪　正义曰莫敖既與隨侯盟且又請隨侯與楚之為會禮於漢水之汭而我还楚也隨侯畏楚遂從莫敖為會禮會訖隨侯因濟漢還国而後發王喪也　五年夫人至齊師　正义曰於時齊侯征伐之事不知師在何處蓋齊侯纏理紀地有師在紀杜云書姦々發夫人當向紀地從之不言會者往其軍內就齊侯耳不得會禮　傳注未受至郳子　正义曰郳者附庸之国犁来其君之名傳言未王命者解其称名之意由未得爵命為諸侯故称名也經書其名傳言未王命此傳所發即是附庸称名之例々當称名故儀父称字為貴之也郳之上世出於邾国世本云邾顏居邾肥徙郳宋仲子注云邾顏別封小子肥於郳為小邾子則顏是邾君肥始封郳譜云小邾々俠之後也夷父顏有功於周其子友別封為附庸

居郳曾孫犂來始見春秋附從齊桓以爲周室命爲小邾子穆公
之孫惠公以下春秋後六世而楚滅之世本言肥杜譜言友當是
一人僖七年經書小邾子來朝知齊桓請王命命之　六年注王
人至稱字　正義曰昭十二年傳稱叔孫昭子三命踰父兄則昭
子之父叔孫豹再命也再命而名見於經知諸侯之卿再命三命
皆書名一命乃稱人諸侯之臣既然則王朝之臣亦然周禮王之
上士三命中士再命下士一命故杜以爲劉夏石尚稱名氏者上
士中士也稱王人者下士也僖八年公羊傳曰王人微者知此王
人亦微者故云王人王之微官也春秋之世二字而子在上者皆
是字故知子突是字救衛必以師救而文不稱師於例爲將卑師
少以卑官而帥少師救衛不已使衛侯不入是無功也無功而稱
字者以朔既讒構取國而又不已於民王意卽定黜牟不欲使朔
得入故遣師救之時史惡諸侯逆王命故爲王使言子突雖則官
卑蒙王授以大事故稱人而又稱字貴王人所以責諸侯也釋例
曰莊六年五國諸侯犯逆王命以納衛朔大其事故字王人謂之子

突是說進之意也進之不稱名而越稱字者王之上士下士爵同
而命異耳進之同中士未足以為榮故超從大夫之例稱字以貴
之也文二年垂隴之會晉士穀堪其事即書名氏似若真為卿然
故不復稱人此責子突止為數責諸侯非是人實堪進故稱人依
其本班稱字見其別有所為耳穀梁傳曰王人卑者也名貴之也
善救衛也救者善則伐者不正矣杜意取彼為說唯以子突為字
耳范甯注穀梁亦云此名當為字誤尒　注朔為至八年　正
義曰去年齊宋陳蔡伐衛傳曰納惠公也此年衛侯得入則是諸
侯納之當言歸而經書入成十五年宋花元奔晉宋人迎而反之
當言復歸而經書歸釋例曰朔懼有違衆之犯而以國逆告花元
實國逆欲挾晉以自助故以外納赴春秋從而書之示二子之情
也凡諸侯外納有三一者以言語告請得入蔡季歸于蔡是也二者
興師送入其國楚人圍陳納頓子于頓是也三者所納之君別在
他國而諸侯師伐彼國令其得入今公及諸侯伐衛是也　注公
羊至囚也　正義曰釋例曰齊人來歸衛寶公羊穀梁經傳及

左氏傳皆同唯左氏經獨言衛侯考三家經傳有六而其五皆言
寳此必左氏經之独誤也案說文保從人㫐省㫐古文保不省
然則古字通用寳或作保字与侯相似故誤作侯耳杜既以為誤
而又解侯為因是其不敢正決故且從之　傳君子至百姓　正
義曰君子以二公子之立黔牟也為不知揆度形勢矣夫立人為
君使能自堅固其位者必當揆度於本末度其本者謂其人才德
賢善根本牢固度其末者謂其人終能保有邦国蕃育子孫知其
堪能自固而後立其衷乎衷謂節適言使得節適財乃立之也若
不能知其本之可立与否則不當謀之如似樹木知其根本之弱
不能生長枝葉以喻所立之人材力劣弱不能保有邦国蕃育子
孫則不須自強立之詩以樹木本幹喻適枝葉喻庶言文王子
孫本幹枝葉適子庶子皆傳国百世由文王之德堪使蕃滋故也
刘炫云度其本謂思所立之人有母氏之寵有先君之愛有強臣
之援為国人所信服也度其末謂思所立之人有度量有知謀有
治術為下民所愛樂也　注祁謚至曰甥　正義曰謚法經典不易

曰祁衛有石祁祁子亦謚也釋親云謂我舅者吾謂之甥是姊妹之子曰甥　人將不食吾餘　正義曰食謂噉之為甥設享而因享害之所有餘食更為人設之將賤吾不肯復食噉吾之餘食也膏肓以為楚鄧彊弱相縣若從三甥之言楚子雖死鄧滅曾不旋踵若割膚去疾炊炭止沸左氏為短鄭箴云楚之強盛從滅鄧以後於時楚未為強何得云彊弱相縣蘇氏云三甥既有此語左氏因史記之文録其實變非君子之論何以非之　注魯莊公十六年　正義曰知非楚文王十六年者以文王莊五年即位至十九年卒唯十五年耳　七年注恒常至昏沒　正義曰恒常釋詁文夜者自昏至旦之總名但此經下言夜中則此言夜者夜未至中謂初昏之後耳非竟夜不見星也穀梁夜作昔傳曰日入至於星出謂之昔不見者可以見也必如彼言星出以前名之曰昔則名昔之時法當未有星矣何以怪其不見而為異也明經所言夜者夜昏之後星應見之時而不見耳公羊傳曰恒星者何列星也言天官列宿常見之星也於時周之四月則夏之仲春月令仲春之月日在奎

昏弧中鄭玄云弧在輿鬼南則於時南方之星盡當列見謂常見
之星者謂南方星也杜以長歷校之知辛卯是四月五日也杜以
五日月光尚微不足奄星使不見若有雲蔽當時夜无雲蓋日光
不以昏沒是故以為異也　注如而至知之　正義曰公羊說如
雨者言其狀似雨也此傳言星隕如雨與雨偕也偕訓為俱與雨
俱下不得為狀似雨也故轉如為而謂星落而且雨其數多與雨
雜下所落非一星也非常為異害物為災此二事雖是天之變異
不見物被災害皆記異也星隕非常固可記異雨乃常事亦言之
者見星之隕其勢宜明時乃陰雨雨內見星所以為異主言星之
異不言雨之為異也夜之早晚以星為驗日光不匿恒星不見而
云夜中者以水漏知之漏者晝夜百刻於時春分之月夜當五十
刻二十五刻而夜半也　注今五至之苗　正義曰直言无麥苗
似是麥之苗而知麥苗別者公羊傳曰曷為先言无麥而後言无
苗待无麥然後昏无苗如彼傳文知麥苗別也且此秋今之五月麥
已熟矣不得方云麥之无苗故知熟麥及五稼之苗皆為水漂殺也

種之曰稼斂之曰穡月令五時食穀黍稷麻麦豆周礼謂之五穀
故云五稼之苗何休云禾初生曰苗秀曰禾　傳注文姜至言之
正义曰文姜数与斉侯會者二年于禚四年于祝丘五年如斉
師此年于防于穀是也哀十五年傳称斉致禚媚杏於衛則禚
是斉地定五年傳称季平子行東野卒于房則防是魯地傳於
斉地言書姦於魯地言斉志故知至斉地則姦發夫人至魯地
則斉侯之志也二年會之始此年會之末故傳略举二端以言之
之明其餘意同也杜于禚于穀皆言斉地于祝丘言魯地見其有
二意若其不然桓五年經書城祝丘〻〻魯地不須解之釈例曰
婦人无外事見兄弟不踰閾故其他行非礼所及亦例所不存而
當其時実有出入或以事宜或以淫縦小君之切不得不書故直
書其行而其善惡各繫於本會于禚傳称書姦夫人入斉地也會
于防傳称斉志斉侯入魯地也於經无例傳以実言之
八年注期共至待之　正义曰唯言以俟陳蔡不知何故待之
下有師及斉師囲郕郕与陳蔡同討故云期共伐郕陳蔡不至

故待之賈逵及說穀梁者皆云陳蔡欲伐魯故待之陳蔡於魯竟
絶路遥春秋以來未嘗搆怨何因輙伐魯也又俟者相須同行之
辞非防寇拒敵之稱若是畏其来伐当謂之禦不得稱俟故知期
共伐郕耳何休服虔亦言欲共伐郕　注治兵至囲郕　正義曰
周礼中春教振旅中秋教治兵穀梁傳曰出曰治兵習戰也入曰
振旅習戰也公羊傳曰出曰祠兵入曰振旅其礼一也皆習戰也
釋天云出為治兵尚威武也入為振旅反尊卑也孫炎云出則幼
賤在前貴勇力也入則為老在前後常法也彼言治兵振旅皆禮
因田獵而選車徒教戰法習号令知此治兵亦是習号令也此治
兵於廟欲就嚴之處使之畏威用命耳但軍旅之衆非廟内所
容止應告於宗廟出在門巷習之昭十八年傳稱鄭人簡兵大蒐
将為蒐除杜云治兵於廟城内地迫故除廣之是告於廟習於巷
也下有囲郕知治兵為囲郕也沈云周礼中秋治兵月令孟春令
云是月也不可以稱兵所以甲午治兵者以為囲郕故非時治兵
猶如備難　而城虽非時不說沈又云治兵之礼必須告廟々々虽是

内变治兵乃是外变故虽告庙仍用甲午且治兵则征伐之类又
为围郕虽在郊内亦用刚日甲午治兵公羊以为祠兵谓杀牲飨
士卒 师及至齐师 正义曰於例将卑师众称师此直言师
则公不自将传称仲庆父请伐齐师閔郕降齐师在国请耳非
是军中请也 注时史至师还 正义曰春秋之例公行征伐还
则告至今将出师未有告师还者也庆父请伐齐师欲以自围郕
之师迴伐齐师若用其言则方相战斗师或丧败公乃自责无德
引罪归己时史善公克己复礼全军而还喜其得还故特告师还
也传言君子是以善鲁庄公君子谓当时之史告此师还以善鲁
庄公也仲尼以为得理故因而用之克己复礼论语文也克胜也
己虽恨齐胜情而止责己而不责於人合於人合於礼意僖三
十年秦晋围郑传称秦人窃与郑盟子犯请击秦师晋侯不许
与时事同而彼无善文者鲁庄中平之主已有善变故为可嘉
晋文身为霸主而私有恨郑引秦共伐而秦人背之失其所与
则为不知得免不知之说已为幸矣虽不从子犯未足可尚时史

不善其變故仲尼亦无褒文　傳夏書至乃降　正義曰此虞書
皐陶謨之文以述禹變故傳謂之夏書孔安國以爲邁行種布降
下也言皐陶已行布其德〻乃下洽於民故民歸之今引之斷章
取證降義爲言皐陶已布行其德由其有德乃爲人降服也杜不見
古文故以爲逸書以邁爲勉言皐陶已勉力種樹功德不知德乃
降亦是書文謂爲莊公之語故隣從下注言已慕皐陶之種德乃
人自降服之自恨不已如皐陶也　九年注无知至六年　正義
曰无知弑君自立則是爲齊君矣而不言弑其君者爲未列於會
故不書爵不書爵者正謂不書弑其君也釋例曰諸侯不受先君
之命而篡立得與諸侯會者則以成君書之齊商人蔡侯般之屬
是也若未得接於諸侯則不稱爵楚公子棄疾殺公子比蔡人殺
陳佗齊人殺无知衛人殺州吁公子瑕之屬是也諸侯篡立雖
以會諸侯爲正此列國之制也至於國內策名委質即君臣之分
已定故雖殺不成君亦與成君同義也是言殺而不稱君之意也
曹伯負芻殺大子而自立成十五年晉侯討而執之十六年曹人

請于晉曰若有罪則君列諸會矣是列會則成君故指彼以為例
注斉乱至蔇亭　正義曰依二十九年傳曰在礼卿不會公侯會
伯子男可也是大夫不得敵公也若敵公則經没公不書而貶卿
称人翟泉之盟是也此不没公者斉乱无君故大夫得敵公既得
敵公當書名氏而直言斉大夫者来者非一人故不稱名也文七
年宋人殺其大夫傳曰不稱名衆也是衆則不得書名　公伐斉
納子糾　正義曰公羊傳曰糾者何公子糾也何以不稱公子君
前臣名也何休云嫌當為斉君在魯君前不為臣礼故去公子見
臣於魯也賈逵云不言公子次正也公羊之説不可通於左氏
以正不稱公子其事又无所出案今定本經文糾之上且有子字
自外入内不稱公子者多雖有楚公子比稱公子蓋告辞有詳略
故為文不同此有伐斉之文故不須言于斉納捷菑于邾為无伐
邾之文故須言于邾　注二公至无位　正義曰傳称鮑叔牙
以小白奔莒管夷吾召忽奉子糾来奔則二子在国寵均勢敵
故国内各有其黨今斉大夫来盟于蔇直是子糾之黨来迎子

糾耳小白之黨猶自向莒迎小白也若其舉国同心共推子糾来
迎即宜付之不須以盟要之今既与之盟而興師送糾是二公子
各自有黨須伐乃得入故公伐斉也昭十三年傳称桓公有国高
以為内主則国子高子是小白之黨也彼迎小白既早公送子
糾又遅公伐斉納子糾始行即書小白入斉得告乃書故至斉之
時出小白之後也傳例曰凡去国々逆而立之曰入小白称入従
国逆之文以其本无位也若本有位則当云復故賈服以為斉大
夫来迎子糾公不亟遣而盟以要之斉人皈迎小白謂迎小白者也
是盟蔇大夫故杜言各自有黨以排之　注小白至乾時　正義
曰公以夏伐斉已出小白之後斉人得葬襄公便是国寧位定公
可退而不退戰而敗績是公之罪時史書策不称公戰公敗為公
諱也若言此戰非公是将卑師衆故直言師戰師敗耳此戰雖諱
猶書敗升陘之戰敗亦不書者彼為獲公冑恥諱之深故不書敗
也　取子糾殺之　正義曰此名糾耳称子者公羊傳曰其称子
糾何貴也其貴奈何宜為君者也何休云以君薨称子某言之者

著其宜為君從未踰年君例賈逵云稱子者愍之案定本上納子
糾已稱子則此言子非愍之也沈云齊人稱子糾故魯史從其所
稱而經各子糾知者傳云子糾親也請君討之豈復是愍之乎劉
與賈同　注公子至言之　正義曰諸侯之臣為卿乃見經公
子為賊亂者則書其名不問位之貴賤釋例曰禍福不告則不書
然則國之大事見告則皆兼告而書貴賤各以所告為文也禍莫
大於享國有國禍莫甚於骨肉相殘故公子取國及為亂見殺者
亦皆書之不必繫於為卿故子糾意恢以公子見書於經也是說
公子書經之意也　注洙水至齊備　正義曰釋例云洙水出魯
國東北西南入沂水下合泗公羊傳曰洙者何水也浚之者何深之
也曷為深之畏齊也是畏齊故深之為阻固也　傳鮑叔至可也
正義曰此傳大略在有管子書諸或是後人所録其言甚詳其小
匡篇曰桓公自莒反於齊使鮑叔牙為宰鮑叔辭曰君有加惠於
臣使臣不凍餒則是君之賜也若必治國家則非臣之所能也其
唯管夷吾乎臣之所不夷吾者五寬惠愛民臣不如也治國不失

秉臣不如也忠信可結於諸侯臣不如也制礼義可法於四方臣不如也介冑執枹立於軍門使百姓皆加勇臣不如也夫管子民之父母也將欲治其子不可棄其父母公曰管夷吾親射寡人中鉤殆於死今乃用之可乎鮑叔曰彼為其君動也君若宥而反之其為君猶是也公曰然則為之奈何鮑叔曰君使人請之魯公曰夫施伯魯之謀臣也彼知吾將用之必不吾与鮑叔曰君詔使者曰寡君有不令之臣在君之国願請之以戮於群臣魯君必諾且施伯之知夷吾之才必將致魯之政夷吾受之則魯已弱齊矣夷吾不受彼知其將反齊必將殺之君亟請之不然死及公乃使鮑叔行成曰公子糾親也請君討之魯人為殺公子糾又曰管仲讎也請受而戮之魯君許諾施伯謂魯侯曰勿与非戮之也將用其政也管仲天下之賢人今齊求而得之則必長為魯国憂君何不殺之而授其屍魯君曰諾將殺管仲鮑叔進曰殺之齊是戮齊也殺之魯是戮魯也寡君願生得之以徇於国為群臣戮若不生得是君与寡君之賊比也非敝邑之所請也使臣不敢受命於是乎魯

君乃不殺遂生束縛而以与齊鮑叔受而哭之三举施伯從而笑
之娌大夫曰管仲必不死矣鮑叔之不忍戮賢人其知〻称賢以
自成也至於堂阜之上鮑叔祓而浴之三桓公親迎於郊遂与飯礼
之於廟三酌而問為政焉外傳齊語与管子大同管子當是本耳
管子无治於高傒之言鮑叔之美管子其言非一說者各記所聞
故不同耳　十年注齊人至魯地　正義曰例称敵未陳曰敗某
師皆陳曰戰此傳称齊人成陳擊鼓不應称敗齊師故解之孫
子兵書曰詐稽之使失其先後謂稽留彼敵不時与戰使先後乖
其次才魯以曹劌之語設權謀譎詐以稽留之列成而不得用与
未陳相似故以未陳為文釋例曰長勺之役雖俱陳而鼓音不齊
攜李之役越人患吳之整以死士亂吳雖皆已陳猶以独克為文
举其權詐是〻也此注稽或作掩誤耳今定本作稽　注不言
至勺同　正義曰此春敗齊師于長勺傳称齊師伐我則今次于
郎亦是報來伐我而經並不称侵伐〻〻者責罪之文也桓十年
齊侯鄭伯来戰于郎傳曰我有辭也故不称侵伐則知此与長勺

不書侵伐亦為我有辭也我有辭者齊来伐我為公伐齊納子糾
来報伐也公之伐齊大夫来盟于蔇許以子糾為君令魯伐齊納
子糾彼自背盟伐魯非責魯也魯有此辭故齊人不合伐也杜言
二公子各有黨則迎子糾者非小白之徒而責齊背盟者言彼蔇
盟大夫背盟而從小白誤公使伐齊耳不言桓公背盟也杜以傳於
長勺之役有伐我之語故就傳為解而以此同之　注荊楚至蔡地
正義曰荊楚一木二名故以為国号亦得二名終莊公之世經皆
書荊僖之元年乃書楚人伐鄭蓋於亦時始改為楚以後常称楚
也他国雖将有尊卑師有多少或称師或称将不得直書国名史之
書策兼彼告辭此直称国知其告命之辭未合典禮故不称将帥
也　以蔡侯獻舞帰　正義曰穀梁傳曰以帰猶愈乎執也杜於
隠七年注云但言以帰非執也則以帰者直将与共帰不被囚
執其恥輕於執也釋例得獲例曰敵国交兵亦有兵器之獲殊
別君臣故於君曰滅於臣曰獲国君者社稷之主百姓之望當与
社稷宗廟共其存亡者也而見獲於敵国雖存若亡死之与生皆与

滅同至於偏軍元帥君之臣僕出身致命常辱得失自其常吏故
傳曰胡子髡沈子逞滅獲陳夏齧君臣之辭也如杜此言師敗身
虜亦應称滅此不言滅而云以歸者釈例所云㧞宗廟社稷已亡
而君見獲於敵君身雖在与亡无異皆以滅為文則定六年鄭游
速帥師滅許以許男斯歸是也若社稷宗廟不亡君身見獲於
敵則云以歸此蔡侯献舞歸是也刘炫云在陳死則称滅以还者
則言以歸以規杜氏非也　注不言至所出　正義曰公羊傳曰
何以不言出国已滅無所出也　傳注曹劌魯人　正義曰史
記作曹沫亦云魯人　注肉食至与也　正義曰孟子論庶人云五
畝之宅樹之以桑五十者可以衣帛雞豚狗彘之畜无失其時七
十者可以肉食是賤人不得食肉故云在位者也襄二十八年傳
説子雅子尾之食云公膳日双雞昭四年傳説頒氷之法云食肉
之禄氷皆与焉大夫命婦喪浴用氷蓋位為大夫乃得食肉也間
謂間雜言不應間其中而為之謀故云間猶与也　衣食所安
正義曰公意衣食二者出所以安身然亦不敢專已有之必以之

乡人　犧牲玉帛　正義曰四者皆祭神之物曲礼曰天子以犧牛諸侯以肥牛郑玄云犧純毛也肥養於滌也然則牲謂三牲牛羊豕也犧者牲之純色也魯自得用天子之礼要犧牲相配之語未必内得用乃言之也　注孚大信也　正義曰孚亦信耳以言小信未孚故解孚為大信以形之　注上思利民忠也　正義曰桓六年傳文也言以情審察不用使之有枉則是思欲利民故為忠之屬也　登軾而望之　正義曰考工記云兵車之廣六尺有六寸三分車廣去一以為隧々謂輿內前後深四尺四寸也三分其隧一在前二在後以揉其式々在輿間從前量之深一尺四寸三分寸之二也以其廣之半為之式崇々三尺二寸也謂當車輿之內去前軫一尺四寸三分寸之二下去車板三尺三寸橫施一木名之曰軾得使人立於其後時依倚之曹劌登軾得臣云君馮軾皆謂此也　注雩門至虎皮　正義曰雩門為魯南城門蓋射人猶以名之故知也僖二十八年傳稱胥臣蒙馬以虎皮此云蒙皋比而先犯之事与彼同知皋比是虎皮也以胥臣之事譬之必知

定是虎皮其名曰皐比則其義未聞案記云倒載干戈包之以虎
皮名之曰建櫜鄭玄以為兵甲之衣曰櫜々韜也而其字或作建
皐故服虔引以解此　注妻之姊妹曰姨　正義曰釋親云妻之
姊妹同出為姨孫炎云同出俱已嫁也　十一年公敗宋師于鄑
正義曰往年公敗宋師于乘丘今為乘丘之役侵我則是報復前
怨魯為无辭亦不稱侵伐者莊公以本未嘗犯宋々黨為伐我故
敗于乘丘今復重來更是宋之可責非魯罪也　傳注通謂至為
文　正義曰設權譎變詐以勝敵者謂若長勺之役待齊人三
鼓氣衰乃擊之定十四年檇李之役越子患吳之整使罪人屬劍
自剄吳師屬之目越子因而伐之此二者敵雖已陳設權勝之成
列而不得用也此及昭元年晉荀吳敗狄于大鹵傳皆云未陳而薄
之是其未成列也彼我不得成列與成列而不得用皆以未陳独
敗為文言彼不已拒而此独克之也昭五年叔弓敗莒師于蚡泉
傳曰莒未陳也此已發例彼復發者釈例曰魯敗宋莒再發未陳
之例者嫌君臣有異也　注堅而有者也　正義曰戰者共鬪之

辭彼此成列權无所施故為各得其所成敗決於志力者也兩國交戰必有勝負或有未至成敗各自收斂故有言戰不言敗者构十年齊侯鄭伯來戰于郎十二年及鄭師伐宋丁未戰于宋如此之類交戰而未至於敗故不吝敗也或有彼實未陳應從未陳之例亦吝戰者或有實敗而不吝敗者皆從告辭也釋例曰令狐之役晉人潛師夜起而書戰者晉諱背其前意而夜薄秦師以戰告也河曲之戰秦晉交綏長岸之戰吳楚兩敗交綏並退軍士未愁吳楚俱病莫肯以告故皆書戰而不吝敗也邲之戰上軍先陳林交乃敗故書戰又書敗也　注師徒至敗績　正義曰師徒撓敗成二年傳文穀梁傳曰高曰崩厚曰崩解其師非高厚而稱崩意沮訓壞也沮岸謂河岸崩也師旅大敗似岸崩山崩也績訓為功喪其功績故曰敗績唯成十六年言楚子鄭師敗績者釋例曰鄢陵之戰楚師徒未大崩楚子傷目而退故指事而言也言楚子身敗非師敗也故言楚子敗績僖十五年晉侯及秦伯戰于韓獲晉侯其君被獲而不吝敗者晉侯戎馬還濘而止為秦所獲師不大

崩故不昏敗也城濮之戰傳称楚左右师潰子玉收其卒而止故不敗是二軍敗而經書敗績鄢陵之戰傳称子反曰臣之卒實奔是一軍敗而杜云师未大崩然則敗績若是大崩之名敗多存少乃称敗績敗少存多則不称敗績也　注謂若至之名　正義曰克訓勝也戰勝其师獲得其軍內之雄儁者故云得儁曰克春秋称克者唯有叔段一處而已既非敵國相伐又非君之討臣而於戰陳之例別立此名彼傳云如二君故曰克故具迹叔段之處以充之凡例乃是旧典非独為段發故云叔段之比釋例与此尽同

注覆謂至為文　正義曰取謂尽取无遺漏之意也哀九年宋皇瑗取郑师于雍丘傳称皇瑗圍郑师每日遷舍壘合郑师哭是自知尽死无逃逸之路也又曰使有能者无死是其合軍之內死生在宋也取狀如圍而云覆而敗之知其如羅網掩覆一軍皆見禽制故以取為文服虔云覆隱也設伏而敗之謂攻其无備出其不意敵人不知敗之易故曰取即如服言与未陳何異而別以為例謂之取也荀吴敗狄于大原於越敗吴于檇李並攻其无備出其

不意而經不言取鄭二公子敗燕師于北制鄭人大敗戎師是設
伏敗之而傳不言取服謂此為取何也宋囲鄭師畢合而哭自知
必敗非敵人不知而昏取何也　注王者至得校　正義曰此亦周
公旧凡杜解旧凡之意得有王師敗績者以周公制礼理包盛衰
故周礼載大喪及王師不功之事故旧凡例有敗績之文杜以為
畢逆順言之天王不應有戰敗之事遂申說凡例故云无敵於天
下々々非所得与戰者然春秋之世擬有其事成元年王師敗績于
茅戎是事列於經丘明不得不因申旧凡之義蘇氏之說義亦如
此沈氏不解杜意以京師敗績非周公旧凡是孔子新意丘明為
傳不得不因申孔子新意之義刘炫亦不達杜旨謂杜与沈氏意
同非也　禹湯罪己桀紂罪人　正義曰湯誥云其尔万方有罪
在予一人是罪己也泰誓數紂之罪云焚炙忠良剖剔孕婦是罪
人也禹桀之時昏多亡矣固亦應有此事沈引帝王世紀云禹見
罪人下車泣之是罪己也桀殺関竜逢是罪人也　注列国至寡
人　正義曰列国謂大国也曲礼曰庶方小侯自称曰孤諸侯与

民言自稱曰寡人其在凶服曰適子孤鄭玄云与臣言亦自謂寡人是死凶則常稱寡人有凶則稱孤也　既而忘之心　正義曰謂御說明年為君之後方始聞之聞之時已為君故云是人宜其為君也傳以御說有礼故以此言實之　注金僕姑矢名　正義曰用之射人必知是矢其名僕姑其義未聞　公右歂孫生　正義曰檀弓云魯莊公及宋人戰于乘丘縣賁父御卜国為右車右与此不同者礼記後人所録聞於所聞之口其寔未必實也案傳云公子偃先犯宋師公從而大敗之則本非交戰礼記稱馬驚敗績公隊佐車授綏御与車右皆死之必如記言則是魯師敗績經安得稱公敗宋師于乘丘傳記不同固當記文妄耳　注戲而至得還　正義曰服虔云恥而惡之曰靳傳稱宋人請之若是恥惡其人不應為之請魯故杜以為戲而相愧曰靳鄭玄注礼記儒行云遭人名為儒而以儒靳故相戲俗有靳故之語知是戲而相愧之名也公羊傳以為宋万与閔公博婦人皆在側万曰甚矣魯侯之淑魯侯之美閔公矜此婦人妬其言曰此虜也魯侯之美惡乎至

何休云惡乎至猶何所至万怒搏閔公絶其脰是其漸之定也
十二年注紀侯至大歸　正義曰公羊傳曰其言歸于鄬何隱之
也何隱爾其國亡矣徒歸于叔爾穀梁傳曰其曰歸何吾女也失夫
國喜得其所故言歸焉爾杜略取彼意為說釋例與此盡同大意
以其賢懿其國亡乃依附於叔故書之耳　注捷閔至可褒　正
義曰隱十一年公羊傳曰君弒臣不討賊非臣也子不復讎非子
也葬生者之事也春秋君弒賊不討不書葬以為不繫乎臣子也
左氏無此義故杜明之不書葬為亂故也凡葬魯不會則不書非
使宋亂不葬魯本無可會之理兼見此義故言亂也万及仇牧並
名見於經智皆卿也万不書氏者釋例曰宋萬賈氏以為未賜族
案傳稱南宮長万則為已氏南宮不得為未賜族也推尋經文
自莊公以上諸弒君者皆不書氏閔公以下皆書氏亦足明時史
之異同非仲尼所皆貶也是杜意以為史有詳略無義例也文八
年宋人殺其大夫司馬傳曰司馬握節以死故書以官然則有善
可褒尚變文以見義此仇牧書名不警而遇賊無善可褒故不

変其文公羊善其不畏強禦故言此以異之 傳注蒙澤至蒙縣
正義曰昭十三年楚公子比自晉歸于楚弒其君虔于乾谿書地
此弒閔公于蒙澤不書地者釋例曰先儒旁采二傳横生異例宋
之蒙沢楚之乾谿俱在国内閔公之弑則以不書蒙沢国内為義
楚弑靈王後以地乾谿為失所明仲尼本不以為義例則丘明亦
无異文也是亦言史自詳略无義例也 注子游宋公子 正義
曰世族譜子游雜人不知何公之子 注叔蕭大夫名 正義曰
卿大夫采邑之長則謂之宰公邑之長則曰大夫此則是宋蕭
邑大夫也以此年有功宋人以蕭邑別封其人為附庸二十三年
經書蕭叔朝公附庸例稱名故杜以叔為名 于陳以賂 正
義曰衛以賂為句言用賂請于陳也請猛獲于衛不言以賂蓋於
衛无賂 十三年傳注宋有至霸業 正義曰桓二年會于稷以成
宋亂者為會之意欲平除宋督弒君之賊此云平宋亂者宋万已
誅宋新立君其位未定齊桓欲脩霸業為會以安定之非欲平除
新君故宋人聽命来列於會也 十四年注既伐至大夫 正義曰

侈称諸侯伐宋斉請師于周則伐㝵已成單伯始至故云会伐宋言来就宋地会之也元年注云單伯天子卿也此云周大夫者大夫亦卿之惣号故兩言之單伯至于鄄正义曰春秋因魯史之文魯史自書其㝵会他国者皆言已往会之不問君之与臣会諸侯者皆魯人在会序之上若微人往会則会上无序直言其会明魯往会之微人不合序名序其所為之㝵而已十六年会斉侯宋公陳侯衛侯鄭伯許男滑伯滕子同盟于幽是也若魯人不与而諸侯自会則并序諸侯言会于某十五年斉侯宋公陳侯衛侯鄭伯会于鄄是也雖霸主召会諸侯霸王之身列在諸侯之上耳不言霸主会諸侯以其俱是王臣不得与諸侯為主故也若霸主之国遣大夫往会諸侯雖政在霸国大夫名列諸侯之下由非諸侯之主列位從其班爵文十四年公会宋公陳侯衛侯鄭伯許男曹伯晋趙盾同盟于新城是也若王臣在会不問爵卑皆列諸侯之上僖八年公会王人斉侯宋公衛侯許男曹伯陳世子款盟于洮九年公会宰周公斉侯宋子衛侯鄭伯許男曹伯于葵丘是

也此會魯人不與單伯宜列在諸侯之上下言會于鄄耳今會字乃在齊侯之上是齊桓歸功天子故赴以單伯會諸侯為文所以為天子示名義也此會魯自不與魯所與者皆魯人在上史文以魯為主耳當會之時以大小為序魯不在上也釋例曰魯為春秋主常列諸侯上非其實次也子帛卿也依魯大夫之比列於莒上故傳曰魯故也叔孫豹曰宋衛吾匹也又曰諸侯之會寡君未嘗後衛君是魯在衛上也宋既先代之後又襄公一合諸侯以紹齊桓之伯或在齊上則魯次宋也　傳注齊欲至之辭　正義曰齊既以諸侯伐宋而更請師于周者齊桓始脩霸業方欲為崇天子故請師假王命以示大順耳非畏伐不克而藉王威也經書人而傳言諸侯先儒以為諸如此輩皆是諸侯之身釋例曰傳滅入例衛侯燬滅邢同姓故名又云穀伯綏鄧侯吾離來朝名賤之也又云不書蔡許之君乘楚之車也謂之失位此皆貶諸侯之例々不稱人也諸侯在事傳有明文而經稱人者凡十一條丘明不示其義而諸儒皆據案生意原无所出貶諸侯而去爵稱人是為君

臣同文非正等差之謂也又澶淵大夫之會傳曰不書其人案經
皆去名稱人至諸侯親城緣陵傳亦曰不書其人而經揔稱諸侯
此大夫及諸侯經傳所以為別也通校春秋自宣公五年以下百
數十年諸侯之咎甚多而皆无貶稱人者益明此蓋當時告命記
注之異非仲尼所以為例故也是言諸侯之貶或書名或没而不
書必不得稱人故以此經書人傳言諸侯為揔衆国之辞依元年
齊師宋師曹師救邢於例將卑師衆稱師則三国皆大夫師也傳
稱諸侯救邢亦是揔衆国之辞与此同也　六年而厉公入
服虔云蛇北方水物水成數六故六年而厉公入　猶有至有妖
正義曰公問厉公之入向於申繻曰猶有蛇妖而厉公得入乎古
者由猶二字義得通用申繻對公曰人之所忌謂子儀畏懼厉公
心不堅正其畏忌之氣燄々未盛而進退之时以取此妖来應人
也蛇鬪之變由人興也若使人无釁隙焉則妖孽不能自作人棄
其常則妖自興以此故有妖棄常謂既不能強又不能弱失常度
也　注桓公至守臣　正義曰桓公初封西郑蓋是畿内之国周

礼王子母弟有功者得立祖王之廟故桓公始封為君即命臣使典宗祏々々者慮有非常火災於廟之北壁内為石室以藏木主有変則出而祭之既祭納於石室祏字從示神之也　注繩誉也

正義曰字書繩作譝字從言訓為誉　十五年注夫人至卿寧

正義曰文姜僖公之女故為桓公姊妹詩美后妃之德云歸寧父母是父母在則礼有歸寧襄十二年傳曰秦嬴歸于楚々司馬子庚聘于秦為夫人寧礼也是父母没則使卿寧兄弟不得自歸也但不知今桓公有母以否故杜不明言得失

春秋正義巻第八

計一万六千一百五字

春秋正義卷第九　莊公

国子祭酒上護軍曲阜縣開國子臣孔　穎達　等奉
勅撰

十六年注宋主至效此　正義曰往年齊桓始霸未敢即尸其任救患討罪今爲宋伐郑仍使宋自報怨故宋主兵序於齊上也諸侯會許男在曹滑之上班序上下以国大小爲次不以爵之尊卑也隱五年邾人郑人伐宋附庸在伯爵之上是以主兵爲先也歷検上下皆然知是春秋常法礼記祭義云有虞氏貴德而尚齒夏后氏貴爵而尚齒殷人貴富而尚齒周人貴親而尚齒而春秋序會不先同姓而大国在上者孔子修春秋有変周之文從殷之質故也　注書會至宋地　正義曰公羊傳曰同盟者何同欲也穀梁傳曰同者同尊周也杜云服異者亦是同其欲同尊周也名同盟者爲盟之時告神称同釋例曰盟者假神明以要不信故載辞或称同以服異爲言也是言載辞称同也二十七年同盟于幽傳曰陳郑服也文十四年同盟于新城傳曰從於楚者服且謀郑也

成五年同盟于蟲牢傳曰鄭服也七年同盟于馬陵傳曰尋蟲牢之盟且莒服故也襄三年同盟于雞澤傳曰晉爲鄭服故合諸侯二十五年同盟于重丘傳曰齊成故也昭十三年同盟于平丘傳曰齊服也如此之數皆是服異故稱同也喪服繼父不同居傳曰嘗同居乃爲異居未嘗同居則不爲異居春秋同盟亦猶是也嘗同盟而異乃稱服異未嘗同盟則不爲服異故盟不稱同也僖二年齊侯宋公江人黄人盟于貫傳曰服江黄也定四年陳許頓胡楚之屬國皆來會于召陵其下云公及諸侯盟于皐鼬二盟並不稱同皆爲未嘗同盟非服異故不稱同也應稱同而不稱同者僖五年首止之盟鄭伯逃歸七年盟于甯毋鄭伯使大子華聽命於會而不稱同者鄭心未服故傳稱子華請去三族管仲曰君其勿許鄭必受盟是甯毋之時鄭未服也八年盟于洮鄭伯乞盟傳稱請服也而洮盟不稱同者鄭伯始請服耳未列於會故不稱同也文十五年夏晉郤缺帥師伐蔡戊申入蔡其冬諸侯盟于扈傳稱晉侯宋公衛侯蔡侯陳侯鄭伯許男曹伯盟于扈則是蔡新來服

不稱同者傳稱郤缺入蔡以城下之盟而還是則蔡已先服故不稱同也宣十二年同盟于清丘傳曰恤病討貳十七年同盟于斷道傳曰討貳也成九年同盟于蒲傳曰爲歸汶陽之田故諸侯貳於晉々人懼會於蒲以尋馬陵之盟十五年同盟于戚傳曰討曹成公也十七年同盟于柯陵傳曰尋戚之盟也十八年同盟于虛朾傳曰謀救宋也此六盟皆非服異稱同盟者清丘斷道与蒲於時諸侯已有二心討貳故稱同盟戚与虛朾同心疾惡故稱同盟柯陵之盟鄭人不服欲令諸侯同心伐鄭故稱同盟猶襄十八年諸侯同心疾齊稱同圍齊自此以前陳在衛下今在上知齊桓始進之釋例班序譜自隱至莊十四年四十三歲衛与陳凡四會衛在陳上自莊十五年盡僖十七年三十五歲凡八會陳在衛上故知是齊桓進之遂班在衛上終於春秋也　注克伐至同盟

正義曰北杏之會邾人在會今而稱子故云蓋齊侯請王命以爲諸侯得爲子爵見經也隱元年盟于蔑桓十七年盟于趡是再同盟也　傳注二子至曰刖　正義曰周禮司刑刖罪五百尚書呂

刑荆罰之屬五百孔安国云刖足曰剕釈言云䠊刖也李巡曰斷
足曰刖也説文云刖絶也則剕刖是斷絶之名斬足之罪故云斷
足曰刖　注数満於十　正義曰易繫辞云天一地二天三地四
天五地六天七地八天九地十至十而止是数満於十也閔元年
傳曰万盈数也数至十則小盈至万則大盈傳具載宣叔事者服
虔云宣叔之祖共叔段有伐君之罪宜世不長而云不可使共叔
无後於鄭言其刑之偏頗鄭厉公以孽篡適同悪相恤故黨於共
叔欲令其後不絶傳所以悪厉公也　注曲沃至一軍　正義曰
桓八年傳称曲沃武公滅翼其年冬王命虢仲立晋哀侯之弟緡
于晋至是乃并之也晋世家云曲沃武公伐晋侯緡滅之尽以其
宝器賂献於周僖王〻〻命曲沃武公為晋君列為諸侯於是尽
并晋地而有之曲沃武公已即位三十七年矣自桓叔始封曲沃
以至武公滅晋凡六十七歳而卒代晋為諸侯是僖王命之叓也
周礼小国一軍晋土地雖大以初并晋国故以小国之礼命之
注魯桓至之末　正義曰史記十二諸侯年表云莊王元年當魯

桓十六年即位十五年而崩僖王元年當魯莊十三年即位五年
而崩惠王元年當魯莊十八年即位在十八年而此年傳説惠王
之立者杜云傳因周公忌父之言而見惠王立在此年非夫是杜問
公忌父此年出奔至惠王立而得復与史記不違　十七年注齊桓
以賤故　正義曰僖七年傳曰鄭有叔詹堵叔師叔先言詹是詹最
貴也且傳稱鄭不朝也以君不朝而詹被執明詹是執政大臣為
不道君使朝故執之也若詹不至齊則死由被執知是諸齊見執
蓋聘齊也昭八年楚人執陳行人于徵師殺之傳曰罪不在行人
也死罪乃称行人知不称行人罪之也襄十一年楚人執鄭行人
良霄傳曰書曰行人言使人也言使人者言非使人之罪也書曰
者是仲尼新意故指以為例也執諸侯有称人称侯之異執大夫
者悉皆称人以執之為大夫賤故也劉炫以此注云詣齊見執釈
例曰詹言本非出使謂二者自相矛楯今知非者齊以鄭不朝而責
於鄭鄭令詹詣齊謝罪齊人執之故釈例云元非出聘之使集解
云詣齊被執二文雖異意實同耳劉炫不尋此意乃為規過非也

注殲尽至為文　正義曰殲尽也釈詁文舍人曰殲衆之尽也時史悪其軽敵而以自尽為文罪斉戍也釈例曰斉人殲于遂鄭棄其師亦時史即変以安文或從赴辞故傳亦不彰明義例也　注詹不至賤之　正義曰伏節守死以解国患當如昭元年叔孫豹之居位待罪也逃若匹夫逃竄故云詹逃以賤之鄭詹自斉逃来過魯而後與鄭故書之　注麋多至災書　正義曰麋是沢獣魯所常有是年暴多々則害五稼故言多以災書也　十八年注不書日官失之　正義曰經亦无朔字當云不書朔与日注不言朔脱也　注蜮短至為災　正義曰穀梁傳曰蜮射人者也洪範五行傳曰蜮如鼈三足生於南越々々婦人多淫故其地多蜮淫女惑乱之気所生也陸璣毛詩義疏云蜮短狐也一名射景如鼈三足在江淮水中人在岸上景見水中投人景則殺之故曰射景或謂含砂射人入皮肌其創如疥服虔云偏北淮々或々故為災沈氏云此有蜮傳重發例者以螟螽与蜚同是害禾稼此蜮則害人故傳特發之　傳注王之至備設　正義曰王饗醴命之

宥者王為之設饗禮置醴酒命之以幣物所以助歡也宥助欶祜
文周禮掌客王待諸侯之禮上公三饗三食三燕侯伯三饗再食
再燕子男壹饗壹食壹燕三禮先言饗是王之覲群后始則行饗
禮也酒正辨五齊之名一曰泛齊二曰醴齊三曰盎齊四曰緹齊
五曰沈齊鄭注云泛者成而滓浮泛泛然醴猶體也成而汁滓相
將如今恬酒矣盎猶翁也成而翁翁然蔥白色緹者成而紅赤沈
者成而滓沈如今造清矣自醴以上尤濁然則以其尤濁故先置
之示不忘古也知者禮運云燔黍捭豚下即云以燔以炙以為醴
酪是醴酒在先而有故曰先置醴酒示不忘古也詩序曰鹿鳴燕
群臣嘉賓也既飲食之又実幣帛筐篚以將其厚意聘禮云若不
親食使大夫朝服致之以侑幣致饗以酬幣亦如之是饗禮有
酘幣也禮主人酌酒於賓曰獻賓荅主人曰酢主人又酌以酬賓
曰酘謂之酘幣蓋於酬酒之時賜之幣也所賜之物即下玉馬是
也傳稱饗醴命宥言其備設盛禮也此注命之宥者命在下以
幣物宥助僖二十八年命晉侯宥注云命晉侯助以束帛以將

厚意皆命不同者以彼有命晉侯之享故也　注双玉為㲄
正義曰倉頡篇㲄作珏双玉為㲄故字從兩玉　注侯而至人礼
正義曰虢君不知何爵称公謂為三公也周礼王之三公八命侯
伯七命是其名位不同也其礼各以命数為節是礼亦異数也
今侯而与公同賜是借人礼也假借同義取者假為上邑借為入
邑与者假借皆為去邑　注戎来至其来　正義曰傳例有
鍾鼓曰伐无曰侵戎之来也魯人不知宜无鐘鼓故以侵言之
釈例曰戎之入魯々々不知去而遠追又无其獲边竟不備僕不
在疆所以為諱々此君之闕亦所以示戒将来之君也　鬪緡尹
之　正義曰尹訓正也楚官多以尹為名此滅権為邑使緡為長
故曰尹也　十九年注公子訖来伐　正義曰公羊傳曰媵者何
諸侯娶一国則二国往媵之媵不書此何以書為其有遂事書大
夫无遂事此其言遂何聘礼大夫受命不受辞出竟有可以安社
稷利国家者則專之可也穀梁文雖不明其意亦為魯女左氏无
傳取彼為説故云公羊穀梁皆以為魯女媵陳侯之婦穀梁傳曰

其曰陳人之婦略之也以来入国略而不言陳侯夫人成九年伯
姬歸于宋晋衛齊三国来媵然則為人媵者皆送至嫁女之国使
之從適而行此鄄是衛之東地蓋陳取衛女為婦魯使公子結
送媵向衛至鄄聞齊宋為會将謀伐魯故權事之宜去其本職
不復送女至衛遂与二君會盟故備書之也送女至鄄停女會盟
鄄是盟処故言于鄄非本期送女使至鄄也既盟之後遂不復送
女其盟本非公意又失媵陳之好故至冬而三国来伐結之此盟
於魯无益故无嘉善之文々八年冬十月壬午公子遂會晋趙盾
盟于衡雍乙酉公子遂會雒戎盟于暴四日之間不容反報亦是
專命而盟患難俱解故再称名氏珍而貴之与此異也宣十二年
宋華椒兼群偽之言以誤其国宋人被伐而貶華椒今三国伐
魯不貶公子結者結之為盟本欲安社稷利国家与華椒事異
故不貶　注非父至昏也　正義曰此既无傳不知何為如莒婦
人以礼出為無故曰昏也　傳注黄嬴姓　正義曰世本文
注経皇至失職　正義曰鬻拳自殺以殉葬於是近墓之地宜

十四年傳稱楚子聞宋殺申舟投袂而起屨及於窒皇劍及於寢門之外則窒皇近於門外當是寢門闕也知此經皇亦是冢前闕也且此人生為大閽職掌守門明此亦是守門示死不失職也餘昏无經皇之名蓋唯楚有此號也 以為大閽謂之大伯 正義曰周禮天官閽人掌守王宮之中門之禁鄭玄云閽人司昏晨以啓閉者刑人墨者使守門秋官掌戮墨者使守門刖者使守囿則閽不使刖而鬻拳得為閽者周禮地官之屬有司門下大夫二人掌授管鍵以啓閉國門鄭玄云若今城門校尉主王城十二門此注亦云若今城門校尉官然則鬻拳本是大臣楚人以其賢而使典此職非為刑而役之其為大閽者當如地官之司門非天官之閽人亦主晨昏開閉通以閽為名尊寵之大伯々長也為門官之長也 注言愛君明非臣法也 正義曰何休膏肓云人臣諫君非有死亡之急而以兵臨君開篡弑之路左氏以為愛君於義左氏為短故注言此以釋何休之難 注圃園也囿苑也 正義曰冢宰職云園圃毓草木鄭玄云樹果蓏曰圃園其樊也詩

云折柳樊圃成十八年築鹿囿然則囿以蓄为之所以樹果蓏囿
則築牆为之所以養禽獸二者相類故取囿为園　二十年注來
告至六年　正義曰襄九年三十年宋災昭九年陳災十八年
宋衛陳郑災皆不言大知此來告以大故書大也　傳注燕仲父
南燕伯　正義曰譜亦云南燕伯爵不知所出服虔亦云南燕
伯爵　注皆舞六代之乐　正義曰言乐及徧舞則乐之所有舞
悉周徧故知皆舞六代之乐也周礼大司乐以乐舞教国子舞
雲门大卷大咸大磬大夏大濩大武郑玄云此周所存六代之乐
也傳記所說雲门大卷黃帝也大咸堯也大韶舜也大夏禹也大
濩湯也大武周武王也是为六代奏黃鐘歌大呂舞雲门以祀天
神奏大簇歌應鐘舞咸池以祭地示奏姑洗歌南呂舞大磬以祀
四望奏蕤賓歌林鐘舞大夏以祭山川奏夷則歌中呂舞大濩以
享先妣奏无射歌夾鐘舞大武以享先祖　注去盛饌　正義曰
周礼膳夫職曰王日一举鼎十有二物皆有俎以乐侑食大喪則
不举大荒則不举大札則不举天地有災則不举邦有大故則不

舉鄭玄云殺牲盛饌曰舉襄二十六年傳曰古之治民者將刑為
之不舉不舉則徹樂是不舉者貶膳食徹音樂也　二十一年注
薨寢已殯之　正義曰經无所闕礼具可知杜为此注者以先儒
之說使莊公絕母子之親故於此明之知母子不絕下葬注亦然
傳注闕象魏也　正義曰定二年雉門及兩觀災注云兩觀闕也
礼運云昔者仲尼与於蜡賓事畢出遊於觀之上鄭玄云觀闕
也釋宮云觀謂之闕郭璞云宮門双闕周礼大宰正月之吉縣
治象之法于象魏使万民觀治象鄭衆云象魏闕也哀三年魯
災傳稱季桓子御公立于象魏之外命藏象魏曰旧章不可亡
也由此言之則觀闕象魏其實一也刘熙釋名云闕在門兩旁
中央闕然為道也然則其上縣治象其狀巍々然高大謂之象
魏使人觀之謂之觀也闕西辟者辟是旁側之語也服虔云西辟
西偏也南謂兩觀之内道之西也　注略界也皐縣　正義曰
孟子云仁政必自經界始昭七年傳曰天子經略諸侯正封々
略之内何非君土孟子經界即傳之經略且云封略之内封是竟

则知略是界也武公車鄭之始封君也言武公之略則是武公旧
竟若其由来不失不須今日後与故知後失其地恵王今後与之
隱十一年王取鄔劉蒍邘之田于鄭蓋桓王之世失其地也 注巡
守至巡守 正義曰孟子云諸侯適天子曰述職天子適諸侯曰
巡守々々者守也言諸侯為天子守土天子時巡行之易称后不省
方故云天子省方廻之巡守 注后王遺服 正義曰鞶是帯
也鑑是々鏡也 此与定六年伝皆鞶鑑双言則鞶鑑一物故知以
鏡飾帯挙今義胡之服以明之 虢公至於王
伯謂厉公子文公也服虔云鞶鑑王后婦人之物非所以賜有功
爵飲酒器王爵也一升曰爵々人之所貴者言鄭伯以其父得
賜不如虢公為是始悪於王積而成怨僖二十四年遂執王使此
為彼死本 二十二年注赦有至故書 正義曰肆大青者肆
緩也青過也緩縱大過是赦有罪也大罪猶赦則小罪亦赦之猶
今赦書大辟罪以下悉皆原免也易解卦象云雷雨作解君子以
赦過宥罪解卦坎下震上震為雷坎為雨雷動而下雨而万物解散

故君子以此卦象而放赦有過寬宥罪人也書稱眚災肆赦舜典文孔安国云眚過災害肆緩也過而有害當緩赦之肆眚圍鄭襄九年傳文也此諸言肆眚者皆是放赦罪人蕩滌衆故除其瑕穢以新其心也必其国有大患非赦不解或上有嘉慶須布大恩如是乃行此事故釋例曰天有四時得以成歲雷霆以振之霜雪以齊之春陽以煖之雲雨以潤之然後已相育也天且弗違而況於人乎物不可終否故受之以同人々々者與人同也解天下之至結成天下之亹々肆大眚之謂也堯曰咨爾舜有罪不敢赦所以須待華命有時而用之非制所常故書之也杜唯言有時用之亦不知此時何以須赦穀梁傳曰肆大眚為嫌天子之葬也其意言文姜有罪不合以礼而葬若不赦不復書葬嫌天子許之明須赦而後得葬故為赦也賈逵以文姜為有罪故赦而後葬以説臣子也魯大赦国中罪過欲令文姜之過因是得除以葬文姜杜不明説要文姜出奔之自尚稱夫人々々之名未嘗有貶何須以赦除之此赦必不為文姜但夫

人以去年七月薨十一月則當合葬乃至此年正月經七月始葬如此遲緩必是國家有㐫須赦觧之但不知其所由耳　注宣公至子告　正義曰傳言大子必是大子也僖五年晉侯殺其世子申生称君称世子此不然者釋例曰古者討殺其大夫各以罪狀宣告諸侯所以懲不義重刑戮也晉侯使以殺大子申生之故来告衛殺孔達傳載其辞々虽當時之狀其告則常也然則殺大夫公子當以罪狀告人此傳不說御寇之罪則陳人不以罪告而經書公子是惡殺大子之名故不称君父以國討公子告文五月　正義曰釈例曰年之四時虽或无㕥必空書首月以紀時変以明歷數莊公独称夏五月及經四時有不具者丘明无文皆闕繆也　注公不至明故　正義曰釈例曰宋公使花元来聘々不應使卿故傳但言聘共姬也使公孫寿来納幣々々應使卿故傳明言其得礼也是納幣當使卿公不使卿親納幣非礼也

傳注齊桓至公酒　正義曰春秋之世設享礼以召君者皆大臣擅寵如衛公叔文子宋桓魋之徒始為之耳為之非礼法也敬仲

羈旅之臣且知礼者也必不召公僖已知是桓公賢之自就其家含也擬敬仲為主人之辭故言飲公酒耳　臣卜至不敢　正義曰服虔云臣將享君必卜之示戒慎也此桓公自就其家非敬仲發心請享不得言將享必卜也蓋桓公告其往日乃卜之耳言未卜其夜者詩云厭厭夜飲在宗載考鄭玄云考成也夜飲之礼在宗室同姓則成於庶姓讓之則止引此敬仲之意云此之謂不成是言敬仲非齊同姓故不敢也　注亀曰卜　正義曰曲礼文也周礼大卜掌三兆之法一曰玉兆二曰瓦兆三曰原兆其經兆之體皆百有二十其頌皆千有二百鄭玄云兆者灼亀發於火其形可占者其象似玉瓦原之璺罅是用名之焉原原田也頌謂繇也每體十繇然則卜人所占之語古人謂之為繇其辭視兆而作出於臨時之占或是旧辭或是新造猶如筮者引周易或別造辭卜之繇辭未必皆在其頌千有二百之中也此傳鳳皇于飛下盡莫之與京襄十年傳稱衛卜禦寇姜氏問繇曰兆如山陵有夫出征而喪其雄哀九年傳稱晋趙鞅卜救鄭遇水適火史亀曰是謂

沈陽可以興兵利以伐姜不利子商三者皆是繇辭其辭並韻則繇辭法當韻也郭璞撰自所卜筮理之辭林其辭皆韻習於古也注雄曰至声譽　正義曰釋鳥云鶠鳳其雌皇郭璞云瑞應鳥說文云鳳神鳥也天老曰鳳之象也鴻前麐後蛇頸魚尾鸛顙鴛思竜文龜背燕頷雞喙五色備舉出於東方君子之國翺翔四海之外過崐崘飲砥柱濯羽弱水莫宿丹穴見則天下大安寧從鳥凡声鳳飛則群鳥從之以万數故古文鳳作朋字山海經云丹穴之山有鳥焉其狀而鶴五采而文名曰鳳皇首文曰德翼文曰順背文曰義膺文曰仁腹文曰信是鳥也飲食則自歌自舞是說鳳皇之狀也鳳皇雄雌俱飛喻敬仲夫妻相隨鏘々鳴之声故以喻有声譽也　五世至与京　正義曰五世其昌言其始昌盛也並于正卿位与卿並得为上大夫也莫之与京謂死与之比大言其位最高也五世八世當是卜兆之間有其象傳言其占之辭不言其知之意固非後學所得詳之　注姊妹之子曰出　正義曰釋親云男子謂姊妹之子为出言姊妹出嫁而生子也

注周大史也　正義曰直言周史知是大史者周礼大史掌書昭二年傳称韓宣子觀書於大史氏此以周易見陳侯故知是大史也以周易見者自以知周易見陳侯言已明易已筮故陳侯使之筮也　注蓍曰筮　正義曰曲礼文也其揲蓍求卦之法則易繫辞具焉　遇觀之否　正義曰此注坤下巽上觀坤下乾上否及六四爻変諸如此輩皆拠周易之文知之劉炫規過云觀之否者為觀卦之否爻也之比者屯卦之比爻皆不取後卦之義今删定以為不然何者以閔元年畢万筮仕遇屯之比云屯固比入僖十五年晋献公筮嫁伯姫得皈妹之睽云士卦羊亦无盍皈妹上六爻辞又云皈妹睽孤寇張之弧睽之上九爻辞又云帰妹之睽猶无相也　昭五年明夷之謙云明夷于飛垂其翼又云謙不足飛不翔此之等數皆取前後二卦以占吉凶今人之筮亦皆如此故賈服及杜並皆同焉劉炫苟異前儒好為別見以規杜氏非也沈云遇者不期而會之名筮者所得卦之吉凶非有宿契逢遇而已故謂之遇劉炫云下体坤々為地為衆上体巽々為風為木互

体有艮々为门闕地上有木而为门闕宫室之象宫室而可風化使
天下之衆觀焉故謂之觀也下体坤々为地上体乾々为天々不
下降地不上騰天地不通其氣上下否塞故謂之否也　是謂己
子孫　正義曰觀国之光利用賓于王二句周易文也此先云不
在此其在異国後云非此其身在其子孫所以在下覆結先云其
在後乎後云在異国者其在異国之下更欲演說異国是大嶽姜
姓其言稍多且須以結末故進其在後乎於上先解之也庭實旅
百以下方解利用賓于王則上句故曰觀国之下未須賓王之句
而再言利用賓于王者蓋以觀国之光即是朝王之事直言觀光
於文不足故連言賓王但未解賓王之義故於下更重解之傳称
別詩斷章則引易論事亦未必如本此言觀国之光謂所為筮
者觀他人有国之光榮也此有国之人利用為賓客於王朝也其
意言見其子孫有国作賓於王家耳非其身也代陳有国言代陳
正適子孫有其国家陳滅此與是代之也　注此周己論之
正義曰易之為筮揲蓍求爻重爻為卦爻有七八九六其七八

者六爻並皆不變卦下摠為之辭名之曰彖々者才也摠論一卦之才德若乾元亨利貞之類皆是也其九六者當爻有變每爻別為其辭名之曰象々者像也指言一爻所像若乾初九潛龍勿用之類皆是也不變者聚而為彖其變者散而為象計每於一卦當畫兩体但以此爻陰陽既同唯變否有異且每々異辭不可爻作二畫從上可知不畫二也傳之筮者指取易義不為論卦丘明不畫卦也諸為注者皆言上体下体若其畫卦亦人則當不煩此注々亦不畫卦也今書有畫卦者蓋是後之學者自恐不識私畫以備忘遂傳之耳每爻各有象辭是六爻皆有變象二至四三至五兩体交互各成一卦先儒謂之互体聖人隨其義而論之或取爻象或取互体言其取義无常也

光遠至耀者也　正義曰易稱觀國之光故解其光義言光在此处遠照於他物從他物之上而有明耀者也謂光已遠照於他物有明故下云照之以天光是也

於土上山也　正義曰六四之爻位在坤上坤為土地山是地之高者居於土上是為土上山

也又巽變為乾六四變為九四從二至四互体有艮之象艮為山
故言山也　有山至于王　正義曰山則材之所生此人有山之
材言其必大富也上天以明臨下照之以天光言天子臨照之也
於是乎又居於土上既富矣而被天照又復居有土地是為國君
之象也易位四為諸侯變而為乾々為天子是有國朝王之象故
曰觀國之光利用賓于王　庭實至于王　正義曰覲禮侯氏執
圭見王々受圭禮成乃出又入行享禮獻國之所有此說行享禮
也旅陳也庭之所實陳有百品々々言物備也奉之以玉帛謂執
玉帛而致享禮被天之照有地之材天子賜之土田國君獻國所
有天地之美備具焉朝王之儀畢足矣故曰利用賓于王　注艮
為至物備　正義曰易說卦艮為門闕乾為金玉坤為布帛杜以
門內有庭傳言庭實故改言艮為門庭耳杜言諸侯朝王陳贄幣
之象者謂陳之以行享禮也覲禮侯氏既見王乃云四享皆束帛
加璧庭實唯國所有鄭玄云四當為三大行人職曰諸侯廟中將
幣皆三享其禮差又無取於四也初享或用馬或用虎豹之皮其

次享三牲魚腊籩豆之实亀也金也丹漆絲纊竹箭也其餘无常貨此物非一国所已有唯国所有分為三享皆以璧帛致之礼器云大饗其王事与三牲魚腊四海九州之美味也籩豆之薦四时之和氣也内金示和也束帛加璧尊德也亀為前列先知也金次之見情也丹漆絲纊竹箭与衆共財也其餘无常貨各以其国之所有則致遠物也鄭特牲曰旅幣无方所以別土地之宜而節遠近之期也亀為前列先知也以鐘次之以和居參之也虎豹之皮示服猛也束帛加璧往德也鄭玄觀礼之注所言出於彼也杜言贄幣即鄭所謂璧帛也此奉之以玉帛執以致庭實耳其玉帛不入王也觀礼侯氏致享執玉致命王撫之而已不受之也又曰侯氏降授宰幣是庭实之幣皆庭受之唯馬受之於門外耳旅陳釈詁文也百者言其物備也　陸因觀武子孫　正義曰以卦名觀故因觀文以愽占也觀者視他之辭式賓王之意若所為筮者身自當有則不應觀他此卦猶有觀焉觀非在已之言其人觀他有之故知在其子孫也　風行而著於上　正義曰服虔

云巽在坤上故為著土也一曰巽為風夜為木風吹木實落去更
生他土而長育是為在異国　注姜姓也四嶽　正義曰周語称
尭命禹治水共之従孫四嶽佐之胙四嶽国命為侯伯賜姓曰姜
氏曰有呂賈逵云共々工也従孫同姓末嗣之孫四岳官名大岳
也主四岳之祭焉然則以其主嶽之祀為之故称大也　注変而
至必衰　正義曰六四爻変為九四与二共為艮象艮為山故知
興於山嶽之国姜姓大岳之後知其将育于姜地之高者莫已於
山詩云崧高維嶽駿極于天言其大能至天故山嶽則配天也旦
乾在上艮在下亦是山嶽配天之象此人子孫養於大嶽之後官
為位貴得大嶽之權則其功徳有配天之大然天子其功配天今
縦得大嶽之權唯諸侯耳言配天者以其功大故甚言之物莫已
兩大此有興兆故知陳必衰也　注栢子也无字　正義曰史記
田完世家完卒謚為敬仲々生穉孟夷々生湣孟荘々生文子須
无文子生栢子无宇是為敬仲五世孫也　注成子也效此
正義曰沈氏云世家栢子生武子啓及僖子乞々卒子常代之是

为田成子是於敬仲為七世言八世者拠其相代在位为八世也成子弑簡公専斉政是莫之与大也成子生襄子盤々生莊子白々生大公和々遷斉康公於海上和立为斉侯和孫威王称王四世而秦滅之作傳之時完之子孫已盛故傳備言其終始也世家云敬仲之如斉以陳字为田氏左傳終始称陳田必非敬仲所改未知何時改耳左傳之初至此始有卜筮故杜於此通説之曲礼曰卜筮者先聖王之所以使民決嫌疑定猶与也是先王立之本意也因而生義教禮教人以行善則德協於卜行悪則過吉反凶必以行義乃可卜也洪範曰汝則有大疑謀及乃心謀及卿士謀及庶人謀及卜筮謀及卿士而以卜筮同之是通亀筮以同卿士之数也南蒯卜為乱不信則不可臧会卜为僭不信乃遂吉二事相反故特引之言卜筮應人行也南蒯在昭十二年臧会在昭二十五年南蒯筮而言卜者卜筮通言耳杜引洪範者欲明亀筮未必神灵故云以同卿士之数言亀筮所見纔与卿士同耳又引南蒯者明吉凶由行不由卜筮欲使人脩德行不可

純信卜筮也又引臧會者吉凶亦由卜筮不可專在於行欲使人敬卜筮也故丘明舉縣驗於行事者以示其脩德行敬龜筮言驗於行事者南蒯則行驗而龜筮不驗臧會則行不驗而龜筮驗言君子志其善者遠者善者謂勸人脩德行敬龜筮是也遠者謂舉其大綱勸人為善長久遠道非有臨時應驗此遠者即上善者指其事謂之善指其教習之遠劉炫云計春秋之時卜筮多矣丘明所載唯二十許事舉其縣驗於行事者其不驗者不載之君子之人當記其忠之善者知之遠者他皆效此

二十三年注穀梁至使聘　正義曰諸言聘者皆言某侯使某來聘此不言使左氏無傳故取穀梁為說穀梁傳云其不言使何也天子之內臣也不正其外交故不與使也然則言內臣不得外交必是畿內之國畿內之國非唯祭耳傳不言為祭公來聘杜言為祭公來聘者但祭叔連祭為文必是祭人虞叔是虞公之弟此祭叔或是祭公之弟故以為祭公來聘天子內臣不得外交諸侯故不言使不與其得使聘也魯受其聘行其禮故書

聘耳二十五年陳女叔来聘嘉之故不名此无可嘉而称叔者杜
意叔為名為字无以可知故不明言　注齊因至觀之　正義曰
魯語說此事云夫齊棄大公之法而觀民於社孔晁云聚民於社
觀戎器也襄二十四年傳称楚子使薳啓疆如齊々社蒐軍
實使客觀之知此亦然故公往觀之釈例曰凡公出朝聘奔喪
會葬皆但書如不言其事此春秋之常然則奔喪常事故
不書觀社非常故特書　注不書至其礼　正義曰釈例曰楚之
君臣最多混錯此乃楚之初興未閑周之典礼告命之辞自生同
異楚之武王熊達始居江漢之間然猶未能自同列国故称荊敗蔡
師荊人来聘從其所居之称而揔其君臣是言楚之始通未成其礼之
意君臣同辞者此云荊人来聘是臣来也僖二十一年楚人使宜
申来獻捷言使則是君也而經亦書楚人是君臣同辞　注蕭附
至野合　正義曰无爵而称朝知是附庸国也郳犂來貴之乃書
字此无所貴知叔為名也公羊傳曰其言朝公何公在外也文連
遇于穀是就穀朝公穀是齊地故不言来也定十四年大蒐于比

蒲邾子來會公 氏蒲魯地故言來也穀梁傳曰朝於廟正也於外
非正也是言在外行朝則礼不得具定十年傳称嘉楽不野合
知嘉礼亦不野合嘉礼謂善礼非五礼之嘉也朝於五礼属賓
傳夫礼豈不然 正義曰夫礼者所以整理天下之民々謂甿庶
貴賤者皆是也諸侯會衆所謀皆是為王室脩臣礼故會以訓上
下之則以諸侯事天子訓在下事其君也於會必号令諸国出貢
賦多少即是制財用之節度也礼使小国朝大国是朝以正班爵
之等義也爵同則小国在下是帥長幼之次序也諸侯之序以爵
不以年此言長幼謂国大小也沈氏云爵同者拠年之長幼故云
帥長幼之序不朝不會則征討之故言征伐以討其不然
二十四年注刻鏤豈盛飾 正義曰釈器云金謂之鏤木謂之
刻々木鏤金其事相類故以刻為鏤也桷謂之榱々即椽也穀梁
傳曰刻桷非正也夫人所以崇宗廟也取非礼与非正而加之於
宗廟以飾夫人非正也刻桓宮桷丹桓宮楹斥言桓宮以悪莊也
是言丹楹刻桷皆為將逆夫人故為盛飾 注親逆礼也

正義曰公羊傳曰何以書親迎礼也親迎是正礼有故得使卿逆之无譏也　注哀姜至朝廟　正義曰公羊傳曰其言入何難也其難柰何夫人不可使入与公有所約然後入唯言有所要不知要何事故云蓋以孟任故也明日戊寅大夫宗婦覿用幣夫人若未朝廟不得受臣覿礼知明日乃朝廟既朝乃見大夫宗婦杜言朝廟者為覿用幣發也書入不書至者釈例曰莊公顧割臂之盟崇寵孟任故即位二十三年乃娶元妃雖丹楹刻桷身自納幣而有孟任之嫌故与姜氏俱反而異入經所以不以至礼書也

注宗婦至俱見　正義曰襄二年葬齊姜傳称齊侯使諸姜宗婦来送葬諸姜是同姓之女知宗婦是同姓大夫之婦也礼小君至大夫執贄以見明臣子之道礼亦无此文士相見礼称大夫始見于君執贄夫人為与君同臣始為臣有見君之礼明小君初至亦当有礼以見也且傳唯譏婦執贄不宜用幣不言覿之為非知其礼当然也大夫当用羔鴈用幣亦為非礼也莊公欲奢夸夫人故使男女同贄惡其男女无別且譏僭為失礼故書之　注羇蓋

至名赴　正義曰此事左氏穀梁並无傳公羊以曹羈為曹〻大夫三諫不從而出奔杜以此經先書曹羈出奔陳赤皈于曹与鄭忽出奔衛突皈于鄭其文相類故附彼為之說稱蓋為疑辭微弱不能自定曹人以名赴亦如鄭忽之出奔　注赤曹至曰歸

正義曰史記曹世家与年表皆云僖公名夷三家經傳有五而皆言赤杜以鄭突類之知赤是曹君故以赤為僖公蓋有殊誤何必史記是而杜說非也傳例曰諸侯納之曰皈以戎侵曹而赤皈故云蓋為戎所納也賈逵以為羈是曹〻君赤是戎之外孫故戎侵曹逐羈而立赤亦以意言之无所拠也　注蓋經至采用　正義曰公羊穀梁並以赤皈于曹〻郭公連文為句言郭公名赤失国而皈于曹是〻為說不了故不采用　傳注并非丹楹故言皆　正義曰穀梁傳曰礼楹天子諸侯黝堊大夫倉士黈丹楹非礼也注云黝堊黑色黈黃色又曰礼天子之桷斲之礱之加密石焉諸侯之桷斲之礱之大夫斲之士斲本刻桷非正也加密石注云以細石磨之晉語云天子之室斲其椽而礱之加密石焉諸侯礱之大夫斲

之士首之言雖小異要知正礼楹不丹桷不刻故云皆非礼也
注傳不至非常　正義曰士相見礼云下大夫相見以鴈上大夫
相見以羔如士相見之礼始見於君執摯鄭玄云士大夫一也如
彼礼文大夫始見於君用羔鴈始見夫人亦當然々則大夫用幣
亦非常而以大夫為常者礼孤執皮帛則諸侯之臣有執帛者矣
大夫執帛唯上僭耳其帛猶是男子所執婦人執幣則全非常更
御孫唯諫婦人不宜執幣丘明為諫發傳故唯举非常也凡傳
諸為諫者或言諫曰或不言諫意在載辞不為例也　注公侯
至執帛　正義曰周礼大宗伯職云公執桓圭侯執信圭伯執躬
圭子執穀璧男執蒲璧是公侯伯子男皆執玉也典命職曰凡
諸侯之適子誓於天子攝其君則下其君之礼一等未誓則以
皮帛繼子男公之孤四命以皮帛眂小国之君是諸侯世子与孤
卿執帛也附庸雖則无文而為一国之主来則謂之為朝未有爵
命不合執玉明与世子同執帛也且哀七年傳称禹合諸侯於塗
山執玉帛者万国附庸是国明執帛者附庸也鄭玄周礼注云皮帛

者束帛而表以皮為之飾皮虎豹皮帛如令璧色繒也周礼以玉
作六瑞以禽作六摯則瑞贄有異而此傳玉帛同言贄者鄭玄曲
礼注云摯之言至也当謂執之見人以表至誠也典瑞注云瑞節
信也礼天子執冒以見諸侯々々執圭璧以朝天子々々以冒々
之以為信故以瑞為名皮帛以下无此合信之叓故以贄為名其
実皆以表至誠故傳以贄言之凡贄皆以爵不以命數也
注卿執至執雉　正義曰周礼大宗伯職文也鄭玄云羔取其群
而不失其類鴈取其候時而行雉取其守介而死不失其節鶩
取其不飛遷雞取其守時而動曲礼曰飾羔鴈者以繢言天子之
臣飾羔鴈以布又畫之諸侯之臣飾以布不畫之自雉以下无飾
注榛小至示敬　正義曰曲礼云婦人之摯椇榛脯脩棗栗　鄭
玄云婦人无外叓見以羞物也椇榛木名椇枳也有実今邳郯之
東食之榛実似栗而小鄭又注周礼腊人云薄析曰脯捶之而施
薑桂曰鍛脩然則脩脯大同故以脩為脯也虔敬釈詁文皆取其
名以示敬者先儒以為栗取其戰栗也棗取其早起也脩取其自

脩也唯榛无說蓋以榛音近虔取其虔於事也　二十五年注鼓
伐至常也　正義曰尚書召誥云用牲于郊牛二如此之類言用
牲者皆用之以祭知此用牲以祭社也鼓之所用必是伐之伐理
可見故不言伐鼓牲不言用則牲无所施於文不足故言用牲傳
称正月之朔慝未作日有食之於是乎用幣于社伐鼓于朝正月
謂周六月也此經雖書六月杜以長歷校之此是七月〻〻用鼓
非常月也鼓當于朝而此鼓于社非其處也社應用幣而於社用
牲非所用也一舉而有三失故說之　注門國門也　正義曰祭
法云天子立七祀諸侯立五祀其門皆曰國門知此門亦國門〻
〻謂城門也傳称天災有幣无牲非日月之眚不鼓則鼓与牲二
事皆失故說之　注報女至七年　正義曰魯出朝聘多有在道
復者假令得到彼國尚不知受之以否故皆書如〻者往也直言
往彼而已不果彼國必成其礼故不称朝聘爲春秋之常也僖二
十八年公朝于王所朝訖乃書故即称爲朝此公子友莊公之母
弟也於莊世称公子昭元年陳公子招陳哀公母弟也於哀世称

公子故解之称公子者史策之通言也釈例曰庶弟不得称弟而
母弟得称公子秦伯之弟鍼適晋女叔斉曰秦公子必帰此公子
亦国之常言得兩通之證也是言公子母弟得通言之意也釈例
又曰兄而害弟則称弟以章兄罪弟又害兄則去弟以罪弟身
統論其义兄弟二人交相殺害各有曲直存弟則示兄曲也是言
其相殺害則称弟以示义也釈例又曰若夫朝聘盟会嘉好之宴
此乃兄弟之篤睦非义例之所興故仍旧史之策或称弟或称公
子践土之盟叔武不称弟此其义也案經桓三年斉侯使其弟年来
聘十四年郑伯使其弟語来盟成十年衛侯之弟黑背帥師
侵郑彼皆称弟季友陳招並称公子俱无褒貶所称不同知是史
文之異不為义例仲尼无所見义故仍旧史耳　傳陡非常也
月錯　正义曰此及文十五年昭十七年皆歷六月朔日有食
之昭十七年傳称祝史請所用幣昭子許之平子禦之曰止也唯
正月朔慝未作日有食之於是乎有伐鼓用幣礼也其餘則否大
史曰在此月也經歷六月而史言在此月則知傳言正月之朔慝

未作者謂此周之六月夏之四月也文十五年傳直說天子諸侯鼓幣異礼不言非常知彼言六月直六月也此亦六月而云非常下句始言唯正月之朔有用幣伐鼓之礼明此經雖書六月實非六月故云非常鼓之月長歷推此辛未為七月之朔由置閏失所故致月錯不應置閏而置閏誤使七月為六月也釈例曰莊二十五年經書六月辛未朔日有食之實是七月朔非六月故傳云非常也唯正月之朔有用幣伐鼓明此食非用幣伐鼓常月因變而起歷誤也文十五年經文皆同而更復發傳曰非礼者明前傳欲以審正陽之月後傳發例欲以明諸侯之礼此乃聖賢之微旨而先儒所未喻也刘炫云知非五月朔者昭二十四年五月日有食之傳云日過分而未至此若是五月亦應云過分而未至也今言慝未作則是已作之辞故知非五月案二十四年八月丁丑夫人姜氏入從彼推之則六月辛未朔非有差錯杜云置閏失所者以二十四年八月以前誤置一閏非是八月以來始錯也　注正月之陰氣　正義曰昭十七年傳大史論正月之事云當夏四月是

謂孟夏知正月是夏之四月周之六月也詩云正月繁霜鄭玄云
夏之四月建巳純陽用事是謂正月為正陽之月慝惡也人情愛
陽而惡陰故謂陰為惡故云慝陰氣也未作謂陰氣未起也
注月食至大義　正義曰古之歷書亡矣漢興以來草創其術三
統以為五月二十三分月之二十而日月交會近世為歷者皆以
為一百七十三日有餘而日一食是日食者歷之常也古之聖王
因事設戒夫以昭昭大明照臨下土忽尒殲亡俾昼作夜其為怪
異莫斯之甚故立求神請救之礼責躬罪己之法正陽之月陽氣
尤盛於此尤盛之月而為弱陰所侵故尤忌之社是上公之神為
於諸侯故用幣于社請救於上公伐鼓于朝退而自攻責也日食
者月揜之也日者陽之精月者陰之精日君道也月臣道也以明
陰不宜侵陽臣不宜揜君以示大義也昭二十九年傳曰故有五
行之官是謂五官實列受氏姓封為上公祀為貴神社稷五祀是
為是尊故杜以社為上公之神　注天災至牲也　正義曰傳言亦
非常亦上日食也但日食之鼓非常月伐鼓于社非常礼入求用牲

亦非常礼俱是非常故亦書也傳既亦書即發凡例知天災之言兼日食大水也天之見異所以譴告人君欲令改過脩善非為求人飲食既遇天災隨時即告唯當告請而已是故有幣无牲若乃亢旱歷時霖雨不止然後禱祀群神求弭災沴者設礼以祭々必有牲詩雲漢之篇美宣王為旱禱請自郊徂宮无所不祭云靡神不舉靡愛斯牲是其為旱禱祭皆用牲也祭法曰埋少牢於泰昭祭時也相近於坎壇祭寒暑也王宮祭日也夜明祭月也幽禜祭星也雩禜祭水旱也鄭玄云凡此以下皆祭用少牢寒暑不時則或禳之或祈之是說祈禱之祭皆用牲 注眚猶至鼓之 正義曰易稱是謂災眚書稱眚災肆赦是眚災相類故云眚猶災也月侵日為眚陰犯陽為逆々順之變賢聖所重故見其逆變而特鼓之此據日食為說耳傳稱日月之眚日月並言則月食亦有鼓周礼大僕職云凡軍旅田役贊王鼓救日月亦如之是日食月食皆有鼓也穀梁傳曰天子救日置五麾陳五兵五鼓諸侯置三麾陳三鼓三兵大夫擊門士擊柝左氏雖无傳義或然也

二十六年注不称至七年　正義曰文七年傳称宋人殺其
大夫不称名衆也且言非其罪也是仲尼新意變例也　傳注
大司空卿官　正義曰傳於此年以来説士蔿爲獻公設計晉
国以安今又言大司空明任以卿位也直言司空者是大夫即司
空亞旅皆受一命之服是也晉自文公以後世爲盟主征伐諸国
卿以軍將爲名司空非復卿官故文二年司空士縠非卿也虽則
非卿職掌不異成十八年傳曰右行辛爲司空使脩士蔿之法是
其典更同也　注爲傳至而已　正義曰此年傳不解經々傳各
自言事伐戎日食体例已举或可經是直文不須傳記曹殺大夫
宋齊伐徐或須説其所以此去丘明已遠或是簡牘散落不復能
知故耳上二十年亦傳不解經彼經皆是直文故就此一説言下
以明上　二十七年注伯姬莊公女　正義曰上二十五年始歸
于杞莊公无母而此来寧知是莊公女也今女非常故於此言女
以辯之　注原仲至知説　正義曰玉藻記云士於君所言大夫
没矣則称謚若字桓二年穀梁傳曰子既死父不忍称其名臣既

死君不忍称其名是礼臣卒不名陳不称其名故魯史亦略其字 注杞称子所黜 正义曰桓二年杞侯来朝十二年公會杞侯莒子盟于曲池自尔以来不見經傳此称伯終於春秋故云蓋為時王所黜於時周王当桓莊僖惠不知何王黜之 傳注二十子服也 正义曰比年以来陳鄭无不服之狀此言其服故注者原之二十一年鄭厉公卒二十五年是鄭文公之四年也文十七年傳称鄭子家与趙宣子書云文公四年二月壬戌為齊侵蔡亦獲成於楚是二十五年既与楚平故至此始服也 凡諸至于某 正义曰釋例曰歸寧者女子既嫁有時而歸問父母之寧否父母没則使卿歸問兄弟也出者謂犯七出而見絶者也歸者有所往之称来者有所反之言故婦謂之歸而寧謂之来見絶而出則以来歸為辞来而不反也如某者亦終安之称歸于某者亦不反之辞是觧其文異之意也此杞伯姬来寧也宣十六年郯伯姬来歸出也文九年夫人姜氏如齊歸寧也魯之夫人无被出者文十八年夫人姜氏歸于齊虽子死自去歸而不反亦山出之

彰故与出同文　夫礼至用也　正义曰礼条慈爱謂国君教
民々間有此四者畜聚此德然後可与人戰故云戰所畜也士蔿
既言其因更以其義覆之礼尚謙讓々德謂礼也条以和親条和
謂樂也慈謂愛之深也愛親謂慈也愛極然後哀喪々々謂愛也
民間有此四事然後可用以戰　注召伯至侯伯　正义曰召伯
称爵知是王之卿士召康公之封召也召在西都畿内釈例曰扶
風雍縣東南有召亭也春秋時召伯猶是召公之後西都既已
賜秦則東都别有召地不復知其所在僖二十八年傳称王命尹
氏及王子虎策命晋侯為侯伯則知此賜齊侯命者亦賜命為侯
伯也彼注云周礼九命作伯則此亦九命之伯謂九州之長為二
伯也僖元年傳曰凡侯伯救患分災討罪礼也注云侯伯州長也
彼主説齊桓之德亦謂九州之長非州牧也言州長者兼見州牧
之德耳　二十八年注齊侯至失之　正义曰傳称齊侯而經書
人知其諱取賂以賤者告也詩美僖公之伐淮夷得其元龜象齒
大賂南金襄十一年傳称晋侯伐鄭受鄭之賂告于諸侯皆不以

為諱而此諱之者彼服罪致賂乃以得賂為榮此舍罪受賂故以受之為恥舍于稷舍宋督取郜鼎亦此之類也戰皆書地此獨不地知是史失之也莊十年公羊傳曰戰不言伐圍不言戰入不言圍滅不言入書其重者左氏无此義而泓韓鞌邲令狐河曲鄢陵城濮大棘彭衙長岸柏舉之屬皆書戰不書伐此書伐又書戰襄十八年諸侯同圍齊言圍不言伐文十五年晉郤缺伐蔡戊申入蔡書伐又書入丘明无文杜不為說皆是從告而書史有詳略无義例也此經既言齊人伐衛不言齊及衛戰而言衛人及齊人戰者公羊以為伐人者為客被伐者為主以主及客故使衛人主齊尋案經傳令狐河曲大棘彭衙長岸泓韓之屬皆以主及客也乾時外陘及鞌皆魯与人戰以魯為主城濮鄢陵與邲外楚而內晉也柏舉內蔡而外楚也破伐為主或如公羊之說 注郿魯邑曰築 正義曰國都為上邑為下故云魯下邑成十八年築鹿囿傳曰書不時也此傳唯發城築之例不言時与不時者春秋重土功无備而興作者傳每復各言時与不時以別有所備禦如書

旱雩之別也雩也其有所畏懼而興作者唯一發而已襄十九年城西郛傳曰懼齊也是其事也此年大无麥禾時歲飢虛恐或侵伐故築之以備難從西郛之例故不發傳也　注昏於冬昏也　正義曰麥熟於夏禾成在秋而昏於冬者計食不足而後總昏之此年不言水旱而得无麥禾者服虔曰陰陽不和土氣不養故禾麥不成也傳言飢而經不昏者得齊之糴救民之急不至於飢也傳言飢者指未糴之前說告糴之意故言飢也　臧孫辰告糴于齊　正義曰何休云買穀曰糴告糴者將貨財告齊以買穀魯語云文仲以鬯圭與玉磬如齊告糴曰不腆先君之敝器敢告滯積以紓執事齊人歸其玉而與之糴公羊傳曰何以不稱使以為臧孫辰之私行也君子之為國也必有三年之委一年不熟告糴譏也穀梁亦然拠經魯臣出使例不言使何以無怪此也傳言告糴禮也必不得如二傳之說服虔云不言如重穀急辭以其情急於糴故不言如齊告糴乞師則情緩於穀故云如楚乞師　注臧孫辰文仲　正義曰世本孝公生僖伯彄々生哀伯達々生

伯氏缾々生文仲辰々是臧僖伯曾　傳注大戎至狄者
正義曰晉語云狐氏出自唐叔狐伯行之子實生重耳又曰狐偃
其舅也　注小戎至女也　正義曰昭九年傳稱晉率陰戎伐潁
王使辞於晉曰先王居檮杌于四裔故允姓之姦居于瓜州知戎
為允姓也凡言子者通男女也知子謂女也二戎相對為大小也
蠱文夫人　正義曰昭元年傳稱周易女惑男謂之蠱知蠱謂惑
以淫疾　注桔柣至門也　正義曰此已入一門矣又云入自純
門又是入一門矣後言縣門不發則更有一門矣不發是城門則
知純門外郭門桔柣遠郊門也尚書費誓序云東郊弗開是郊
有門也　注子元至曰旆　正義曰軍行之次旆最在先故宣十
二年傳稱令尹南轅反旆是旆居前而殿在後也釋天云緇廣充
幅長尋曰旐繼旐曰旆郭璞云旐帛全幅長八尺旆帛續旐末為
燕々尾者　注周禮至非例　正義曰周禮小司徒職云九夫為井
四井為邑四邑為丘四丘為甸四甸為縣四縣為都注引此者以
證都大邑小耳經傳之言都邑者非是都則四縣邑皆四井此傳

所發乃為小邑發例大者皆名都々則悉書曰城小邑有宗廟則
虽小曰都无乃為邑々則曰築都則曰城為爲宗廟故小邑与大
都同名釈例曰君邑有先君宗廟虽小曰都爲其所居而大之也
然則都而无廟固宜称城々漆是也而穎氏唯繫於有先君之廟
恵漆本非魯邑因説曰漆有邾之旧廟是使魯人爲邾之廢廟与
先君同非經傳意也又解傳言凡邑則主爲邑言則他築非例也
若築臺築囿築王姬之館則皆称為築无大小之異　二十九年
注傳例至之辞　正義曰馬之所処謂之廄延是廐之名々之曰
延其義不可知也公羊傳曰新延廄者何修旧也謂旧廄敝壞不
可因而補治故言新為更造之辞也傳言新作延廐而經无作
字僖二十年新作南門定二年新作雉門及兩觀皆言新作而
此独无作是作傳之後轉寫闕文也釈例曰言新意所起言
作以奥更通謂興起功役之更揔而言之不復分别因旧而与造
新也經書延廄称新而不言作傳言新作延廄書不時也此称經
文而以不附為説義不在作也然尋[illegible]之以知經闕作字也而刻

賈云言新有故木言作有新木延廄延舊作所用之木非公命也
凡諸興造固當有新固有因今為春秋徵義直記別此門此觀
有新木故木既巳鄙近且材木者立廄之是也公命立廄則衆用
皆隨之差季有所用之木非公命也此為近人受命立廄而盜其
其用豈然乎哉　城諸及防　正義曰此言城諸及防文十二年
城諸及鄆定十四年城莒父及霄襄十年傳晉師城梧及制同時
城二邑者皆言及穀梁傳曰以大及小也何休云諸君邑防臣邑
言及別君臣之義賈逵云言及先後之辭杜不為注先後之辭是
也　傳注日中至不時　正義曰中者謂日之長短与夜中分故
春秋二節謂之春分秋分也釋例曰春秋分而晝夜等謂之日
中凡馬春分百草始繁則牧於坰野秋分農功始藏水寒草枯
則皆還廄此周典之制也今春而作廄巳失民務又違馬節故曰
否不時也　凡師至曰襲　正義曰釋例曰侵伐襲者師旅討
罪之名也鳴鐘鼓以声其過曰伐寢鐘鼓以入其竟明侵掩其
不備曰襲此所以別興師用兵之狀也然則春秋之世兵加於人

唯此三名擊鼓斬木俱名為伐鳴鍾鼓声其罪往討伐之若擊鼓
斬木然侵者加陵之意寢其鍾鼓潛入其竟往侵陵之襲者重衣
之名倍道輕行掩其不備忽然而至若披衣然立此三名制討罪
之等級也周礼大司馬掌九伐之法賊賢害民則伐之負固不服
則侵之天子討罪无掩襲之事唯侵伐二名々与礼合而礼更有
七名馮弱犯寡則眚之暴内陵外則壇之野荒民散則削之賊殺
其親則正之放弒其君則殘之犯令陵政則杜之内外乱鳥獸行
則滅之彼謂王者行兵此擬當對實事對无其事則傳不為例其
滅与入為例故不列於此　凡土至而畢　正義曰釋例曰都邑
者人之聚也國家之藩衛百姓之保鄣不固則敗不脩則壞故雖
不臨寇必於農隙備其守禦无妨民務傳曰龍見而畢務戒事
也謂夏之九月周之十一月龍星角亢晨見東方於是納其禾稼
三務始畢而戒民以土功事也火見而致用大火星次角亢而晨
見於是致其用也水昏正而栽謂夏之十月定星昏而中於是樹
板幹而興作焉日至而畢謂日既南　微陽始動故土功息傳既

題称凡例而書时書不时各重發者以別无備而興作如書早
雩之別色雩也若城西郛傳特曰懼齊此其意也然則此發例者
止謂預脩備禦非有當时之急故擇間月而為之若當时交急則
不拘此制畢者竟也畢務謂農務竟而民間也日至而畢謂 土
功竟也冬至之後當更脩来年農叓不得復興土功也 注謂
今至功叓 正義曰今之九月則季秋也月令季秋之日月在房
漢書律歷志論星之度數云角十二亢九氐十五自角之初至房
初三十六度晨謂夜之將旦於晨之时日体在房故角亢見在東
方也東方之宿尽為竜星角即蒼竜角也故角亢為得竜名戒
謂令語之也春夏秋之时之務始畢民將間暇故預令語民將脩
土功之叓使自備也 注大火至之物 正義曰襄九年傳曰心
為大火星度心五尾十八月令孟冬之月日在尾自心初至於尾
末二十三度十月之初心星次角亢之後而晨見東方也致築作
之物謂板榦畚梮諸是城之所用皆致之於作所也 注謂今至
興作 正義曰五行北方水故北方之宿為水星言水屬正者夜

之初昏水星有正中者耳非北方七宿皆正中也詩云定之方中
作于楚宮穀天云營室謂之定孫炎云定正也天下作宮室者皆
以營室為正周語曰營室之中土功其始是定星昏而正為土功
之大候故知水昏正謂十月定星昏而正中時也鄭玄詩箋云定
星昏中而正謂小雪時小雪十月之中氣月令仲冬之月昏東壁
中室十六度日行一度是十月半而室中十一月初而壁中礼祀
中庸云栽者培之栽者樹立之語故知樹板幹而起首興作也穀
詁云楨翰幹也舍人曰楨正也築牆所立兩木也翰所以當牆之
兩邊鄣土者也然則幹在牆之兩端當樹立之即楨是也翰則在
兩邊鄣土即板是也板幹既異而云樹板幹者因類連言耳
三十年注將早至設備　正義曰於例將卑師少稱人々謂大夫
身也大夫早名氏不見故稱人他國可言其人魯更不得自稱魯
人故魯之大夫使出者皆言其所為之事而已此大夫帥師而次
于成故直言次也穀梁傳曰次止也有畏也欲救鄣而不能是為
降鄣故設備也　注鄣紀至降附　正義曰公羊穀梁傳並云鄣

紀之遺邑也釋例曰刘賈依二傳以爲鄣紀之遺邑計紀侯去國
乙此二十七年紀侯猶不堪齊而去則邑不得独存此蓋附庸小
國若郭鄣者也是言鄣為附庸之意不言鄣降于齊而云齊人降
鄣又不言侵伐故云蓋以兵威脅使降附　注濟水乙魯地
正義曰釋例曰濟水自滎陽卷縣東經陳留乙濟陰北經高平東
平至濟北東北經濟南至乐安博昌縣入海案高平東平魯西界
也濟南乐安齊竟内也指言魯濟故疑魯地遇于魯地濟水之边
傳注射師至曰梏　正義曰杜此注与譜並以射師与闘廉為一
人不知何拠也服虔云射師若敖子闘班也射師被梏不言舍之
何以得殺子元也知射師与班必非一人也杜譜以為闘射師若
敖子闘班若敖孫周礼掌囚上罪梏拲而桎中罪桎梏下罪梏梏
拲共文拲施於手知梏亦手也鄭玄亦云在手曰梏在足曰桎是
先儒同此說也易大畜六四童牛之梏牛云梏者牛虽无手謂梏
前足也　三十一年注傳例至示乙　正義曰捷勝也戰勝而有
獲献其所獲故以捷為獲也釋例曰飯者遺也献者自下奉上之

称遺者敵体相与之辞傳曰諸侯不相遺俘斉侯替之人失辞称献
失礼遺俘故因其来辞見自卑也以其大卑故各以示包此経言
献捷傳言遺俘則是献捷献囚俘也襄八年邢丘之會傳称鄭伯
献捷于會又曰獲司馬燮献于邢丘是献俘謂之捷也襄二十五
年鄭公孫舎之帥師入陳傳称司空致地司徒致民是不以俘因
帰也亦ゝ子産献捷于晋然則无因而献其功空有器物亦称捷
也　三十二年注小穀至繫国　正義曰傳称為管仲知是斉邑
管仲所食采邑也呉滅州来晋滅下陽如此之類皆不繫国知大
都以名通者則不繫国也華亥向寧入于宋南里以叛南里非大
都不得以名通故繫之宋耳賈逵云不繫斉者世其禄然則彼不
繫者豈皆世其禄乎　注路寝至凶変　正義曰公羊傳曰路
寝者何正寝也喪大記曰男子不死於婦人之手婦人不死於男
子之手君夫人卒于路寝鄭玄云言死必於正処也是薨于路寝
得其正也言詳凶変者釈例云詳内変謹凶変　注子般至諱之
也　正義曰傳称公疾問後於叔牙是已有太子則不應須問尚

問之時似未有大子也季友以死奉酖殺叔牙蓋於尔時始命為大子公薨而般立知其為大子也子惡之死也直稱子卒不稱名此子般及子野皆稱名者釋例曰公子惡魯之正適嗣位免喪則魯君也襄仲倚齊而弒之國以為諱故不稱君若言君之子也及子般子野或見殺或不勝喪言罪則不足成賊為孝而滅性故直略而稱卒也又曰未成君而卒若君未葬則嗣子稱名在喪之礼也既葬則嗣君諒闇群臣從吉免喪則成君也文公既葬襄仲殺惡及視稱曰子卒与未成君同文所以為諱也如杜此言未葬之前生則直稱為子死則稱曰子某卒猶外諸侯生稱其爵死稱其名以為礼之常也既葬則嗣子成君以理而卒當稱公薨全成君也子惡父既葬魯人諱其弒不得稱君其實已葬不得從子般子野未葬之例故稱子卒而不稱名以示似未成君其實已成為君上不得同閔公下不得同般野故直稱為子繫之於父若言君之子也公羊以為君存稱世子君薨稱子某既葬稱子踰年稱公拠子般子野卒似欲當然但左氏稱宋桓公卒未葬而宋襄公會諸

侯故曰子卽發例曰凡在喪公侯曰子是未葬稱子僖之明文不得如公羊說也　狄伐邢注无傳　正義曰明年有傳而言无者明年自為管仲之言發端耳非說此年伐邢之事故言无傳

傳注有神至虢地　正義曰易稱神也者妙萬物而為言者也虽復鬼神之神亦无形象可見今言神降則人皆聞知故知有神謂有神聲以接人也吳孫權時有神自稱王表言語与人无異而形不可見今此神降于莘蓋亦王表之類神者氣也當在人上今下接人故稱降也國語說此事稱內史過對王云昔昭王娶於房曰房后實有爽德協於丹朱丹朱馮身以儀之生穆王焉若由是觀之其丹朱之神乎下說神居莘而虢公請土內史過往聞虢請命知莘是虢地　虞夏商周皆有之　正義曰國語內史過曰夏之興也祝融降於崇山其亡也回祿信於黔隧商之興也檮杌次於丕山其亡也夷羊在牧周之興也鸑鷟鳴於岐山其衰也杜伯射宣王於鎬是夏商周之所有也其虞則國語不言焉未知其所謂也服虔云虞舜祖考來格鳳皇來儀百獸率舞案虞書夔說樂

祭所致非神降也必其傳會尚書以為得神以興則虞舜得神以
亡者又安在也　注享祭至祭之　正義曰此降莘之神非祀典
所載神必須祭故內史過令以其物享之其物不知所謂更以至
月釈之謂此神初降之日以其至日之物也月令春其日甲乙夏
其日丙丁中央土其日戊巳秋其日庚辛冬其日壬癸所用之物月
令具有其文注引甲乙所用舉一隅也丙丁日至祭用肺玉服皆赤
也戊巳日至祭用心玉服皆黃也庚辛日至祭用肝玉服皆白也
壬癸日至祭用腎玉服皆玄也　神居莘六月　正義曰國語稱
惠王十五年神降于莘年表惠王元年是魯莊公之十八年則此
年惠王十五年也上云七月神降則今年七月降也居莘六月
虢公使祝史享焉則今年十二月也內史過往已聞虢請命則過
至虢亦十二月也傳先說王事使了後論虢叓以終內史之言故
文倒耳　神聰至能得　正義曰國語曰耳目心之樞機也故必
聽和而視正聽和則聰視正則明然則所謂聰明者不聽淫辭不
視邪人之謂也　襄七年傳曰正直為正。曲為直言正者能自正直者已正人曲而壹者言其一心不二意也依人而行謂善則就之惡則去之虢多薄德神所不依其何土之已得言賜之土田必虛妄也若神所不依則不應賜土而言神賜之土田者神厭其人不告以實猶晉獻公筮以驪姬為夫人亦云吉耳　從之閟　正義曰服虔云從之言欲与適也　注雩祭至肆也　正義曰魯以周公之故得郊祀上天故雩亦祭天也　文四年傳曰臣以為肄業及之也肄謂習業故講為肄　注圉人掌養馬者　正義曰周禮圉人掌養馬芻牧之事昭七年傳曰馬有圉牛有牧　注蓋覆至門上　正義曰稷門魯南城門蓋對人猶以名之故知也投蓋者謂自投其身以蓋物故以爲走而自投反覆門上劉炫規過云公言犖有力焉如杜此說勁捷耳非有力也簡謂投車蓋過於稷門今知不然者周禮車蓋以物帛為之輕而帆風非可投之物且傳直云投蓋于稷門不云過稷門明知自投反覆稷門之上今對猶然且游楚超乘而出女曰子南夫也則勁捷之人亦是勇力之事劉君以勁捷非力而規杜氏非也　注酖鳥至則死　正義曰

說文云鴆毒鳥也一名運日廣雅云鴆鳥雄曰運日雌曰陰諧廣志曰鴆鳥形似鷹大如鴞毛黑喙長七八寸黄赤如金食蛇及橡實常居高山巔晋語諸公讚云鴆鳥食蝮以羽翮擽酒水中飲之則殺人旧制鴆不得渡江有重法石崇為南中郎得鴆以与王愷養食之大如鵝喙長尺餘純食蛇虺司隷傳祗於愷家得此鳥奏之宣示百官燒於都街是說鴆鳥之狀也以其因酒毒人故字或為酖　注閔公至八歲　正義曰傳稱閔公哀姜之娣叔姜之子哀姜以二十四年八月始入娣必与適俱行自以二十五年生子故云八歲

春秋正義卷第九

計一万九千六百二十七字

春秋正義 十之十二

四

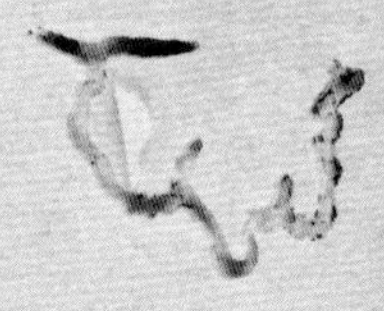